Robin Dreeke e Cameron Stauth

NOVO MANUAL DO
FBI
PARA LER
A MENTE DAS PESSOAS

Universo dos Livros Editora Ltda.
Avenida Ordem e Progresso, 157 – 8º andar – Conj. 803
CEP 01141-030 – Barra Funda – São Paulo/SP
Telefone/Fax: (11) 3392-3336
www.universodoslivros.com.br
e-mail: editor@universodoslivros.com.br
Siga-nos no Twitter: @univdoslivros

Robin Dreeke e Cameron Stauth

NOVO MANUAL DO FBI PARA LER A MENTE DAS PESSOAS

São Paulo
2022

Grupo Editorial
UNIVERSO DOS LIVROS

Sizing people up - a veteran FBI agent's user manual for behavior prediction
© 2020 by Robin Dreeke

© 2020 by Universo dos Livros
Todos os direitos reservados e protegidos pela Lei 9.610 de 19/02/1998.
Nenhuma parte deste livro, sem autorização prévia por escrito da editora, poderá ser reproduzida ou transmitida sejam quais forem os meios empregados: eletrônicos, mecânicos, fotográficos, gravação ou quaisquer outros.

Diretor editorial: **Luis Matos**
Gerente editorial: **Marcia Batista**
Assistentes editoriais: **Letícia Nakamura e Raquel F. Abranches**
Tradução: **Aline Uchida**
Preparação: **Tássia Carvalho**
Revisão: **Ricardo Franzin** e **Guilherme Summa**
Arte: **Valdinei Gomes**
Capa: **Vitor Martins**
Diagramação: **Aline Maria**

Dados Internacionais de Catalogação na Publicação (CIP)
Angélica Ilacqua CRB-8/7057

D822n

Dreeke, Robin
Novo manual do FBI para ler a mente das pessoas / Robin Dreeke e Cameron Stauth ; tradução de Aline Uchida. – São Paulo : Universo dos Livros, 2020.
320 p.

ISBN: 978-85-503-0512-7
Título original: *Sizing people up: a veteran FBI agent's user manual for behavior prediction*

1. Comportamento 2. Avaliação do comportamento 3. Psicologia I. Título II. Stauth, Cameron III. Uchida, Aline

20-1514   CDD 158.1

Para nossas famílias

Kim, Katelyn e Kevin
e
Lori, Gabriel e Adrienne

Sumário

Parte I
AMIGO OU INIMIGO?
1. Triunfe em um mundo de desconhecidos ... 11
2. Pense como um analista comportamental do FBI ... 39

Parte II
OS SEIS SINAIS PARA PREVISÃO DE COMPORTAMENTO
3. Construa alianças à prova de balas ... 69
Sinal # 1: Investimento

4. Faça o tempo valer a pena ... 111
Sinal # 2: Longevidade

5. Saiba com quem contar ... 151
Sinal # 3: Confiabilidade

6. Determine os empecilhos ... 189
Sinal # 4: Ações

7. Escute para a revelação ... 219
Sinal # 5: Linguagem

8. Veja o interior das pessoas ... 253
Sinal # 6: Estabilidade

POSFÁCIO
Os momentos de ouro ... 303

AGRADECIMENTOS ... 315

Parte I

AMIGO OU INIMIGO?

1

TRIUNFE EM UM MUNDO DE DESCONHECIDOS

11 de Setembro de 2001
Gabinete Regional do FBI, Nova York

Fazia sol e a sociedade americana vivenciava seu último momento de inocência. Viver era fácil, o dinheiro fluía, a democracia desabrochava, a Guerra Fria havia acabado e os Estados Unidos deleitavam-se com um novo tipo de paz na Terra: uma que parecia durável, por mais difícil que seja compreender isso hoje.

Cada dia transcorria de modo tão pacífico e previsível que achávamos que finalmente chegávamos ao "fim da história", e, acredite ou não, de uma maneira positiva.

Os primeiros passos hesitantes em direção à ordem do novo mundo haviam sido iniciados em 1982, quando, enfim, Ronald Reagan fizera um acordo com a União Soviética objetivando congelar a produção de todas as novas armas nucleares. Assim, invocava-se o velho lema russo *Doveryai no Proveryai*, ou seja, "Confie, mas verifique". Em outras palavras, o então presidente dizia que somente confiaria nos russos se eles provassem, com fatos e números, que mereciam.

Ao olhar para trás, talvez pareça fácil prever o fato de que a Rússia Soviética logo se desmembraria, mas naquela época suas ações eram quase completamente imprevisíveis. Americanos dos dois partidos pensavam que o acordo de Reagan estava fadado ao fracasso. A esquerda acreditava que confiança baseada na verificação não significava confiança e a direita julgava que a ideia de se confiar no inimigo era inconcebível. Ambos estavam errados. Tudo deu certo, e jamais esqueci essa lição.

Aquela era, porém, em breve acabaria. A certeza, assim como a previsibilidade que normalmente a acompanha, desvaneceria em alguns segundos.

Um colega e eu estávamos no distrito de Wall Street, diante de um carrinho de comida localizado próximo ao nosso imponente QG regional. Eram 8h45, mas, como eu começara a trabalhar às cinco da manhã, sentia-me pronto para a segunda rodada de café, feliz por apenas estar ali em uma época tão incrível na extensa experiência americana de *confiar somente nos líderes que agem em razão de nossos próprios interesses pessoais*: uma filosofia política que chamamos de democracia.

Então escutei um baque.

Parecia que um pequeno avião havia colidido com a Torre Norte do World Trade Center.

— O coitado do homem deve ter sofrido um ataque do coração — disse meu colega.

— Pelo menos não é terrorismo — retruquei.

Retornamos com rapidez para nosso escritório, onde praticamente todos haviam se posicionado em frente às janelas, paralisados.

Um caminhão dos bombeiros de uma estação próxima irrompeu rumo ao ocorrido, e parecíamos acomodados em assentos da primeira fileira para observar uma demonstração de heroísmo que elevaria o país a um patamar ainda mais alto.

No entanto, cinco dos bombeiros que vi no caminhão logo estariam mortos, assim como centenas de outros.

Escombros começaram a despencar da torre, e fui invadido por uma sensação nauseante quando, ante a visão de braços e pernas se debatendo, constatei que na verdade se tratava de pessoas.

Logo uma bola de fogo lançou-se através da Torre Sul.

— Oh, meu Deus! É terrorismo! — gritei, e olhei às minhas costas. Tudo vazio.

Dez agentes voltaram em seguida, todos eles, como eu, ex-fuzileiros navais; alguém disse que caminhões-bomba se dirigiam a nosso prédio, um dos mais altos da região, além de um Posto Avançado federal.

— Temos que evacuar! — gritei. Eu era um recruta relativamente novo na base de Nova York, um lugar repleto de agentes veteranos, mas não era o momento de me preocupar com a hierarquia de autoridades.

— Não! — um dos agentes berrou em resposta. — Se esta é a nossa hora de ir, então é a nossa hora de ir!

Eu considerava esse agente extraordinariamente sensato, mas a exortação motivada por emoções me parecia inconsequente e imprudente. Então, recusei-me a escutá-lo e ajudei a organizar um grupo que se dirigiu para um posto de comando do FBI na base das torres.

Em um ato incrível de coragem, alguém correu até as torres para ajudar uma das pessoas que saíam cambaleando do prédio, porém o responsável pelo resgate se aproximou tanto que acabou morto por uma das pessoas que se jogavam. Alguns se desviavam dos escombros que despencavam e das vítimas que se debatiam, mas, na fumaça e na poeira, a maioria dessas pessoas se tornara invisível ou semelhante a esboços de desenhos.

Homens e mulheres arriscaram a vida por desconhecidos, mas muitos outros, compreensivelmente, curvaram-se de medo ou apenas desapareceram. Alguns entraram em choque, mas havia os que agiam com a precisão militar de soldados em combate.

Lenny Hatton, um agente com quem eu já trabalhara, ex-especialista em explosivos dos fuzileiros que atuara em três ataques terroristas e havia recentemente deposto em um julgamento da Al-Qaeda, percebeu a necessidade de uma rede de comunicações de dentro das torres. Por isso, correu para a escuridão da qual todos fugiam.

Era possível, ainda que improvável, Lenny ter contatado meu antigo chefe do FBI, John O'Neill, então no seu primeiro dia como responsável pela segurança no World Trade Center. John e sua equipe haviam solucionado o bombardeio de 1993 do WTC, e ele passara os últimos quatro anos no FBI trabalhando no caso de Osama bin Laden, sempre na tentativa de convencer as pessoas de que bin Laden seria capaz de um ataque direto aos EUA. Naquele momento, John, no quadragésimo nono andar da Torre Sul, comandava a evacuação e recusava-se a abandonar o local.

Em meio ao caos, apesar de cercado de agentes que eu pensava conhecer, de repente me pareceu impossível prever o que qualquer um deles faria. Correriam? Iriam em busca de um esconderijo? Ajudariam as pessoas ali? Ou talvez fossem para casa, ao encontro das suas famílias, em vez de trabalharem no Marco Zero da explosão? Como sempre, inexistem certo e errado — somente a realidade. Mas minha capacidade de compreender a realidade das pessoas que me cercavam era criticamente importante, e, naqueles momentos de desespero, *não consegui fazer isso*. Eu achava que as conhecia, entretanto, notei que na verdade sabia somente o que elas queriam que eu soubesse, em razão de modéstia, sigilo, constrangimentos, subterfúgios ou apenas privacidade. Eu ignorava por completo suas muitas virtudes, incluindo a coragem nua e crua de John e Lenny.

Tudo havia mudado; nada era previsível.

Voltei para nossa torre, que parecia livre de danos, embora o terceiro edifício destruído naquele dia ainda não tivesse ruído. Então disse a alguns dos homens que me seguiram:

— Permaneçam juntos! Será pior se morrermos sozinhos. — Um de nossos agentes ficou para trás e depois se perdeu.

Devido ao colapso da primeira torre, nosso prédio começou a tremer e a balançar, e todos pareceram afetados. Quando a segunda torre desabou, perdemos abruptamente o contato com Lenny.

O chefe da segurança havia morrido. Suas últimas palavras, ditas a um homem que ele salvou, cego e sufocado pelo calor e pelos destroços, foram: "Estou voltando para o prédio". Lenny provavelmente não acreditava nas próprias chances de sobreviver. Pensei que o conhecia bem, mas nunca imaginei que seria capaz de superar o terror que sentia movido por tamanha compaixão.

John também se foi com essa torre, depois de salvar muitas vidas. Descansa agora em um túmulo em Nova Jersey, homenageado com uma pequena bandeira norte-americana. Em 2002, a rede de televisão PBS publicou um episódio do programa *Frontline* sobre ele, denominado "O homem que sabia", mas nunca consegui assisti-lo.

Mais de duzentos oficiais de dezenas de agências se juntaram aos 338 bombeiros que morreram não apenas como patriotas, mas também como indivíduos tão benevolentes e corajosos que naquele dia nem sequer se preocuparam em distinguir amigos de estranhos.

Naquela noite, encontrei meu carro onde havia estacionado, mas com um motor a jato diante dele. A caminho de casa, em meio aos destroços, troquei olhares com pedestres que sequer piscavam, perguntando-me quem estaria à espera de alguém que nunca mais veria. Um deles, uma mulher parada junto ao meio-fio que obviamente chorara antes, me entregou uma garrafa de água e disse: "Deus abençoe". Sem conseguir agradecer, limitei-me a abaixar a cabeça.

As informações de que dispúnhamos sugeriam que bin Laden era responsável pelos ataques, mas parecia que nem precisávamos delas, porque praticamente todos nós tínhamos a sensação de que era ele o culpado. Naquela época, eu confiava muito em sentimentos instintivos. Hoje, não mais.

Via-me cara a cara com o pior dos tempos e com as melhores pessoas: uma relação tragicamente comum. Como sempre, a dor repentina e inesperada daquele dia incorporava uma sabedoria também comum e terrivelmente agridoce que dizia apenas: *"Abra os olhos e veja os outros como de fato são"*.

Mesmo no primeiro dia da estranha e nova América, as pessoas pelas quais passei nas ruas pareciam lutar visceralmente com esse repentino desafio, aplicando a mesma vontade estoica usada para suportar o ar envenenado e a morte pútrida. Muitas tinham uma aparência entorpecida, ainda aprisionadas no choque do ocorrido e incapazes de compreender a nova realidade.

Essa opção não se aplicava a mim. Devido a nossa profissão, meus colegas e eu fomos incumbidos de ver além de nossa dor, de manter a racionalidade e proporcionar uma visão de mundo nova, *segura e sã* às pessoas naquelas ruas e além delas.

Eu sabia que seria muito difícil. A maioria das pessoas quer abandonar suas ilusões, mas quem deseja se sentir desiludido?

Uma avalanche de perguntas surgia repentinamente. Por que o Departamento de Estado ou qualquer uma de suas agências de três letras não agiu de maneira decisiva em relação ao que John sabia sobre bin Laden? O que viria a seguir? Com quem ainda presente em Nova York deveríamos nos preocupar? *O que posso fazer?*

E por que eu fora tão completamente incapaz de saber como agiriam meus colegas mais próximos quando mais importava? Sentia-me muito ligado a eles e pensava que estávamos todos conectados, ou que pelo menos convivíamos na mesma ótica de entendimento. Como agente, eu deveria possuir uma verdadeira visão de raio-x; no entanto, se não conseguia prever as ações dos meus bons amigos, como, em nome de Deus, poderia prever as ações de nossos inimigos?

Não havia resposta. Obviamente. Mas prometi a mim mesmo que a encontraria. O crescimento também se acelera nos mais tenebrosos dias.

E, claro, seria bom pensar que eu faria isso por Lenny, pai de quatro filhos, e por John, pai de dois. Mas era tarde demais.

Avaliando pessoas

Poucos dos problemas mais graves da vida são tão comuns quanto não conseguir avaliar as pessoas e prever com precisão o que farão. E não por todos sermos descontrolados, mentirosos compulsivos ou termos personalidades que mudam rapidamente. Isso ocorre porque a maioria de nós oculta ou mascara dos outros determinados aspectos de nossa vida, sobretudo se houver algo importante em jogo, como amor, dinheiro, carreira ou reputação.

Até aqueles efetivamente bons sentem a necessidade de esconder certas coisas, porque, além de ninguém ser perfeito, todos somos vulneráveis. Uma significativa porcentagem de pessoas viola as regras e mente quando está desesperada: seja por algo que desejam, seja por algo que temem. Mesmo as que vivem em situações confortáveis muitas vezes ocultam a verdade e violam regras apenas para progredirem um pouco mais na vida.

Pessoas decentes e com comportamentos moralizantes também ocultam a verdade, porque cada um de nós deseja ser amado e, às vezes, teme que o eu verdadeiro não seja digno disso.

Porém, milhões de pessoas ocultam suas intenções e mascaram toda a verdade por razões muito mais sombrias, como ganância, manipulação, poder, controle e tramoia. Infelizmente, isso se revela muito comum, sobretudo em ambientes e situações difíceis. E é particularmente provável que ocorra quando as pessoas atingem posições de poder, mesmo que um poder mesquinho.

Considerando-se que as pessoas costumam ser antiéticas quando se envolvem em algo importante com alguém e não sabem o que farão a seguir, a vida talvez lhes pareça não só estranha e desconcertante, mas também assustadora.

Visando minimizar esse aspecto instável e debilitante da natureza humana, quase todas as sociedades tentam criar procedimentos obrigatórios e justos para garantir comprometimentos, como acordos comerciais, pré-nupciais, regras religiosas, leis, códigos de conduta, promessas e contratos sociais não explicitados. Mesmo assim, de tempos em tempos, a maioria de nós ainda desconfia de outras pessoas, porque testemunhamos a destruição de acordos incontestáveis, além de amizades, casamentos, alianças, romances, condutas, leis e custódia dos filhos.

E, em um momento ou outro, algum dia sofremos com traições e mentiras.

Às vezes, avaliar pessoas talvez possa parecer quase impossível, especialmente nos negócios, quando se costuma lidar com gente pouco conhecida, em um ambiente muito competitivo, no qual compartilhar informações não é a norma.

No entanto, ainda piores para a maioria das pessoas são os momentos em que nem conseguem prever as ações dos próprios amigos e familiares. Divórcios, violência doméstica, suicídios, batalhas por custódia e doenças sexualmente transmissíveis — para citar apenas alguns casos — costumam constituir surpresas colossais e terríveis.

São situações que podem causar dissabores. Quando alguém nos desorienta em nossa profissão, talvez sejamos prejudicados financeiramente. E, quando um ente querido nos trai, toda nossa visão de vida pode mudar.

Essas violações inevitáveis de nossos códigos mais sagrados enfraquecem nossos valores mais significativos, incluindo os que influenciam e quase sempre controlam completamente a maioria das transações humanas, dos negócios ao amor. O valor mais altivo é a *confiança*, ou seja, a forma ativa da fé. Ela demonstra, em tempo real e no mundo real, a crença de que as pessoas não apenas tentarão fazer o que dizem, mas também que terão competência e diligência para fazer as coisas acontecerem. Trair a confiança configura-se uma das experiências mais devastadoras a qualquer ser humano, em parte porque é quase impossível não levá-la para o lado pessoal. Fere mais profundamente do que uma perda acidental, levando-nos não apenas a duvidar dos outros, mas também de nós mesmos, na medida em que pensamos que deveríamos tê-la reconhecido.

Neste livro, mostrarei ao leitor como identificar melhor uma situação desse tipo.

Não é tão difícil quanto você talvez imagine. Basta aprendermos a prever o que as pessoas farão e por quê. Quando identificamos isso, finalmente nos sentimos mais seguros diante de futuras adversidades. Vivenciamos um processo de cura de experiências passadas e a ampliação de nossa confiança. Com alguma sorte, nos momentos mais importantes, não seremos enganados novamente.

Minha educação nesse sentido não foi natural ou intuitiva, em parte por eu ser um americano típico, desprovido do dom inato para decifrar o comportamento humano. Como tantos outros, aprendi a analisar o comportamento da maneira mais difícil, por tentativa e erro, antes de perceber que poderia criar um método para entender as pessoas, algo que fosse ensinado e aperfeiçoado por meio de um treinamento bastante simples.

Contudo, sem esse treinamento, provavelmente ainda lutaremos para prever as ações das pessoas durante eventos críticos, desses que podem mudar nossa vida. Como sempre, os vilões irão manipular, as variáveis aumentarão e a mente estará obscurecida pela indecisão e pela dúvida. Afinal, quando não sabemos o que esperar das pessoas, torna-se quase impossível a elaboração de planos cuidadosos para uma vida de sucesso.

À medida que o relógio avança, a dúvida se aprofunda e o medo da decisão se espalha como uma doença contagiosa, gerando problemas de todos os tipos: o afastamento de pessoas inocentes, a necessidade de bisbilhotar a sua vida privada ou o adiamento de uma decisão até que seja tarde demais para a devida diligência. Nesse momento, o tempo se esgota, e a maioria das pessoas apenas se limita a cruzar os dedos, agindo com o instinto e jogando os dados.

Infelizmente, as pessoas que não compreendem todos os fatos tomam a decisão correta somente na metade das vezes, conforme nos mostram os mais consistentes estudos em ciência do comportamento. Como regra, não é culpa delas, porque pensam que estavam tentando avaliar e geralmente manipulam a situação. Às vezes nos enganam sem nem mesmo perceberem, pois, como todos gostam de se ver da melhor maneira possível, acabam mentindo para si mesmas e depois divulgam a mentira. Dessa maneira, constroem mitos grandiosos que se incorporam à parte da reputação básica das próprias pessoas. Quantas vezes você conheceu alguém que deveria ser ótimo em alguma coisa, mas não é?

Conclusão: quase todo mundo na Terra, em um momento ou outro, vivenciou o sentimento doentio de traição e, na maioria das vezes, sentiu-se atordoado, desesperado e desconfiado. Esses indivíduos não estão mais fortes ou mais sábios, pois simplesmente relutam em confiar em alguém, o que pode ser devastador.

Para funcionarem efetivamente, as pessoas precisam aprender a prever o que os outros farão e confiar nelas. No entanto, se alguém distribui confiança como distribuiria doces, poderá perder as coisas que mais aprecia. Se houver algum indício de que isso ocorrerá, ficará tentada a fechar as portas que necessita abrir e acabará sozinha e insensível no próprio pressentimento.

Medo, medo, medo. Todos nós já o presenciamos.

Entretanto, quase todo medo básico envolvendo relacionamentos pode ser superado por meio de uma das mais poderosas competências humanas: a capacidade de uma previsão precisa. Sem ela, provavelmente a pessoa sempre relutará em confiar — e pagará um preço alto por esse déficit. A confiança cria um estado de calma e criatividade, entusiasma todos os envolvidos e une nações inteiras. Assim, situa-se no topo da hierarquia humana das ações positivas, porque equivale ao amor e geralmente se combina com ele.

Ao avaliar as pessoas, aprendemos muito não apenas sobre seu caráter, mas também sobre suas características, tendências, desejos, medos, afetos, forças, fraquezas e habilidades. E tudo isso se alimenta do atributo mais importante, o qual invariavelmente procuramos: a confiabilidade, a única qualidade que elimina o mistério, ilumina a verdade e revela-se indispensável para um relacionamento positivo.

Os seis sinais para se prever um comportamento

Neste livro, apresentarei meu método de seis sinais de confiabilidade — e os indícios que os revelam — ao se prever o comportamento humano.

Aqui vai um pequeno *spoiler* do que o leitor aprenderá:

Sinal # 1: Investimento
Criando ligação simbiótica de sucesso mútuo.

Sinal # 2: Longevidade
Acreditando que um vínculo vai durar.

Sinal # 3: Confiabilidade
Demonstrando competência e empenho.

Sinal # 4: Ações
Revelando padrões coerentes de comportamento positivo.

Sinal # 5: Linguagem
Criando vínculos por meio de comunicação hábil.

Sinal # 6: Estabilidade
Transcendendo conflitos por meio de acordo emocional.

Esse método substitui suposições, pressentimentos, sorte, intuição e drama.

Muitos dos piores medos que tanto dificultam a vida podem ser subjugados com esse método simples, que possivelmente revelará o caminho correto para a maioria dos relacionamentos.

O método não é um concurso de popularidade nem uma avaliação de "bom" ou "ruim", mas um indicativo da *previsibilidade* das ações humanas. Consiste em interpretar os indícios que refletem com precisão o caráter, as características e as competências da pessoa.

Caso você confie em alguém para fazer algo necessário, tudo bem, suas ações poderão ser ajustadas nesse sentido. No entanto, caso você pense ser impossível confiar em alguém para fazer algo de que precisa, tudo certo também, porque, mais uma vez, suas ações serão *ajustadas de acordo com o contexto*.

O método não resolverá todos os problemas, mas, como se baseia no poder da previsão, possibilitará a você tomar decisões a respeito de em quem confiar racional e sabiamente, livre de medo. Desse modo, você se protege dos golpistas — incluindo os diretores de empresas — e limita o tempo perdido com manipuladores, furões, falsos e até com pessoas bem-intencionadas que desejam fazer o que lhes é confiado, mas simplesmente não são capazes.

Melhor ainda, o método o levará às pessoas *certas*: aquelas que de fato desejam que você alcance o sucesso, que têm capacidade de ajudá-lo e farão o possível para que seja bem-sucedido. Com elas ao seu lado, suas preocupações diminuirão, assim como sua carga de trabalho, seus relacionamentos se aprofundarão e sua habilidade de prever o próprio futuro — e, assim, *criá-lo* — ficará fenomenal.

Meu método funciona porque atinge o âmago do comportamento humano e se assenta principalmente em uma única verdade fundamental: *a única coisa quase sempre possível de ser prevista é que as pessoas agirão de acordo com os próprios interesses.*

Alguns julgam esse raciocínio cínico, mas, além de saudável, ele é necessário. Constitui o coração e a alma da sobrevivência humana, a fonte da conquista, a marca da autenticidade, incluindo-se aí qualquer número de objetivos altruístas e virtuosos.

O princípio simples de que as *pessoas tentam obter o que desejam* é tão sensato e está tão incorporado à nossa cultura e à nossa psique que tendemos a assumir esta crença: as que não agem em benefício próprio são autodestrutivas, preguiçosas ou indiferentes às necessidades daquelas que dependem delas.

Desse modo, para determinar como as pessoas agirão, você deve detectar o que elas consideram ser do seu próprio interesse e depois usar esse conhecimento para prever o comportamento que assumirão. Nem sempre é fácil, mas pode-se aprender. De forma rápida. E a vida nunca será a mesma. O poder da previsão é um superpoder praticável.

A confiança, portanto, não é uma questão de moralidade; confiança é uma questão de previsibilidade.

Isso amplia a definição de confiança, da suposição de que as pessoas quase sempre são boas à de que elas em geral estão tão decididas a tentar obter o que *querem* que se pode prever como agirão.

Mas a confiança deve se basear em motivos racionais, e simplesmente gostar de alguém não é um deles. Tristemente, somos mais passados para trás por pessoas que amamos do que por todas as outras juntas. E não porque os seres amados são maus, mas por que não confiamos com sabedoria.

Por esse motivo, a previsibilidade baseada em dados é tão importante. Ela vem em primeiro lugar. A confiança vem depois. Se você consegue prever razoavelmente o que uma pessoa fará, quase sempre não se pode confiar nela.

Com confiança, surgem os seus comportamentos típicos: lealdade, solicitude, bondade, honestidade, confiabilidade e sabedoria, em geral presentes no pacote das pessoas em quem se confia. Portanto, como regra, caso você possa prever a qualidade da *confiabilidade* de uma pessoa, natural e inevitavelmente desejará vincular-se a ela. E os outros compartilharão o mesmo sentimento.

Essa fundamental verdade sobre a previsão dos comportamentos é a única coisa que qualquer um de nós pode saber com certeza sobre confiança, e precisamos somente disso.

No entanto, não devemos usar essa verdade para mera manipulação. Se assim for feito, ainda encontraremos pessoas confiáveis, *mas elas nunca confiarão em nós*. O mundo já está repleto de manipuladores, e ninguém deseja esse rótulo.

O primeiro passo para colocar em ação esse princípio é descobrir as coisas pelas quais as pessoas se interessam. A maioria ficará feliz em contar. Por que não? Geralmente, é a melhor maneira de alcançarem o próprio objetivo. Então, as palavras de alguém são, quase sempre, o mais acertado indício.

Mas algumas pessoas terão medo de parecer insistentes, carentes, ofensivas ou narcisistas. Mesmo assim, ainda poderemos descobrir o que elas querem. Os agentes da seção do FBI da qual estive recentemente encarregado — no Programa de Análise Comportamental da Divisão de Contrainteligência (BAP) — fazem isso todos os dias, e proponho-me a ensiná-lo a pensar como um agente do BAP: de forma objetiva, racional, sistemática e livre de dispersões emocionais. Com essa mentalidade, é possível analisar com precisão os dados mais previsíveis do comportamento: ações, afirmações, linguagem corporal, opiniões, reputação pessoal, histórico profissional e competências.

São indícios mais fáceis de detectar do que se imagina, pois as pessoas em geral revelam características e ideias profundamente pessoais por meio de ações relativamente óbvias, semelhantes às deixas de um jogo de pôquer. Bons jogadores de pôquer não estudam apenas as cartas; também estudam os outros jogadores.

Prever comportamentos não é uma atividade de complexidade extrema, mas ainda assim é uma ciência social que exige a aplicação correta de uma equação que envolve lógica, estratégia, ceticismo, habilidade de observação e capacidade de aceitar verdades indesejadas.

Além disso, também requer empatia, porque, para entender de fato as pessoas, devemos abandonar temporariamente nossa própria perspectiva e olhar o mundo — e a nós mesmos — através dos olhos delas. Se assim for feito, talvez não gostemos de como elas nos veem, sobretudo se for uma visão negativa e imprecisa, mas estaremos um passo mais perto da realidade do resto do mundo, o que é esclarecedor e poderoso.

Realizar essa difícil verificação da realidade requer duas das forças mais vigorosas do comportamento humano: a pura coragem do estoicismo e a bondade da empatia. Quando ambas atuam em uníssono, criam uma qualidade que denomino "estempatia", uma das características mais profundamente positivas no comportamento humano, minha principal área de especialização.

Durante séculos, o estudo do comportamento humano centrou-se principalmente na filosofia, mas surgiram verdades muito mais indiscutíveis quando se tornou uma ciência social.

A análise baseada em dados dessa ciência ainda nova surgiu na década de 1970 e, desde então, foi aperfeiçoada. Na verdade, comportamento implica uma evidência incriminadora indiscutível, pois está à vista.

A ciência do comportamento me fascinou pela primeira vez quando atuava como oficial do Corpo de Fuzileiros Navais dos Estados Unidos, um ambiente em que decisões equivocadas sobre as pessoas podem custar vidas. Como comandante encarregado de mais de duzentos fuzileiros navais e dezesseis instrutores de treinamento em Parris Island, dei meus primeiros passos em direção ao reino de prever as ações das pessoas. Mas isso ocorreu em um ambiente muito controlado.

Quando entrei para o FBI, em 1997, frequentei quase todos os cursos avançados em psicologia social e em ciência do desenvolvimento de relacionamentos, e estabeleci meu primeiro contato com o BAP. O programa era dirigido por líderes que cultivavam a crença quase futurista, naquela época, de que atividades criminosas e de espionagem — e, por extensão, problemas comerciais e pessoais — poderiam ser controladas com mais eficácia caso mergulhássemos no núcleo em ebulição do comportamento humano do que se aplicássemos apenas os instrumentos contundentes de poder, dinheiro, punição ou desistência.

Naquela época, a maioria dos norte-americanos desconhecia o BAP, que só mais tarde foi apresentado em vários episódios da série de TV *Criminal Minds*. O BAP faz parte da Unidade de Análise Comportamental do FBI (BAU), um departamento que se concentra mais em crimes violentos do que na contraespionagem. A BAU foi retratada no livro e filme *O silêncio dos inocentes* e também em seriados de TV como *Law & Order*, *Mindhunter* e *A escuta*. Em síntese, o assunto é popular porque sabemos institivamente que *não devemos confiar na intuição*. A vida é muito curta, e todos temos muito a perder.

Meu sonho profissional era pertencer ao BAP, basicamente por acreditar que assim não apenas fortaleceria meu serviço ao país, mas também me tornaria uma pessoa melhor e mais próspera, com menos conflitos e menos medos e vivenciando relacionamentos mais profundos.

Porém, inicialmente eu dependia sobretudo do BAP para sobreviver. Todos os negócios e setores industriais contam com sua própria parcela de tubarões, mas os tubarões da espionagem e da contraespionagem recebem apoio das autoridades, das finanças e do arsenal das nações mais poderosas da Terra. Embora tenha tirado a sorte grande de me tornar a terceira das quatro pessoas que administraram o BAP, enfrentei algumas dificuldades no início.

Gostaria de saber naquela época o que sei agora.

12 de Setembro de 2001
Cidade de Nova York

Antes do amanhecer, começamos a fazer turnos de doze horas e sete dias, o que se estendeu por meses, iniciando com uma busca por pistas nos escombros. Simultaneamente, trabalhávamos "de cabeça" nos destroços do World Trade Center transportados para o aterro sanitário em Staten Island, onde recolhíamos pedaços de corpos ainda identificáveis como humanos.

Quando chegávamos e também quando voltávamos para casa, já anoitecendo, todos os dias — em um crescente senso interno de fadiga de combate —, a West Side Highway, em Manhattan, estava repleta de pessoas e voluntários, todos nos aplaudindo solenemente com as mãos enluvadas, abafadas, segurando velas na chuva e na neve de setembro a janeiro. Eles nos entregavam caixas de suco, sanduíches caseiros, respiradores, qualquer coisa que melhorasse nosso dia. E também nos davam anotações e fotos rabiscadas com mensagens como "Por favor, encontre meu pai". Ainda tenho todo esse material, que me lembra não apenas daquelas pessoas, mas também da privação que meus filhos viveram enquanto atuei nesse período turbulento.

Nenhum de nós pensava em recusar a comida, mesmo depois que alguém começou a enviar a pessoas conhecidas pacotes com antraz. Achávamos que todos os presentes ali mereciam nossa confiança, pois assumiam um comportamento virtuoso tão previsível que poderíamos confiar nossas vidas a eles. Hoje, duvido que agisse do mesmo modo, ou que até mesmo tivesse a chance de fazê-lo, porque agora os policiais costumam manter multidões à distância.

Quatro anos depois, o FBI rastreou a origem do antraz, chegando a um suspeito que havia trabalhado no governo federal. Encerramos o caso logo após os Estados Unidos invadirem o Iraque — em uma guerra motivada por armas de destruição em massa que na verdade inexistiam —, e a revelação de que o antraz veio de um funcionário do governo não foi recebida com significativo senso de ironia pelo público. Os Estados Unidos haviam mudado.

No meio do inverno, a maioria dos americanos estava esgotada, acometida de sua própria versão de fadiga de combate — fadiga de compaixão —, e havia adotado um novo nível de cautela, limitando as viagens aéreas de tal maneira que duas grandes companhias aéreas declararam falência. As pessoas mudaram tanto o modo de conhecer novos lugares e procurar novos amigos que se cunhou a palavra "casulo".

Hasteou-se a bandeira da desconfiança, que ainda persiste na maior parte do tempo.

23 de dezembro de 2001
Long Island, Nova York

Naquele dia cinzento do inverno, para nosso descontentamento, encarregaram-me de seguir pistas que descartariam o envolvimento russo. A escolha fazia sentido, porque todos no escritório trabalhavam com os eventos de 11 de Setembro e eu, desde o início, com questões envolvendo a Rússia.

Um supervisor me colocou em contato com um informante secreto que trabalhou na contrainteligência russa para nós — a Fonte Humana Confidencial (CHS), em conversas de espionagem —, e essa pessoa se recusou categoricamente a falar sobre 11 de Setembro com seu supervisor na época. Era seu décimo quarto agente, e eu seria o décimo quinto. A CHS, a quem chamaremos de Leo para nossos propósitos aqui, era um agente duplo havia anos, mas tinha a reputação de seguir uma linha tênue, equilibrando-se entre ajudar-nos e ajudar a si mesmo. Alguém até comentou que Leo poderia estar vinculado à nova classe empresarial russa, mais tarde chamada Máfia Russa.

Sabíamos que ele era proprietário de algum tipo de clube de cavalheiros para expatriados russos. Essa informação bastou para gerar rumores e, naquele momento caótico da História, nenhum boato soava exagerado demais. Embora ele fosse legítimo, eu odiava sua maneira de operar. Parecia egoísta e mesquinha, como a mentalidade de um mercenário cuja única lealdade é a do melhor lance. Mas não me sinto assim hoje, porque percebi que em uma transação válida e duradoura com alguém, incluindo uma CHS, todos precisam sair ganhando.

Levei duas horas para ir até a confortável casa colonial holandesa de Leo, perto da parte arborizada de West Babylon, em Long Island, e quando cheguei lá, depois de cerca de quinze horas de um dia de trabalho, eu estava exausto. Fiquei na varanda de Leo até ele abrir a porta desajeitadamente – a julgar pelo cheiro e o modo de agir, estava bêbado.

Então ali estava eu, *tentando salvar o mundo inteiro*, e sentia meu tempo desperdiçado com aquele sujeito. Isso me irritou. Algo comum naquele inverno.

Em vez de se afastar para eu entrar, ele disse:

— Esta é a última vez que vejo você aqui. — E continuava olhando de um lado para o outro do quarteirão.

— *Por quê?* — Ele estava irritado também? Talvez *porque* tinha percebido minha irritação?

— Vizinhos — completou ele.

— Acho que talvez esteja um pouco *paranoico*, senhor. — Para dizer o mínimo, eu pensei, mas me senti bem ao insultá-lo um pouco. Isso ocorreu na época em que achava emocionalmente saudável desabafar. Hoje, nunca repetiria a frase, não por ser "senhorita boas maneiras", mas por saber que não serve para nada. Bons gestores, em qualquer empresa, não se exprimem com observações casuais. Cada letra de cada palavra que pronunciam os aproxima de seu objetivo final.

Leo recuou um pouco e disse, misturando o sotaque russo com o do Queens:

— Você tem uma boca grande, hein.

Por *essa razão*, nunca diria tais coisas agora. Quando se fala merda, recebe-se merda de volta. Mais sobre tal consideração adiante no livro. Além disso, "apenas ser você mesmo" é superestimado. Caso não se consiga levar o melhor de si para uma reunião, é melhor ficar distante.

Mantive minha posição, como faria qualquer bom agente da Marinha ou do FBI, pelo menos era assim que eu pensava. Só queria dar o fora dali e riscar Leo da minha lista.

Ele permitiu que eu entrasse e me conduziu até a sala, onde havia um bar sofisticado. Leo jogou quatro cubos de gelo na bebida e disse:

— Eu fiquei em um campo de prisioneiros após a Segunda Guerra Mundial e aprendi a amar gelo. Não o tínhamos. Claro. — Ele completou o copo com mais vodka. — Bebida?

Balancei a cabeça em sinal negativo. Ele continuou:

— Chamavam o acampamento de Centro de Pessoas Desabrigadas. Embora ninguém estivesse sendo "abrigado" ali. No total, cerca de dez milhões de nós viviam atrás de arame farpado. Fiquei lá cinco anos. Quase sempre com fome. E quando eu perguntava sobre voltar para minha vila, querendo saber se minha família ainda estava viva, eles me falavam para não ser... Qual foi a palavra que você usou? Tão *paranoico*. Diziam: "Não se preocupe com algo que você não pode controlar". Uma frase sem sentido. Não precisamos nos preocupar com o que podemos controlar. O perigo vem das coisas incontroláveis.

— E voltou para sua vila?

— Finalmente. Mas por minha conta. — A expressão dos olhos de Leo enuviou-se por um momento. — Só restava o chão lá. Com escombros. — Ele não disse se a família havia sobrevivido, e não perguntei. Se soubesse o que sei agora, *teria* perguntado, mas de modo delicado e visando estritamente ao benefício do outro. Quando se dá mais às pessoas, recebe-se mais. Naquela época, eu acharia esse raciocínio irônico.

Os russos, Leo claramente queria que eu soubesse, enquanto misturava sua bebida, haviam perdido vinte milhões de vidas na Segunda Guerra Mundial, em comparação com o meio milhão dos Estados Unidos. *Quarenta vezes* o sofrimento, caso se consiga imaginar.

— Por isso dominamos a Europa Oriental — disse ele. — Nós éramos *paranoicos*. Mas mesmo com a Cortina de Ferro, mais vinte milhões de pessoas foram mortas por Jughashvili, o sobrenome verdadeiro de Stalin, até ele virar político. Stalin significa Homem de Aço. Então, o camarada Jughashvili também nos criou. — Ele fez uma pausa dramática e enfatizou a palavra *paranoico*.

Assim, a guerra, além de Stalin, potencializou o sofrimento da Rússia a *oitenta* vezes o da América. Acho que pareci constrangido, porque pela primeira vez Leo sorriu, ainda que de modo bizarro.

Eu queria ir direto ao assunto, então disse:

— Entendo que você não esteja feliz com seu contato atual no Bureau.

— Com o FBI, os *negócios* sempre vêm antes — ele retrucou, o rosto inexpressivo.

Outro insulto, o que na minha mente estúpida e quase novata significava: *atire de volta!*

— O que ouvi sobre você — comecei, no modo de combate completo, com pouco a perder — é que, para *dar* alguma coisa, precisa *obter* outra. É quase como... — Fiz uma pausa, pois falaria algo desagradável. — Como se você fosse um agente duplo.

— Todos os agentes, meu jovem amigo, são duplos.

E assim terminou tudo.

Entretanto, logo descobriria que meu ponto de vista era absolutamente irrelevante, pois apenas importava naquele momento o ponto de vista *dele*. Descobri também que ficar aprisionado nas próprias percepções se assemelha a ter uma longa conversa com ninguém. Poupe seu fôlego.

Ao escolher entrar em conflito com Leo, posicionei-me além das minhas capacidades, mas achava na época a melhor maneira de aprender a nadar com os tubarões. Era assim que eu pensava.

Nos últimos anos, quase aprendi a pensar como um agente, mas não aprendi a pensar como um agente de análise comportamental.

Nessa época do ano é comum o anoitecer nos atingir cedo e com intensidade. Embora as pessoas geralmente se sintam protegidas do espectro da escuridão pela aproximação das férias, aquele foi um inverno ruim e a primavera não trouxe boas promessas.

Eu continuava no vazio. Dispunha de inúmeros dados nos arquivos de Leo, mas nenhum revelava quem ele realmente era ou como agiria em seguida. A confusão reinava.

No entanto, não estava sozinho. Grande parte do FBI, e até do país, havia sido cegada pelo mesmo nevoeiro compartilhado pela guerra fria. Nossos inimigos pareciam estar em toda parte, mas nem sabíamos quem eram.

Até as agências de três letras tinham um conhecimento limitado de quem atacaria em seguida, como chegariam até nós ou em quem poderíamos confiar.

Nesse contexto aparentemente insondável, o melhor cenário para mim e para muitos outros nova-iorquinos parecia o luxo de simplesmente sobreviver até morrer de velhice. As pessoas adoeciam por toda a cidade, sobretudo na Baixa Manhattan, e ainda respiravam o ar contaminado que logo causaria ainda mais mortes do que o colapso do próprio World Trade Center. Os incêndios continuavam no subsolo, alimentados por aproximadamente 24 mil galões de combustível de aviação, 100 mil toneladas de detritos em decomposição e 230 mil galões de óleo diesel e de aquecimento.

Eu ainda tossia todos os tipos de porcaria, e a tosse nunca parava. Câncer pairava na mente das pessoas. Realisticamente. Cerca de dez mil socorristas hoje lutam contra vários tipos de câncer e enfrentam outras doenças mortais, e o número aumentará com o tempo.

Leo reabasteceu sua bebida e mais uma vez me ofereceu uma, o que podia ou não significar que ele estava tentando preencher uma lacuna.

— *Tenho algo a lhe dizer* — disse com a voz muito alta, como os bêbados às vezes fazem.

Então ouvi alguém gritar algo que soou como "dead" ("morto", em inglês). Ou teria sido "dad" ("pai", em inglês), mas com sotaque russo? Improvável. Nos arquivos de Leo constava que seu único filho havia morrido na guerra da União Soviética com o Afeganistão.

Mesmo assim, depois de trabalhar duro e procurar em toda parte por novas ameaças, até agentes experientes acabavam tirando conclusões improváveis, baseados apenas na paranoia.

Os agentes não deveriam pensar assim. Cabia-lhes permanecer racionais e acreditar apenas em *fatos* objetivos e observáveis. Mas muitas coisas antes impensáveis estavam acontecendo.

Leo pareceu alarmado.

— Você deve partir agora — disse, acenando com a cabeça em direção à porta da frente e apressando-se pelo corredor.

Olhei para trás enquanto caminhava para o meu carro estacionado na escuridão. *Paranoico?* Naquele momento da minha vida, quando inevitavelmente caminhava rumo à morte e a mais sofrimento, como toda vida, concordei com Leo quanto ao conceito de paranoia: quem inventou *essa* besteira feliz? O responsável, por sorte, deve ter-se sentido muito destemido. Ou estava louco.

RELATÓRIO

CAPÍTULO 1 – Triunfe em um mundo de desconhecidos

Citação-chave: "Poucos dos problemas mais graves da vida são tão comuns quanto não conseguir avaliar as pessoas e prever com precisão o que farão".

Mensagem-chave: O ato de analisar as pessoas para prever como provavelmente agirão tornou-se tão ofuscado por mitos, informações equivocadas e questões de moralidade que muitos fazem más escolhas. Algumas normas simples de análise comportamental tornam essa análise muito mais precisa e fácil.

O APRENDIZADO

Uma estratégia para prever comportamentos

• **Confie em primeiro lugar**: Determinar sua confiabilidade como funcionário, chefe, sócio, professor, estudante, amigo ou cônjuge é a razão mais comum e importante para se avaliar uma pessoa. A confiança está no centro de todas as relações humanas.

• **Assuma a primazia dos interesses próprios**: A única coisa que quase sempre se pode prever em relação às pessoas é que agem de acordo com os próprios interesses. Um hábito saudável e racional, fonte do trabalho em equipe, de conquista e autenticidade, pois geralmente inclui uma imensa variedade de objetivos virtuosos e altruístas.

- **Confie. Confiar é previsibilidade, não moralidade**: Isso amplia a definição de confiança: supor que as pessoas são boas ou que estão determinadas a tentar obter o que querem pode ajudar a prever como agirão.

- **Mantenha os sentimentos afastados**: Pode-se gostar de uma pessoa e não confiar nela, e pode-se confiar em uma pessoa e não gostar dela. É bem provável que uma avaliação comportamental baseada principalmente na emoção incorreta esteja incorreta. Prever as ações das pessoas requer uma avaliação racional, objetiva e sem julgamento do seu comportamento.

- **Procure sinais de desespero**: Quando as pessoas estão absolutamente desesperadas, pode-se prever que farão quase tudo, inclusive traí-lo. Mas o oposto também é verdadeiro: quando as pessoas estão desesperadas, desejam satisfazer qualquer outra pessoa que possa ajudá-las. Procure por essas duas possiblidades.

- **Doveryai no Proveryai. Confie, mas verifique**: Às vezes as pessoas o enganam de propósito, às vezes por acidente. Mesmo quando se confia em alguém, é preciso um esforço razoável para se verificar o que é dito.

2

PENSE COMO UM ANALISTA COMPORTAMENTAL DO FBI

24 de dezembro de 2001
Além da traição

Na noite antes do Natal, todos no escritório estavam no limite. Seria o momento perfeito para um novo ataque terrorista, considerando-se que havia milhões de pessoas comprando ou comemorando, igrejas lotadas e todos em pânico com os incêndios subterrâneos que ainda expeliam fuligem e fumaça no Marco Zero da explosão. O ataque não se justificaria pela vantagem militar tática, apenas pelo drama. Terroristas, assim como os milhões de pessoas que manipulam usando o medo, amam drama. Eu odeio.

Como nosso prédio ficara temporariamente inoperante, fomos realocados na West Side Highway, no porta-aviões Intrepid, da Segunda Guerra Mundial. Todos trabalhávamos buscando pistas do 11/9, enquanto nossas famílias nos esperavam em casa, sem reclamar. Nossos filhos sabiam dos eventos terríveis da época, como a festa de Natal em um quartel perto de nós, organizada para oferecer algum conforto às crianças dos quinze bombeiros daquela base que haviam morrido no 11 de Setembro.

O medo obscurecia a visão da maioria dos americanos, especialmente os nova-iorquinos, embora muitos desses temores, como os dos moradores das áreas rurais, parecessem irracionais.

Como sempre, somente as pessoas mais racionais foram poupadas do medo desnecessário. Porém, na manhã seguinte ao meu encontro incomum com Leo, eu não estava naquele grupo de sorte.

Mesmo assim, a primeira coisa que fiz após conhecer Leo foi saber se havia mais alguém morando naquela casa, o que explicaria o som semelhante a "Morto!".

Então, descobri a existência de um companheiro na casa: um neto de vinte anos que trabalhava na cidade, assim como Leo. Também descobri que a palavra russa para "avô" era *ded*, com um leve som de "y": *dyet*. Isso me ajudou a compreender a situação. Mas só um pouco.

O problema era que, mesmo depois de vários anos no FBI, com muita frequência eu ainda pensava como um fuzileiro naval. Os soldados são treinados para esperar o inesperado, pois trabalham em situações projetadas para isso. Mas os agentes não chegam a soluções até coletarem dados objetivos, observáveis e racionais, livres, de emoções, incluindo a mais destrutiva: o medo. Tal situação em geral nos leva ao cenário mais previsível. Esse método certamente será eficaz para os empresários, cujos negócios se baseiam fundamentalmente no lucro, o que simplifica as previsões.

Os médicos recorrem a um sistema muito semelhante ao concluir a avaliação do paciente, muitas vezes chegando ao diagnóstico mais previsível. A frase que empregam para descrever a genialidade relativa de constatar o óbvio é: "Pense em cavalos, não em zebras"; em outras palavras, concentre-se na conclusão mais evidente.

Independentemente da profissão, empregar uma abordagem racional e sistemática revela muito mais sapiência do que ser influenciado por medos, ilusões e catástrofes improváveis. Chamo esse tipo de busca hiperemocional e ilógica de "sequestro emocional".

Leo parecia estar me empurrando para o sequestro emocional, possivelmente para uma armadilha à qual talvez tenha recorrido com os catorze caras antes de mim. Sentia que minhas opções haviam se limitado repentinamente a manter a minha distância — e ser responsabilizado por falta de esforço — ou a bajulá-lo e esperar que ele me fizesse parecer um tolo ou um fracassado, sabe-se lá Deus por quê.

É claro, meu trabalho visava descobrir esse motivo. Mas eu não era Deus.

Tentar avaliar Leo até me fez sentir jovem de novo, mas não de um jeito bom. Quando criança, muitas vezes vivenciei o sentimento de ser vitimado pela traição e agi como a maioria: culpar as pessoas que me traíram, tentar me arrastar para longe dos danos e jurar nunca permitir que isso acontecesse novamente.

Mas acontecia, e sempre parecia a primeira vez: inesperado, insultuoso e desconcertante. Contando apenas com a sabedoria da juventude, pensei que, se endurecesse e limitasse estritamente meu afeto e dedicação, nunca mais me pegariam de surpresa.

Como tantas pessoas, terminei amizades, larguei empregos, rompi relacionamentos românticos, guardei rancores, alimentei raivas e fantasiei em retribuição ao que havia passado. Assim, quando a adolescência chegou, eu pensava todo o tempo nisso.

À medida que amadureci, superei essas reações reflexivas, na verdade apenas porque não ajudaram, mas gerei mais isolamento e alienação.

Mesmo assim, não tinha nem uma estratégia nem uma filosofia para preencher o vazio. Em todo lugar que olhava, ainda via pessoas carentes, ardilosas e indiferentes aos desejos das outras. Não me ocorreu que eu era basicamente igual a elas, e chamava isso de ambição.

Otimista por natureza, amanhecia sempre com o sonho de que a vida seria diferente e que eu logo conheceria as pessoas que cumpririam todas as suas promessas, superariam os conflitos, não me diriam nada além da verdade, trabalhando tanto por mim quanto por si mesmas.

No entanto, meu otimismo não alterou o funcionamento da vida. Ela tem, por assim dizer, uma agenda particular e, às vezes, a própria medula da vida apresenta desafios, pouco importando o que se faça. A causa muda de época para época e de pessoa para pessoa, mas raramente se afasta da simples necessidade primordial de sobrevivência, com um sonho de prosperidade.

Porém, a simplicidade que antigamente norteava a sobrevivência e a prosperidade nos Estados Unidos desapareceu, em razão da incerteza histórica das demandas da economia global. Lutar nessa nova arena ultracompetitiva é uma batalha contra pessoas que raramente encontramos, em lugares onde nunca estivemos. E a satisfação do controle e da previsibilidade está tão distante e insondável quanto um arco-íris.

Pelo resto da vida, apenas os detalhes desse cenário mudarão. Essa é a realidade e, como toda realidade, não é nem boa nem ruim: apenas funciona assim.

A população 1% mais rica pode se resguardar dessa realidade, mas nós, que vivemos no que gostamos de chamar de mundo real, devemos forjar nossas alianças onde quer que possamos e adaptá-las ao melhor de nossas competências para as verdades do mundo real. Mesmo sendo difícil aceitar algumas delas.

AS DIFÍCEIS VERDADES SOBRE A PREVISÃO DE COMPORTAMENTO

Variabilidade: O comportamento de quase todos nós é altamente variável, pois depende do nosso grau de desespero, do grau de tentação e do grau de punição de que talvez sejamos vítimas se violarmos a confiança ou outras regras de conduta.

Imunidade: Quando somos imunes às consequências, devido a nossa riqueza, poder ou *status*, isso tende a exercer um forte efeito negativo em nosso comportamento.

Vulnerabilidade: É mais simples prever o comportamento das pessoas vulneráveis, porque são as mais fáceis de punir caso violem regras de conduta adequada.

Incompetência: Geralmente as pessoas não conseguem se comportar de maneira previsível não por não quererem, mas por serem incapazes de fazê-lo, por mais que tentem.

A regra dos 50%: A taxa convencional de prever com precisão a confiabilidade e seus componentes altruístas nunca supera aproximadamente 50%.

Intuição: O método mais comum para prever a confiança e as virtudes que a acompanham. Também o menos confiável. A intuição pode permitir às pessoas que desenvolvam mais empatia, mas em geral não é uma ferramenta eficaz para discernir o desempenho dos outros, pois é muito fácil confundir o sentimento de simplesmente gostar de uma pessoa com a previsão do comportamento dela, especialmente quando se está mais desesperado ou vulnerável.

Aparências: Muitos dos fatores sociais e profissionais mais comuns usados para determinar um comportamento virtuoso e prestativo são praticamente irrelevantes. Isso inclui as questões políticas e religiosas de alguém, sua projeção de confiança, a proximidade física, a aparência e o *status* profissional elevado. Tais fatores, geralmente subjetivos, podem soar convidativos e agradáveis, além de ótimos para a sensação de conforto. Mas são desprovidos da eficácia das avaliações objetivas, baseadas em dados.

Longevidade: Quando as pessoas acreditam que terão apenas um relacionamento de curto prazo com você, fica mais difícil prever o que elas farão. O passar do tempo cria um clima muito mais atraente para recompensa — ou para punição.

Percepções: Nossa percepção da situação de uma pessoa não facilita prever o que ela fará. Para analisá-la com precisão, precisamos acompanhar as percepções *dela*. (A menos que se trate de um verdadeiro Mini-Mim, o que algumas pessoas fingem ser para o exercício da manipulação.)

Persistência: Ao analisarmos alguém, podemos ser implacáveis na busca da verdade sem desencadear retribuição ou resistência, desde que deixemos claro *que entendemos por que* as pessoas são do jeito que são. Se pensarem que estão sendo julgadas, irão se calar. Se insistirmos, é muito mais provável que vejamos o pior lado delas.

Confiança: Há uma razão pela qual continuo voltando à questão da confiança. Confiabilidade é o ponto de apoio sobre o qual se assenta todo conhecimento preciso e acionável de uma pessoa; sem ela, nunca saberemos exatamente onde estamos.

Uma ressalva importante: Cada uma dessas regras básicas, e não importa que sejam geralmente verdadeiras, possui muitas exceções, e presumir que elas se aplicarão a todos os casos será não apenas injusto, mas improdutivo. O aspecto mais relevante é o fato de muitas pessoas ascenderem a posições de poder e influência *porque são virtuosas e confiáveis.*

27 de dezembro de 2001
Analisando Leo

Caminhei rumo à porta aberta do escritório de Jesse Thorne, um agente veterano que eu considerava meu mentor ou, mais precisamente, meu Mestre Jedi, pois suas lições com frequência pareciam fáceis e alegóricas, e disse:

— Toc. Toc.

— Ei, Robin, entre. — Ele não parecia ocupado. Na verdade, nunca parecia ocupado.

— Você já fechou a sua porta alguma vez? — perguntei.

— Não preciso. Meu escritório foi designado Zona Livre de Drama.

— Deve ser legal.

— Entediante. Essa é a minha emoção favorita. Faz as coisas acontecerem. Ao contrário do que reza a opinião popular.

Jesse havia recebido a maior honra do FBI, o Prêmio de Excelência de Diretor, duas vezes. Ele normalmente trabalhava nos casos mais cataclísmicos, mas nunca sabíamos disso, devido ao seu estilo descontraído e à completa falta de certificados emoldurados na parede atrás da escrivaninha, o tradicional Muro do Ego da maioria dos homens mais velhos. O único adorno no escritório consistia em uma lata de suco de laranja onde ele guardava canetas esferográficas baratas. Os certificados de premiação, Jesse me contou uma vez, ficavam em uma caixa de sapatos no porão, usada pelos filhos como disco de hóquei quando jogavam usando vassouras.

Aprendi mais com Jesse do que com todos os cursos especializados em análise comportamental e arte de espionagem combinados, incluindo entrevistas de contrainteligência, investigações de espionagem, sinais falsos, negociação de crises, análise de declarações, operações secretas e recrutamento de espiões.

— Jesse, o que sabe sobre a CHS que eles chamam de Leo?

— Provavelmente nada que desconheça. Ouvi dizer que designaram o sujeito para você.

— Sim, mas por quê? Como um cara daquele pode ter alguma relação com os casos do WTC?

— Pergunte a ele. — Jesse sempre tinha respostas fáceis para perguntas difíceis. Naquela época, as palavras me pareceram estranhas, até mesmo pouco profissionais.

— Não consigo derrubar as barreiras impostas por ele — comentei. — Impossível progredir.

— Ouvi dizer que o homem é assim. E está apenas querendo testá-lo, para ver se você não passa de mais um imbecil ambicioso.

Eu estava em dúvida.

— Então aqueles catorze outros caras eram idiotas?

— Quero dizer que *ele* acha isso. E é o que importa.

— Mas não é verdade.

— E daí...? — Ele me lançou um olhar interrogativo que parecia dizer: *Estou confuso com a sua estupidez, mas sou muito gentil para mencionar qualquer coisa.* Jesse sempre se safava desse jeito, porque tecia suas críticas como se todos, inclusive ele, estivessem no mesmo barco, irmãos e irmãs nos mistérios da humanidade.

— Então, o que faço?

— Descubra de onde o apelido Leo veio! — Ele deu de ombros. — Estou curioso.

Esperei. Jesse se afastou de sua escrivaninha e continuou, como se tivesse pensado bastante:

— Seja racional e não julgue as opiniões dele sobre você ou sobre qualquer outra pessoa. Quebre o gelo. E seja legal, isso é fundamental. Sempre.

— Recebi conselhos melhores de um biscoito da sorte.

Jesse riu de si mesmo.

— Só estou dizendo, não se f**a — disse ele. — Você é muito bom nisso. Somos muito bons, porque *todos* sabemos exatamente o que nos incomoda, e essa "habilidade" nos torna *nossos melhores inimigos*. Um pouco dessa coisa toda vai bem, porque nos mantém alertas. Mas as pessoas talvez percebam quando você se apega demais às próprias falhas e isso compromete a confiança delas. Então vá em frente e deixe Leo ser o vilão. Se deixar, ele provavelmente não assumirá esse papel. Caras legais nunca terminam por último. Na verdade, nem sequer terminam — disse ele, olhando profundamente para mim.

(Você provavelmente está entendendo de onde veio a coisa Jedi.)

— Ainda há uma coisa fundamental. Não pergunte o que Leo pode fazer por você. Pergunte o que você pode fazer por ele.

— Mas é por isso que os outros caras não gostaram do sujeito: está sempre jogando nos dois lados!

— Provavelmente os outros não ofereceram nada. Por isso ele *perguntou*, para mostrar a eles o que não fazer. Questão simples de psicologia negativa.

As duplas negativas estavam começando a se acumular.

— Entre na cabeça dele — aconselhou Jesse. — Atue como uma ferramenta para o que o sujeito quer. Quando você interpreta o papel dele e ele, o seu, isso indica um comportamento previsível e confiável.

Entendi a explicação. E me senti um tanto preocupado. Mas Jesse percebeu minha compreensão e sorriu.

— Refresque minha memória — disse ele. — Eu já disse pra você não falar merda?

— Não desta vez. — Já havia ouvido tal observação antes, e ela significava: limitar-me a declarações não julgadoras e validadoras, ser um ouvinte ativo e, acima de tudo, permanecer lógico, mesmo diante de sarcasmo, insultos ou raiva. Mais fácil falar do que colocar em prática, certo? Ele fez uma pausa, mas eu estava perdido de novo.

— *Suponha* que você pode confiar nele. Faça-o saber que você está no ramo do *Leo*! E que ele está preso a você... a longo prazo.

Ainda que muito óbvio, fazia sentido.

— Eu já disse pra você ser legal? — ele perguntou.

— Sim. — Estaria me testando? Ou eu seria realmente tão burro? Ou ambos?

— Bom! Se você fizer tudo isso, Leo provavelmente o espelhará, entrará em sintonia com você, e então saberá quando o cara for honesto e que ele poderá fazer o que diz que pode. E que não poderá fazer o que diz que não pode. Então... Sim! Aí está!

Eu senti como se tivesse acabado de ouvir o pior TED Talk da História. Mas não disse nada. Fui legal.

E assim ocorreu a minha primeira jogada inteligente no caso. As palavras de Jesse eram a semente do que se tornaria meu método de avaliar as pessoas. Acho que já havia escutado a maioria delas antes, mas naquele momento estavam começando a fazer sentido.

Então, vamos nos aprofundar nos seis sinais de que falei.

OS SEIS SINAIS PARA PREVISÃO DE COMPORTAMENTO

Sinal # 1: Investimento. A pessoa acredita que nos beneficiaremos do sucesso dela?

Se sim, é um dos sinais mais positivos do comportamento humano. Mais do que qualquer outra qualidade, incluindo, às vezes, até o amor, significa parceria e compromisso.

Essa crença é relativamente comum entre casais e famílias, mas também em muitas parcerias comerciais e em algumas relações temporárias de trabalho.

Quando as pessoas cujo comportamento está sendo analisado consideram suas realizações um reflexo positivo de si mesmas, elas se esforçam muito para ajudar o outro da maneira que puderem. Portanto, esse sinal cria *puro poder de previsão*.

Elas se vincularão voluntariamente a você, protegendo-o contra danos e encontrando maneiras de promover os seus interesses.

Gosto de investir no maior número possível de pessoas, porque, desse modo, elas costumam investir no *meu* sucesso — assim como no sucesso de outras pessoas próximas a mim, e minha eficácia aumenta exponencialmente.

Como a maioria dos seis sinais, essa percepção leva em conta como a *outra* pessoa se sente, e não apenas como você se sente. Se a outra pessoa não é vista, então não existe, mesmo que devesse existir. Algumas pessoas evitam vínculos promissores porque ainda acreditam no proverbial "Exército de Um Homem Só". Mas este quase sempre leva um chute na bunda do Exército de Dois. Um Exército de Três lidera um Exército de Dois. Faça as contas.

Para descobrir se um indivíduo será um bom aliado, converse com ele sobre objetivos, necessidades, preocupações e paixões imediatas, e veja se são semelhantes aos seus. Em caso positivo, diga à pessoa que provavelmente fará de tudo para que se concretize a parceria, uma necessidade primordial.

No entanto, caso você necessite convencer alguém a ser seu aliado, não se preocupe. O outro precisa ver por si mesmo que será beneficiado — e *desejar* isso. Depois, entrará em cena com tudo. Prefiro trabalhar com poucas pessoas me dando 100% a trabalhar com cem pessoas me dando 50%.

Sinal # 2: Longevidade. A pessoa acha que manterá um longo relacionamento conosco?

Tempo é igual a confiança.

Se as pessoas julgarem que estarão vinculadas a você por longo tempo, ficarão muito motivadas a construir um relacionamento mutuamente benéfico, e você poderá prever movimentos importantes. Tais pessoas farão sacrifícios por você, porque sabem que você os retribuirá.

Relacionamentos breves convidam à exploração. Quando alguém pensa que um relacionamento logo terminará, não perceberá muitas oportunidades nele. Vivenciará apenas um curto período de tempo para suportar as consequências ou compartilhar os ganhos. Então, na maioria das vezes, não se sabe o que vem a seguir.

Porém, se as pessoas acharem que estarão em um relacionamento por um longo período de tempo — seja por escolha, seja por casualidade, seja por missão —, muito mais provavelmente se preocuparão com a opinião alheia sobre elas e, assim, estarão mais propensas a acreditar que o outro poderá ajudá-las. Também irão se esforçar mais para cumprir suas promessas e agir de acordo com seus melhores interesses.

É muito comum que desconhecidos criem vínculos de amizade quando sabem que os destinos estão ligados, ou mesmo que estarão associados por pelo menos um ou dois anos.

Também é aconselhável estender um relacionamento mesmo depois de o principal objetivo ter sido alcançado. Basta dizer: "Gostaria de conhecê-lo melhor, então, mantenha contato!".

E siga adiante. O futuro dura muito tempo.

Sinal # 3: Confiabilidade. A pessoa pode fazer o que diz que fará? E será que fará mesmo?

Não se pode prever como alguém vai agir se não mostrar sinais de *confiabilidade*, uma qualidade formada por *competência* e *diligência*.

Querer fazer algo pelo outro não significa que a pessoa seja competente para fazê-lo. E, mesmo que seja, isso não implica que agirá com a diligência necessária para *concluir* o trabalho.

As falsas alegações de competência ocorrem principalmente em razão da falta de autoconsciência, que pode se manifestar como arrogância, engano e, às vezes, otimismo. É comum as pessoas do tipo A pensarem que são capazes de fazer as coisas melhor do que realmente conseguem, o que torna crucial reunirmos informações sobre habilidades específicas e conquistas.

Também é comum que as pessoas exacerbem suas habilidades e conquistas, seja para acompanhar os outros, seja por acharem que os *outros também exageram*.

Ocorre que algumas pessoas simplesmente não são realistas sobre suas capacidades. Muitas delas, bem-intencionadas e de bom caráter, superestimam a si mesmas, uma característica comum em muitas profissões.

Às vezes, isso ocorre porque elas talvez relutassem em tentar fazer algo se fossem mais realistas consigo mesmas. Subestimar a dificuldade é, ironicamente, uma adaptação de sobrevivência.

Portanto, o otimismo, em oposição ao realismo, geralmente não se liga intimamente à previsibilidade.

Da mesma forma, a pessoa que avalia comportamentos positivos costuma ser excessivamente otimista e acreditar que os outros serão mais competentes do que são, devido ao idealismo que a carateriza.

Ainda há outros fatores que também podem afetar a confiabilidade, como obrigações familiares, problemas de saúde e trabalho.

A confiabilidade depende ainda do grau de diligência de alguém: força de vontade, ética de trabalho, senso de responsabilidade, vontade de aceitar de bom grado tarefas indesejadas e capacidade de fazer alterações. É importante avaliar o *escopo completo* da vida, carreira e visão de mundo de uma pessoa antes de se tornar seu aliado.

A confiabilidade é determinante. Insista nas evidências. *Doveryai no Proveryai*: Confie, mas verifique.

Sinal # 4: Ações. A pessoa demonstra padrões de comportamento positivo?

Esse sinal baseado em ação é muito importante, pois o que as pessoas *fazem* quase sempre revela mais do que aquilo que *dizem*.

As ações são especialmente indicativas de comportamento previsível e confiável quando respaldam reivindicações anteriores, indício de que as pessoas levam a sério o que dizem que farão.

Distancie-se quando as ações das pessoas não corresponderem ao que dizem.

No entanto, os padrões de comportamento *passados* de um indivíduo não constituem um indicador infalível de como ele será no futuro. Isso é especialmente verdade quando tudo que se sabe sobre uma pessoa é o que ela diz.

Os currículos, por exemplo, muitas vezes enganam, considerando-se que foram elaborados pela pessoa menos objetivamente envolvida. Adicionalmente, indicações de ex-empregadores e outras referências podem ser excessivamente positivas, pois quem as oferece não precisa se preocupar em sofrer pessoalmente os efeitos do exagero. Além disso, os currículos quase nunca revelam o que as pessoas farão diante de novas formas de coação ou tentação.

No entanto, a internet dificultou o processo de embelezar currículos, uma vez que as redes sociais apresentam numerosas informações sobre a maioria das pessoas.

Os padrões passados de questões relativas ao caráter — como honestidade, eficácia e justiça — são especialmente ruins na previsão de um comportamento confiável no presente.

Explicitamente informadas de que serão responsabilizadas por suas ações, as pessoas agem com mais franqueza, o que implica muito mais probabilidade de aderirem aos próprios padrões passados de comportamento positivo.

Mesmo assim, o comportamento atual, incluindo um comportamento muito recente em uma situação semelhante, quase sempre se torna mais importante do que os acontecimentos passados.

Destacam-se relevantes comportamentos atuais que indicam traços positivos de caráter: comunicação honesta, transparência, coerência entre ações e descrição das ações; clareza sobre ações; sinais de diligência; descrições simples e sem rebuscamentos de ações passadas. Conversas francas são sempre positivas, porque a simplicidade revela, mas a complexidade oculta.

Sinal # 5: Linguagem. A pessoa sabe se comunicar de maneira positiva? Ou apenas consegue criticar?

Um número surpreendentemente expressivo de pessoas pensa que é capaz de cumprir suas intenções e até de agradar a si mesmas se forem grosseiras: culpam os outros, são rudes ou agressivas, exageram, manipulam, usam táticas intimidatórias de debate ou assumem atitudes hiperemocionais e evasivas. Mesmo quando as pessoas agem com cautela para não apontar essas armas verbais diretamente a alguém, isso ainda é um forte indicativo de comportamento negativo. O estilo de comunicação negativa reflete principalmente o medo, ainda que quase sempre soe como raiva e ofensa, mesmo que revestido de humor. Alguns gestores avaliam que as críticas atuam como uma expressão de sua dureza, firmeza, sinceridade ou honestidade.

Entretanto, qualquer comunicação deve ser revestida de tato, entendimento e racionalidade. Pode-se ser absolutamente direto abordando-se as pessoas com respeito e desejo de entendê-las.

A linguagem com frequência revela as realidades que permeiam as palavras, sobretudo quando profunda e simples, em vez de superficial e complexa.

O método linguístico mais revelador para avaliar o caráter consiste em monitorar a linguagem de alguém em busca de declarações válidas e desprovidas de julgamento sobre outras pessoas.

A análise de pessoas cujas falas centram-se muito mais em si mesmas do que em outras também é difícil, uma vez que compartilhar é a essência de relações saudáveis.

O estilo de linguagem de uma pessoa não apenas reflete seus traços positivos, mas também pode *criá-los*, de acordo com a filosofia de René Descartes: "Não descrevemos o mundo que vemos; vemos o mundo que descrevemos". O comportamento positivo tem caráter contagioso, e a melhor maneira de promovê-lo é por meio das palavras.

Pessoas não confiáveis e imprevisíveis geralmente tentam dizer as coisas certas com as palavras certas, mas quase sempre acabam expostas por sinais sutis que revelam desconexão entre palavras e ações.

O indício disso está na fala daqueles que "falam rápido" ou no discurso manipulador dos que "falam suave". As pessoas também costumam se revelar por meio de ambiguidades, agressividade passiva, quando imploram elogios e também quando se gabam com suposta discrição.

Geralmente, consegue-se prever um comportamento amável e amigável vindo de pessoas que são melhores ouvintes do que falantes. Afinal, todos temos dois ouvidos e uma boca, então devemos ouvir o dobro do que falamos.

Os comunicadores eficazes questionam muito, são fáceis de entender, não tentam manipular e quase sempre procuram maneiras de se vincular ao outro.

É bem simples encontrar pessoas boas avaliando-se o modo como se comunicam: quando você as ouvir, saberá quem são.

Sinal # 6: Estabilidade. A pessoa demonstra maturidade emocional, autoconsciência e habilidades sociais?

Muitas pessoas boas simplesmente são desprovidas de estabilidade emocional para fazer as coisas que os outros precisam que elas façam, um traço que as torna pouco confiáveis e imprevisíveis. Tal instabilidade pode resultar de um trauma prévio, desequilíbrios bioquímicos, estresse excessivo, abuso de substâncias, abuso emocional ou físico ou exaustão, fatores que em geral ocorrem em conjunto.

Algumas vezes, porém, as pessoas são apenas indolentes na questão emocional e se entregam gratuitamente a comportamentos que outras superam, como reclamar, lamentar, encontrar falhas, criticar, amuar-se e punir.

Ter compaixão é importante, mas acredito que não temos a obrigação moral de onerar nossos deveres e sonhos para atender às necessidades de pessoas cuja instabilidade emocional limita suas oportunidades de serem previsíveis e aceitáveis.

A falha mais fatal para prever o comportamento daqueles emocionalmente desequilibrados ocorre porque às vezes eles pensam que estão agindo em prol dos próprios interesses, mas não estão. Quando operam intermitentemente como os melhores inimigos, isso quase inviabiliza saber o que esperar deles.

Hoje, esse é um problema relativamente comum, porque nossa cultura se caracteriza por polarização reflexiva e hiperemocional, o que promove mais cinismo e confronto. Em um ambiente em que problemas prosaicos desencadeiam reações agressivas, a estabilidade emocional se revela fundamental para um comportamento previsivelmente positivo.

Porém, ninguém é perfeito, e quando avaliamos a previsibilidade de uma pessoa com falhas emocionais moderadas — como muitos de nós —, ainda podemos prever com precisão as ações dessa pessoa estabelecendo um padrão de como ela se comporta e, em seguida, atentando para os desvios dessa norma. Por exemplo, caso apresentemos uma ideia a alguém pessimista, não é necessariamente um problema se a pessoa se mostrar pessimista a respeito. Pois ela é assim mesmo, podemos nos assegurar de que não vai mudar e, portanto, não precisamos descartar a ideia.

Felizmente, a estabilidade emocional existe em um *continuum*. A maioria das pessoas é adequadamente estável, enquanto outras denotam estabilidade emocional abundante, caracterizada por empatia, racionalidade, controle emocional, coerência, habilidade de comunicação e perspicácia para a interação social.

Em geral, é fácil identificar e prever o comportamento dessas pessoas formando-se parceria com elas, caso os interesses mútuos estejam alinhados. Mas não sempre. Portanto, estratégia final: aprofunde *sua* estabilidade emocional, e poderá se surpreender com a estabilidade dos outros.

Esses são os princípios básicos dos **seis sinais para previsão de comportamento**, e eu desconhecia todos eles nos dias sombrios depois do 11 de Setembro, quando achava que sabia muito sobre confiança, mas na verdade sabia muito pouco.

Felizmente, tive bons professores.

5 de janeiro de 2002
O fim da história

Fui ao meu segundo encontro com Leo, dirigindo devagar pelas ruas cheias de pessoas em luto, a janela do carro abaixada, inalando os resíduos de destroços queimados que pareciam contaminar o ar de Nova York.

Emily, uma voluntária de Nova Jersey, estendeu a mão e me entregou uma garrafa de Gatorade junto com um bilhete que dizia: "Obrigada por salvar a América". No meu estado de exaustão e desespero, a bondade de Emily aumentou minha sensação de culpa. Todo dia, meu trabalho parecia uma questão de vida ou morte, e todas as noites eu sabia que *nada* havia conseguido fazer que pudesse ajudar *alguém*. Lembro-me de estar no trânsito pensando: "Meu Deus! Sou totalmente inútil!".

A conversa animada de Jesse ajudou, mas ainda não tivera tempo de testar aquelas ideias.

Vivenciava o ponto baixo da minha carreira e, em grande parte, naquela época, minha carreira significava minha vida. Depois de quatro anos no FBI, precedido por cinco anos no Corpo de Fuzileiros Navais e quatro na Academia Naval, eu podia salvar a América tanto quanto podia voar.

Porém, a destruição dos meus sonhos implicava que nada havia a perder, e minha mentalidade mudou, estabelecendo-se em um lugar que justificava ser aceitável *ajudar uma pessoa de cada vez*. Não parecia capitulação nem epifania. Parecia uma promessa que fizera a mim mesmo no passado, esquecida havia muito tempo nos meus antigos sonhos de grandeza.

Começaria com Leo. Se ele estivesse sóbrio o suficiente para aceitar a situação.

Ele estava, mas parecia ter acabado de se curar de uma ressaca e sentia-se ansioso para começar a trabalhar na próxima. O sol de inverno se desvanecia, a fuligem jazia na neve como um cobertor preto e o bar escuro e fedorento onde nos conhecemos parecia uma personificação do meu fracasso e da melancolia dos Estados Unidos. Quando me sentei, o rosto de Leo estava tão sombrio e enrugado com a história de sua dor que esqueci minhas perguntas ensaiadas e soltei:

— O que posso fazer por você?

Ele não disse nada, eu também não, porque simplesmente não tinha energia.

Por fim, Leo respondeu lentamente:

— Você sabe alguma coisa sobre extensões de visto?

Meneei a cabeça positivamente, e então aprendi sobre a vida do "Leão", apelido que Leo ganhou na polícia secreta soviética em decorrência de sua massa corpórea e força física. Tinha sido a única oferta de emprego que recebera ao deixar o campo de prisioneiros soviéticos no pós-guerra. Então, foi obrigado a fazer coisas pela KGB que envergonhariam qualquer pessoa sã durante a vida toda, e prometeu que um dia resgataria sua alma arriscando tudo em nome da causa pela liberdade, que ele poucas vezes vivenciara.

Tentando compreender, dirigi-lhe uma pergunta idiota sobre o mistério da culpa do sobrevivente, e, com um ar de terrível diversão diante de minha ingenuidade, ele disse:

— A questão não é sobreviver, meu jovem, mas o que você *faz* para sobreviver. Uma pequena manipulação para um emprego melhor aqui, um pedaço de pão roubado ali, um esconderijo secreto pequeno demais para ser compartilhado. Os fortes não sobrevivem, meu jovem amigo. Somente os astutos.

Leo havia perdido seu único filho na guerra soviética com o Afeganistão, a primeira esposa para o câncer de mama e a maior parte de seu dinheiro para burocratas que conseguiram sobreviver ao colapso soviético aliando-se a gângsteres. Apenas lhe restara como família a segunda esposa e o neto, Viktor, um mensageiro que trabalhava de bicicleta que fora atropelado por um carro em meio ao tumulto do 11 de Setembro. Tendo permanecido estirado na calçada por doze horas, acabou inalando tantas toxinas que seus pulmões encheram-se de sangue e água. Eu tinha uma leve ideia do que seria tudo isso, porque meus pulmões também foram danificados naquele dia.

A companhia de seguros de Leo foi inundada com reivindicações relativas ao 11 de Setembro, e ele gastou seu último dólar em despesas médicas, sem garantia de reembolso, e o visto do neto estava expirando.

— Foi Viktor que ouvi chamando você?

Leo assentiu.

— Ele está com muito medo — comentou, a voz embargada de tristeza. — Se o enviarem de volta para a Rússia, os cuidados médicos que recebe provavelmente terminarão.

Comprei uma bebida para Leo, e em seguida lhe disse:

— Tenho alguns amigos. Vou ver o que posso fazer. — De alguma forma, ele sabia que eu queria de fato ajudá-lo.

— Agradeço muito seu esforço — comentou ele.

Minha oferta não me parecia uma obrigação. Parecia liberdade, da maneira mais americana possível. Eu e Leo havíamos estabelecido um vínculo pessoal, e este não poderia ser dissolvido por nenhum decreto de governo, negócios ou religião.

Leo tomou um gole da bebida e me disse que eu seria apresentado a "outro membro do clube" — com certeza uma vantagem na contraespionagem —, que supostamente tinha informações sobre os santuários secretos da Al-Qaeda em um antigo país soviético.

Parecia que finalmente construíamos um relacionamento previsível e baseado na confiança. Não me sentia nem um pouco manipulado, e ele também não.

Levantei minha bebida e disse:

— *Doveryai no Proveryai*. — Ele repetiu e bateu seu copo com o meu.

A informação de Leo sobre a Al-Qaeda me surpreendeu, assim como minha oferta para ajudá-lo provavelmente o surpreendera também. Entretanto, ambos sabíamos que deveríamos trabalhar juntos para ajudar o seu neto, portanto, compartilhávamos a mesma missão. Também sabíamos que demoraria pelo menos um ano para o neto se curar, o que significava que eu disporia de tempo de sobra para avaliar se Leo era confiável, e vice-versa. Nunca duvidei de sua competência, e sua diligência seria sobrecarregada pela preocupação com o neto. Tinha certeza de que ele logo sentiria o mesmo a respeito de minha confiabilidade, depois que eu resolvesse o problema do visto e o ajudasse a ter acesso a alguns programas federais que forneciam atendimento médico às vítimas do 11 de Setembro.

Ao conhecer um aspecto diferente da personalidade de Leo, percebi que, sob o exterior ferido, ele era sensível, verdadeiramente sábio, e camuflava em seu interior um coração que, apesar de ter sido destroçado, ainda mantinha a esperança.

Eu sabia, em razão de suas ações passadas, que era um sobrevivente, e que seu dom para a sobrevivência — apesar da culpa que isso lhe causava — poderia ser transferido para pessoas cujas feridas ainda estavam abertas e sangrando.

No outono e no inverno de 2001, que ainda hoje não parecem tão distantes, uma multidão de americanos vivenciou pela primeira vez a amarga vulnerabilidade que grande parte do mundo sofre todos os dias. Milhões de nós ainda ocultavam nossas psiques destroçadas em buracos, buscando maneiras de superar o que havia acontecido, nos libertar — começar de novo — e reaprender a encontrar o melhor nos outros, em vez de temer o pior.

Por essas e outras razões, confiei em Leo para me guiar no trabalho mais importante da minha vida.

Nossa amizade havia começado.

A operação da Al-Qaeda representava apenas o princípio, e quase imediatamente desencadearia um evento que ameaçava causar muito mais danos do que os ataques ao World Trade Center.

Quando isso aconteceu, agradeci por ter um homem tão confiável e previsível ao meu lado. Estou certo de que Leo também se sentiu assim. E nem precisei perguntar.

Um novo começo

Nos dias sombrios depois do 11 de Setembro — que gradualmente se tornavam mais vívidos —, o *"fim* da história" havia *terminado* e voltamos a tempos históricos que se assemelhavam a uma versão moderna da Idade das Trevas.

Hoje o 11 de Setembro parece congelado para sempre na consciência americana. Coexiste, quase como parte do presente, em um compartimento surreal no qual se mede o tempo não tanto por quando, mas por quem e o quê — e por quê.

Dizem que, se nos esquecermos da História, estaremos condenados a repeti-la. Portanto, o fato de uma parte do 11 de Setembro permanecer congelada nas lembranças de tantas pessoas deve nos ajudar a manter a segurança.

Porém, a humanidade *sempre* repetirá a História, e pouco importa que nos lembremos dela. Afinal, somos apenas humanos. Essa é a lição que aprendemos naqueles breves e preciosos momentos em que a história parecia concluída.

Desse modo, agora podemos afirmar com triste certeza que a história nunca terminará, pois as pessoas continuarão cometendo os mesmos erros repetidas vezes.

Um método de previsão como o meu é capaz de remediar essa constatação? Não. Nem global, nem eternamente. Sem chance.

No entanto, ajudará algumas pessoas a não repetirem os mesmos erros do passado.

Isso é um começo — e talvez tudo que exista —, mas basta, pelo menos por enquanto.

Para você, há, com sorte e trabalho, uma chance de que dias melhores venham.

RELATÓRIO

CAPÍTULO 2 – Pense como um analista comportamental do FBI

Citação-chave: "Os agentes não chegam a soluções até coletarem dados objetivos, observáveis e racionais, livres de emoções, incluindo a mais destrutiva: o medo".

Mensagem-chave: Analisar pessoas recorrendo aos protocolos científicos comportamentais que *preveem como elas agirão* é um princípio alterado por mitos e questões morais que podem obscurecer os objetivos práticos. *Mas todos podemos aprender as habilidades fundamentais para analisar pessoas em alguns dias, o que nos conduzirá a compreensões valorosas, profissional e pessoalmente.*

As difíceis verdades sobre a previsão de comportamento

Variabilidade: O comportamento de quase todos nós muda significativamente com o tempo, a depender das situações e do grau de controle sobre nossa própria vida.

Imunidade: Pessoas com poder notável, aspecto que minimiza sua responsabilidade, às vezes são tentadas a se comportar mal e com frequência sucumbem à tentação.

Vulnerabilidade: É mais fácil prever as ações de pessoas vulneráveis, porque são as que estão mais sujeitas a ter de responder por elas.

Incompetência: Em geral, enganamos os outros ao cometer o equívoco legítimo de pensar que podemos fazer coisas que não podemos.

A regra dos 50%: As formas mais comuns de se prever um comportamento — caso não estejam à mão dados obtidos pela ciência comportamental — erram em aproximadamente metade das vezes.

Intuição: A intuição é notavelmente ineficaz quando se trata de prever as ações de alguém.

Aparências: O fato de haver pessoas que compartilham muitas semelhanças situacionais conosco em geral torna mais fácil fazer previsões referentes a elas, em relação às feitas com quaisquer outras.

Longevidade: Relacionamentos de longo prazo, por escolha ou por circunstância, tornam ambas as partes mais responsáveis e, portanto, previsíveis.

Percepções: Prever o que as pessoas farão depende em especial das percepções *delas*, não das nossas.

Persistência: Pessoas mais manipuladoras se camuflam como as mais virtuosas e confiáveis.

Confiança: Confiança baseada em ações objetivas e observáveis, como honestidade e transparência, é o valor mais importante na maioria dos relacionamentos humanos.

Os seis sinais para previsão de comportamento

1. Investimento: As pessoas acreditam que serão beneficiadas com o sucesso.

2. Longevidade: As pessoas acreditam que manterão um longo relacionamento com alguém.

3. Confiabilidade: Graus de competência e diligência observáveis e quantificáveis nas pessoas.

4. Ações: Comportamentos atuais, especialmente quando coerentes com os comportamentos passados das pessoas.

5. Linguagem: Capacidade das pessoas de se comunicarem de uma maneira autêntica, altruísta, profunda, focada no outro e não julgadora.

6. Estabilidade: O grau de maturidade emocional, confiabilidade e coerência das pessoas está dissociado de quaisquer traços manipulativos e autodestrutivos.

PARTE II

OS SEIS SINAIS PARA PREVISÃO DE COMPORTAMENTO

(Como analisar pessoas)

3

CONSTRUA ALIANÇAS À PROVA DE BALAS

Sinal # 1: Investimento

A pessoa acredita que se beneficiará do sucesso?

18 de março de 2002, 9h
March Madness[1]

— Sim?

Foi com essa palavra que o neto de Leo atendeu ao telefone. A voz desinteressada deixava transparecer que o rapaz me reconhecera pelo identificador de chamadas.

— Oi, Viktor. Seu avô está por aí?

— Sim. — Silêncio.

O garoto, ainda um russo orgulhoso, me odiava, mesmo eu tendo ajudado com o seu visto e o seu tratamento médico.

Viktor já sabia o suficiente sobre minhas operações para arruinar minha carreira incipiente, mas isso não me preocupava, pois não seria de seu interesse. O avô de Viktor confiava totalmente em mim e no meu sucesso — como eu confiava nele —, e essa situação colocava

---

1. O termo "March Madness" é usado para descrever o período em que se disputam as finais (ou os "playoffs") dos campeonatos de basquete da NCAA (liga americana de times universitários). Como as finais ocorrem em março, temos, então, "a loucura de março". [N. da T.]

o garoto em uma posição muito óbvia: se ele mexesse comigo, estaria mexendo com seu avô, a quem, mais do que temer, amava muito.

Então, eu acreditava que Viktor acabaria se afeiçoando a mim, como normalmente acontece com estranhos quando sentem que estão em um relacionamento de longo prazo.

É possível que algumas pessoas considerem esse tipo de vantagem um constrangimento, manipulação ou até chantagem emocional, mas para mim se chama confiança. Nós três, gostássemos ou não, estávamos juntos naquele momento horrível da História, portanto, sabíamos o que os outros dois fariam.

— Como está indo o seu tratamento? — perguntei-lhe.

— Não sei.

— O meu está indo bem — comentei. Ambos nos submetíamos a um tratamento por toxicidade pulmonar e tosse crônica, causada pela inalação dos vapores tóxicos do Marco Zero.

Olhando o passado, acho que o tratamento pode ter salvado minha vida. Nos meses posteriores ao 11 de Setembro, aproximadamente mil pessoas já haviam morrido, muitas devido a ferimentos graves, falência de órgãos, pneumonia e suicídio, incluindo um colega meu. Muitas estavam doentes ou sofrendo, e logo iriam morrer.

Ajudar Viktor havia consolidado meu relacionamento com Leo, mas o jovem, que odiava ter emigrado e não havia sucumbido à ideia do sonho americano, ainda me via como um inútil ambicioso e cruel que transformara seu avô em traidor. Do ponto de vista de Viktor, tal ideia fazia sentido para mim.

Mesmo naquela época, já havia aprendido a dissimular estrategicamente meu próprio ponto de vista quando precisava e a me ver com o mesmo desprezo com que me viam aqueles que não gostavam de mim. Isso envolve um exercício doloroso de autoconsciência, mas, caso consigamos suspender nosso próprio ego e nossa segurança interior para nos ver através dos olhos dos outros, poderemos enxergá-los praticamente como se tivéssemos uma visão de raios-x.

Entenderemos por que se sentem de um determinado jeito, e isso nos mostrará o que eles precisam de nós. No entanto, muitas vezes necessitam de algo que pensamos já estar lhes oferecendo. Lembremos que não é a *nossa* perspectiva que importa; é a deles.

Quando entramos em suas mentes, também conseguimos detectar o que eles acham ser do seu próprio interesse, e, sabendo disso, geralmente seremos capazes de prever suas ações.

— Meu *amigo*! — Leo atendeu ao telefone. — Como posso ajudá-lo? — perguntou, a voz muito diferente daquela do nosso primeiro e doloroso encontro. Parecia não ter mais o sotaque do Queens, substituído por um tom caloroso e grave suavizado ainda mais pelo agradável sotaque russo.

Por que a diferença? Talvez Leo fosse propenso à projeção, um mecanismo de defesa psicológica subconsciente ao qual muitas pessoas recorrem como proteção das emoções dolorosas. Frequentemente ele se revela por padrões de linguagem, seleção de palavras e tom de voz.

Ou talvez Leo apenas se apresentasse como um rude nova-iorquino russo até conhecer melhor a pessoa.

De qualquer forma, ele parecia sorrir, sempre uma ótima notícia, mesmo que eu não pudesse confirmá-la visualmente.

Quando estamos analisando as pessoas, *suas mais significativas fontes de informação quase sempre ocorrem por meio de diálogos*, que fornecem informações do tipo de vocabulário, do jeito da fala, indícios corporais não verbais e informações factuais. Muitas vezes, as conversas geram riqueza de dados, mesmo em uma ligação telefônica sem recursos visuais. Porém, elas são ainda mais produtivas quando ocorrem pessoalmente, na medida em que somos animais sociais e a maioria de nós conhece pelo menos o suficiente sobre comunicação não verbal para ter uma boa ideia de como alguém se sente.

Porém, como alternativa, às vezes conseguimos motivar as pessoas a serem mais diretas e francas quando não lhes permitimos saber que estão sendo observadas. É tudo uma questão de coletar dados e seguir o caminho que parece funcionar melhor.

Leo conversou comigo por mais alguns minutos e então precisei ir direto aos "negócios".

— Leo, estamos num mundo de merda — eu disse. — O país acabou de expulsar sessenta diplomatas russos, e alguns são *nossos* homens. — Significado: pessoas em que ele e eu confiávamos como fontes involuntárias de informação, os alvos que ele havia me passado.

— Por causa de Hanssen? — Leo se referia a Robert Hanssen, um agente do FBI que estava aguardando sentença por vender segredos à Rússia.

— Sim, Hanssen. Agora precisamos reconstruir nossa rede. No pior momento possível.

Dentro do FBI, a maioria de nós estava irritada com o fato de o Departamento de Estado ter expulsado em massa diplomatas russos. Chamamos o processo de *March Madness*. Em alguns casos, Leo levara décadas para construir um relacionamento com essas fontes. Não me senti totalmente sobrecarregado porque os agentes são treinados — da mesma maneira que estou treinando você agora — para só resolverem problemas quando tiverem certeza de que eles realmente existem. Mas isso com certeza havia me tirado do sério.

— Podemos nos encontrar no clube? — Leo perguntou, referindo-se ao seu clube social para homens russos, o qual operava em parte com fins lucrativos e em parte com o objetivo de encontrar novos contatos.

— Pode ser depois das cinco e meia? Tenho uma reunião com meu Mestre Jedi. — Ele entendeu a quem me referia: Jesse. — Acabamos de receber a tarefa de ajudar na investigação de Hanssen, retornando aos seus primeiros dias em Nova York.

Eu sabia que Leo odiava comprometer o happy hour com negócios, mas ele sempre fora ótimo em cumprir minha agenda, de acordo com meu horário, como se não tivesse agenda própria.

— Cinco e meia! Excelente! — ele exclamou.

— Não será fácil reconstruir nossa rede — comentei.

— Não — retrucou ele, em um tom de voz de nervoso desespero muito comum após o 11 de Setembro. — Mas *precisamos* fazer isso. Você e eu.

Naquela época, eu não sabia que os analistas comportamentais consideravam investir nos interesses de outras pessoas uma pedra angular da confiança. Portanto, apenas me senti bem quando ele reiterou seu compromisso com o nosso relacionamento.

— Conheço um cara que talvez esteja disposto a ajudar — disse Leo. — Vamos começar com ele e pegar um a um.

Uma situação muito arriscada, por exigir de um agente tanta confiança que até colocaria sua carreira — e talvez até a vida — nas mãos de alguém que era inicialmente um desconhecido. E também arriscada para a segurança nacional dos EUA.

Mas finalmente acabei aceitando o audacioso conselho de Leo, sobretudo devido a meu próprio desespero, e a genialidade do sujeito foi equivalente a uma tese de doutorado para mim.

Métodos para o March Madness

Fechei meu escritório e subi cinco lances de escada, só para aliviar o estresse, até o vigésimo quinto andar, onde Jesse já estava praticamente enterrado em documentos sobre Hanssen. Ambos haviam trabalhado juntos em um esquadrão russo por vários anos, então era esperado que ele e eu, nas próximas nove horas, descobríssemos alguma coisa que chamasse nossa atenção e nos ajudasse a estabelecer possíveis vínculos anteriores de Hanssen com os russos.

— Veja só isso — disse Jesse quando entrei. Ele tirou uma moeda de 25 centavos do bolso, colocou-a no chão e observou-a rolar rapidamente para o centro da sala, cujo piso cedia perigosamente em razão da gigantesca quantidade de arquivos abarrotados de papéis. Seria reformada. A montanha de arquivos enfim estava sendo digitalizada, pois o FBI entrou na era do big data, com a promessa de *reforçar a segurança das informações confidenciais*. Parece irônico?

Jesse viu a moeda ganhar velocidade, atingir uma pilha do outro lado da sala, parar e cair.

— Sabe o que isso me mostra? — ele perguntou.

Eu estava esperando outra lição de vida.

— Que tem papel demais aqui — Jesse mesmo respondeu.

Embora Jesse fosse uma das pessoas mais condecoradas da agência, escalado para sofisticadas operações de contraespionagem (CI) em três continentes, ele confiava muito mais em seus relacionamentos do que em registros escritos. Como eu não dispunha de uma rede experiente, tentava codificar os métodos básicos dele para transformar dados pessoais também em um método. Eu amo métodos, porque podem ser ensinados em manuais simples, do tipo "Contraespionagem para leigos" (na verdade, para pessoas como eu). Neste momento da minha vida, vi métodos mudarem a cultura de empresas e até de países.

Também valorizo o poder dos métodos de traduzir emoções em lógica e eliminar emoções em nome delas mesmas. Todos as vivenciam, mas em assuntos sérios como contraespionagem desviar-se da lógica pode ser mortal. É muito fácil ser sequestrado emocionalmente, sair do controle e criar um caos que não mais se conseguirá organizar.

— Olhe para este — disse Jesse, entregando-me um artigo sobre Hanssen. Haviam rabiscado observações depois de ele ser preso algumas semanas antes, quando recebera um *dead drop* – um pacote com informações deixado em locais pré-combinados – de 50 mil dólares, como parte do 1,4 milhão de dólares em dinheiro e diamantes que a Rússia lhe pagara.

Por essa quantia, Hanssen expusera nove agentes duplos dos EUA à versão russa do FBI. Três deles foram executados, depois de interrogatórios provavelmente terríveis. Ele também vendera à Rússia não só informações sobre os preparativos para a guerra nuclear dos EUA, mas também tecnologias de detecção de vigilância que um agente russo havia transmitido para Osama bin Laden.

Examinei o dossiê com inúmeras indiscrições matrimoniais de Hanssen e sua extrema necessidade de ser aprovado pelo pai.

Perguntei a Jesse se ele escrevera algo para nosso memorando sobre o possível trabalho anterior de Hanssen com os russos.

— Não, mas tenho aqui — disse ele, batendo com a ponta dos dedos na cabeça.

A rápida resposta bastou.

— Sei apenas aquilo que vejo — continuou Jesse —, e isso é suficiente se você mantiver os olhos abertos. Conclusão sobre Hanssen: idiota paranoico e egocêntrico. Durante todo o tempo que trabalhamos juntos, ele nunca firmou parceria com ninguém. Caramba! Até almoçava sozinho. Sem vínculos. Sem lealdade. Nem mesmo com pessoas que tentaram ser amigas dele. *Agia como se não se ajustasse àquele ambiente, então é claro que não se ajustava mesmo. Bob só se importava consigo, e não temia dizer essa verdade, porque achava que o faria parecer um sujeito promissor. Vivia sempre irritado com alguma coisa, sempre se sentia perseguido e agia como se fosse mais esperto do que os outros do nosso esquadrão. Então, nunca sabíamos o que ele estava fazendo. Quando alguém é paranoico assim, também se fica paranoico em relação a *ele*.

— Hanssen virou traidor por conta de mágoas?

— Quando as pessoas são indolentes ou estão emocionalmente magoadas demais para pensar, acabam levando tudo para o lado pessoal, e isso mexe com a cabeça delas.

Jesse me entregou um arquivo antigo que fora redigido por Hanssen. Lá estavam registrados os comentários de seu supervisor, em grandes letras vermelhas: "ISSO É UM ABSURDO!!" e "COMO VOCÊ SABE *DISSO*??".

— Coisa típica do Bob — disse Jesse. — Até o supervisor não confiava nele. Mas ninguém nunca disse qualquer coisa. Nunca.

— Por quê? Ou, mais precisamente, por que *você* não disse? — Algumas pessoas considerariam minhas palavras insultuosas, Jesse as interpretou como uma pergunta.

— Pelos motivos usuais. Benefício da dúvida. Não crie problemas. Pensamento de grupo. "Todo mundo o tolera, então ele deve ser um cara legal." E quando Hanssen finalmente virou supervisor, ficou dez vezes mais fácil para ele continuar um idiota. Mas o sujeito não era algum tipo de superespião, apenas bom em cobrir a própria bunda. — O semblante de Jesse subitamente ficou sombrio e ele continuou: — Quando eu era novo aqui, como você, gostaria que alguém tivesse me puxado de lado e dissesse: "Um agente do FBI não dá às pessoas o benefício da dúvida".

Eu nunca ouvira uma pessoa dizer isso. E foi contra a última gota do meu senso de bondade. Jesse leu a dúvida na minha feição.

— Um agente faz as pessoas *ganharem* o benefício da dúvida — explicou ele — ao coletar informações sobre elas, não importa quem sejam, e ao tomar decisões com base em informações.

Serei honesto: aquilo parecia cinismo. Ele me olhou de uma maneira tão interrogativa que me fez sentir exposto; provavelmente estava avaliando meus indícios não verbais. Então disse:

— Você não quer ouvir isso, não é? Gosta de confiar nas pessoas.

— Todo mundo gosta, certo?

— Não mais. Pelo menos não neste país.

Com essa triste referência à nossa nova desordem mundial após o 11 de Setembro, escrevemos o que havíamos descoberto nos arquivos.

Eu estava deixando de ser um ingênuo crédulo — apenas a um passo das filosofias hippies da década de 1970 — para ser alguém que, esperançosamente, em breve mereceria a confiança dos colegas e do país.

E também estava aprendendo algumas dessas coisas com as pessoas em nosso escritório em Washington, as quais lideravam a investigação sobre Hanssen. Com essas lições e outras que se seguiram, hoje sei o seguinte: é aconselhável confiar em todos, pelo menos até que comecem a falar, o que em geral ocorre de imediato. Nesse momento, caso você esteja interessado em fazer algo importante com eles, será preciso começar a pensar como um analista comportamental do FBI: racional, cuidadosa e objetivamente. É fundamental que você veja as pessoas como elas *são*, sem que sua visão esteja eclipsada pelo medo, pela afeição ou pura e simplesmente pela preguiça.

Se elas dizem as coisas certas, fazem as coisas certas e mostram as intenções certas, continuaremos confiando nelas.

Algumas se tornarão pessoas a quem confiaríamos nossa vida.

A maioria não agirá assim. Mas tudo bem, porque não é responsabilidade delas cuidar das nossas vidas. A vida dessas pessoas diz respeito a elas, assim como a nossa vida diz respeito a nós, e aparentemente elas não pensam que ter mais alguém na vida delas fará muita diferença. Basta que descubramos com *fatos* para onde elas estão indo. E se não caminham para o mesmo lugar que nós, que assim seja.

Nesse ponto, ainda podemos confiar nelas a fim de que façam o que lhes interessa, e facilmente permanecerão como aliadas, mesmo que se tornem concorrentes nossos. Isso acontece o tempo todo, mas, com humildade e racionalidade, conseguiremos construir uma parceria com um concorrente que se estenda por mais tempo do que qualquer competição temporária que tivermos enfrentado com ele. Portanto, sejamos flexíveis. Aprendi essa lição de vida quando atuava como fuzileiro naval; um de nossos lemas era "Semper Gumby", ou seja, "Sempre flexível".

Na realidade, poucas pessoas estão tentando nos magoar. Elas apenas tentam cuidar de si mesmas e de suas famílias, assim como nós, por isso, contraria nossos melhores interesses julgá-las. Se o fizermos, arruinaremos qualquer chance futura de investimento mútuo, tendo em vista que as pessoas conseguem sentir uma atitude de julgamento a mais de um quilômetro de distância.

Com o tempo, pessoas e situações mudam, e alguém que nos afastou no passado pode querer investir em nós. Uma situação sempre emocionante, porque o investimento é um excelente fomentador e indicativo de parceria. Quando uma pessoa decide que nosso sucesso respalda o sucesso dela, estará bastante motivada a fazer o que puder por nós. Na vida profissional, o investimento é o fator que mais motiva o trabalho em equipe, e, em casa, é o que mantém uma família unida e feliz.

Normalmente, procuro investir em apenas um quinto das pessoas que parecem compartilhar alguns ou todos os meus objetivos. Muitos dos outros 80% relutam em confiar porque foram traídos anteriormente. Podemos considerar essa reticência de investir um traço negativo, mas também podemos vê-la como um sinal de inteligência e de sinceridade. A confiança é sagrada. Não deve ser desperdiçada e pressupõe obrigações por parte de quem a leva a sério.

Muitas pessoas confiam, porém com o pé atrás, o que geralmente é uma atitude inteligente. Mas às vezes os relatos de vontade de investir, expressos em palavras, ações e intenções, são tão óbvios que resultam em um fenômeno que chamo de "confiança à primeira vista".

Os indícios negativos de investimento

Cada um dos indícios de confiança — também denominados aqui "indícios negativos" — e de desconfiança será transmitido das quatro maneiras apresentadas a seguir:

Comunicação verbal: O que dizem e como dizem.

Comunicação não verbal: Linguagem corporal que confirma a mensagem ou faz com que se duvide dela.

Ações: Ações atuais e passadas registradas em fontes de informação públicas e privadas.

Intenções: Declaradas e/ou observadas, indicam o grau relativo de alinhamento de alguém com os próprios objetivos e com os sonhos do outro.

Os indícios de desconfiança são em geral menos significativos do que os de confiança, principalmente pela ambiguidade e pela interpretação mais livre que possibilitam.

Uma demonstração de desconfiança pode resultar da simples falta de interesse em alguém ou de um mal-entendido benigno.

Para entendermos as orientações sobre como investir em uma pessoa, começaremos pelas que indicam o fato de ela *não* estar disposta a investir em nós. É possível que seja difícil notar os relatos de desconfiança, basicamente porque magoam.

Os apresentados aqui são muito comuns, mas existem inúmeras variações. Contudo, a lista lhe dará uma excelente ideia do conteúdo e do tom de muitos outros indícios, alguns dos quais talvez se apliquem somente a você, visto que somos pessoas diferentes, em situações diferentes.

Aviso: Diante de afirmações muito comuns de desconfiança, não devemos prever o pior. O relato de desconfiança às vezes é complicado, o que facilita o processo de sermos sequestrados emocionalmente.

Permaneçamos racionais e não levemos as coisas para o lado pessoal até descobrirmos os fatos.

E mesmo que os fatos evidenciem que alguém não quer investir em nós, ainda devemos tirar o melhor proveito da situação. Tentemos resolver o problema e, se não pudermos, sigamos em frente e aceitemos a mudança.

Aprender a encarar todas as situações de maneira positiva pode mudar a nossa vida. Na ciência da análise comportamental — diferentemente das ciências exatas, como a Matemática ou a Física —, uma atitude positiva, aplicada com sabedoria e vigor, tem capacidade de dar um caráter positivo a quase tudo.

DEZ INDÍCIOS NEGATIVOS PARA INVESTIR NO SUCESSO

1. Os supervisores ignoram a pessoa para uma promoção, promovendo um colega de trabalho. Geralmente, esse é o indício negativo mais forte, porque mostra claramente que não se é visto como aquele que irá melhorar a vida do supervisor responsável pela promoção.

A primeira ocorrência talvez nada signifique. No entanto, caso a mesma coisa aconteça repetidas vezes, a mensagem é clara: comece a ser mais prestativo, especialmente com seus chefes, ou procure um novo emprego.

Talvez eles estejam apenas procurando algo melhor para lhe oferecer.

2. Os chefes demonstram que a pessoa é diferente deles. Ai! Os opostos não se atraem; repelem-se.

Os supervisores estão dizendo: "Nunca fará parte de nossa tribo até que comece a melhorar nossa vida". Se isso não ocorrer, você é dispensável.

É um aviso: pergunte, de maneira sincera, como pode melhorar a vida dos supervisores.

Se é algo com que consegue conviver, experimente. Caso contrário, continue na sua e tente ir embora quando achar adequado, mantendo seu próprio estilo.

3. Os chefes deixam a pessoa fora das reuniões das quais os colegas participam. Esse também é um dos piores indícios. Obviamente eles acham que você não é necessário, talvez porque não esteja se esforçando para ajudar *outras pessoas* a fazerem o melhor.

Mas não presuma o óbvio. Quando eu era jovem, muitas vezes criava problemas em tal situação, o que só piorava as coisas. Talvez você não seja relevante naquela reunião específica; portanto, descubra o local ao qual você de fato pertence e siga adiante com ações que incluam ajudar supervisores e colegas a alcançarem sucesso.

As pessoas geralmente não o deixarão de fora da reunião se acharem que você as ajuda a promover os interesses delas mesmas.

4. Pessoas com poder sobre o outro exageram a importância de erros triviais. Provavelmente elas estejam tentando encontrar motivos para se livrar de você, talvez por não acharem que as próprias carreiras estão se beneficiando com sua presença.

Em muitas empresas, as carreiras quase sempre se relacionam ao desempenho do departamento ou da empresa como um todo; assim, aquilo que lhe interessa pode se estender à empresa.

Quando você está ajudando outras pessoas e ajudando a empresa, elas encontram maneiras de minimizar os erros que cometeu.

Portanto, entenda os fatos — diretamente da pessoa que o critica — e deixe que eles, e não o medo, norteiem sua resposta.

5. O supervisor imediato menciona outros departamentos em que a pessoa pode se destacar. Se você ouvir isso de um supervisor que não mostra *outros* sinais de investir no seu sucesso, isso geralmente significa que você não está lhe oferecendo o que ele quer. É melhor começar a agir imediatamente. Talvez o supervisor pense que estaria melhor sem você ali.

Mas se a fala vem de alguém que mostra sinais de querer investir em você, siga com tudo. Conte a ele seus sonhos.

De qualquer maneira, mantenha-se positivo. As pessoas que procuram o pior em geral o encontram, muitas vezes criando desastres do nada.

6. Os executivos se envolvem em indícios não verbais negativos enquanto o funcionário apresenta suas ideias. Essa informação é extremamente importante, na medida em que os indícios não verbais com frequência revelam bem mais do que as palavras.

Os mais facilmente observados incluem tremores nas pálpebras, compressão labial, testa franzida ou dificuldade em olhar nos olhos, apertar a mão ou sorrir. Como regra, observo as expressões faciais mais do que qualquer outra forma de comportamento não verbal, pois rostos são os mais reveladores.

A maioria desses indícios não verbais diz: não quero ouvir mais nada, acho que não vai me ajudar a conseguir aquilo de que preciso agora.

7. O chefe pergunta sobre os boatos de que o funcionário fez algo errado. Má notícia, sem muito espaço de manobra. Independentemente da veracidade do boato, indica falta de profissionalismo ouvir rumores e depois transmiti-los para a pessoa que é vítima deles. É muito passivo-agressivo.

Mas, se vier de alguém que o considera muito valioso, agradeça o aviso.

8. Os tomadores de decisão da organização enviam mensagens de texto ou e-mails enquanto conversam com o funcionário ou vão embora antes de a conversa ter terminado. A menos que essa situação ocorra no meio de uma crise, em outros casos acabará indicando que nossa carreira não importa para eles.

Alguém saindo do ambiente enquanto você está falando constitui o pior cenário. E, se ocorre diante dos outros, é o beijo da morte: não o consideram valioso ali.

Se isso acontecer reiteradamente e de maneira corriqueira, aceite as informações, lide com a situação de maneira racional e prepare-se para sair — ou tente ser *mais* valioso enquanto ainda tiver tempo.

9. Os líderes nunca dizem: "Realmente quero que você tenha sucesso aqui", ou palavras com esse mesmo efeito. O não dito em geral importa tanto quanto o dito. Estou sendo claro? Os líderes não se importam de verdade.

Respire fundo e comece a falar sobre o problema: "Quero contribuir para o seu sucesso e o da empresa. Que sugestões me dá sobre como posso ser um instrumento melhor?".

Se você legitimar as críticas, acabará se sentindo vulnerável, certo? Não se preocupe com isso. Você já estava vulnerável.

10. As pessoas desafiam pensamentos e opiniões do funcionário. Praticamente todos têm certeza de que esse é um sinal bem negativo, e quase sempre é. Mas bons líderes e colegas valiosos em geral desafiam as ideias das pessoas que mais valorizam, porque as levam a sério.

O pior cenário ocorre se as pessoas são críticas com você, mais do que com qualquer pensamento ou opinião individual que você apresente. Na verdade, estão apenas procurando um cabide no qual possam pendurar seus chapéus de *haters*.

Portanto, avalie as críticas quanto à validade, à importância e ao modo de apresentação. Alguns líderes *gostam* de um diálogo baseado em diferenças de opinião.

Se apresentarem argumentos sólidos, agradeça-lhes as opiniões — sinceramente, não de forma passiva-agressiva — e vá com tudo. Trabalhar para pessoas significa trabalhar representando-as.

Agora, pergunte a si mesmo: Quantas dessas situações se aplicam a você? Está pesquisando antes de tomar uma decisão? Já foi prejudicado por alguém que entrou em sua vida e saiu rapidamente? Outras pessoas já o enganaram quando você não teve tempo de verificar o que elas disseram?

Recorra a essas perguntas depois de cada um dos indícios, positivos e negativos, daqui até a conclusão do livro. E não vou desperdiçar o seu tempo mencionando isso de novo.

18 de março de 2002, 17h30
Os forasteiros

Cheguei alguns minutos mais cedo para minha reunião com Leo em um lugar chamado "Clube dos Forasteiros", do qual ele era proprietário. Sua empresa de aventura ao ar livre — que oferecia eventos guiados, como caça, pesca ou trilha — era usada não apenas por turistas ou empresários russos, mas também pela panelinha de emigrantes russos de Leo.

O nome tinha um duplo significado que nem todos os convidados conheciam. "Forasteiros" não se referia apenas a *foraneus* (homens de "fora", do latim), como os visitantes, por razões óbvias, geralmente presumiam. Também se referia à situação dos emigrantes locais, quase todos afastados da Rússia. Alguns trabalhavam como fontes humanas confiáveis, sob os cuidados de Leo. E quase todos vinham dos antigos Estados satélite controlados pela União Soviética, incluindo Ucrânia, Geórgia e países com o "ão", como Uzbequistão ou Cazaquistão. Esses eram os pontos importantes de acesso em um cenário sangrento de rebelião permanente contra a Rússia e seu novo presidente, o ex-agente fracassado da KGB Vladimir Putin, que de alguma forma conseguiu chegar ao poder mesmo depois do fraco desempenho como agente.

A importância de conhecer os detalhes se aplicava ainda mais estritamente aos visitantes de Leo que vinham da Rússia, quase todos oficiais da inteligência (também espiões) que obviamente desconheciam que Leo era um agente duplo. Eles apresentavam um terrível ar de superioridade, decorrente do excesso de privilégios por serem residentes da alta sociedade de Moscou, ou "Muscovites", também conhecidos como russos brancos. O "branco" era usado para diferenciá-los dos russos "étnicos" dos Estados separatistas. Os russos étnicos eram cidadãos de segunda classe em sua própria sociedade, mesmo durante a era soviética "sem classes". Nenhum russo étnico, aqui ou na própria Rússia, jamais fora um agente da KGB ou de sua nova encarnação, o Serviço de Inteligência Estrangeiro (SVR). Também não havia agentes do SVR do sexo feminino naquele momento, porque as mulheres não eram consideradas — acredite ou não — inteligentes o bastante para a posição.

Se essas diferenciações bizarras que regem a confiança russa parecem restos arcaicos de um passado tribal longínquo, lembre-se de que a guerra tribal foi o mais duradouro de todos os conflitos humanos e ainda domina as modernas escaramuças militares do mundo. Isso já dura séculos e envolve pessoas com quem trabalhei.

Algumas dessas pessoas estavam muito vulneráveis à severa retribuição — e algumas talvez ainda estejam. No mundo da contraespionagem, a vida e a reputação estão sempre em jogo, e discrição e confidencialidade são primordiais. Por essa razão não uso nomes reais nestas histórias e altero detalhes que exporiam as pessoas a possíveis perigos.

Os Estados Unidos, ainda que bem menos severos em relação a pessoas inocentes, também têm muitas cisões. Na América, a confiança tribal hoje é dominada pelas imensas diferenças de raça, dinheiro, religião e política, e, por mais que tentemos assumir uma lógica razoável, muitos de nós entregam confiança como doces a qualquer pessoa da própria tribo. Muita imprudência.

A irracionalidade da confiança contamina instituições supostamente racionais, incluindo a segurança nacional dos Estados Unidos. Por exemplo, uma atraente e galanteadora analista de ameaças cibernéticas estabeleceu recentemente conexões com centenas de pessoas — 82% do sexo masculino — das forças armadas, das agências de inteligência e das empresas de segurança da informação dos EUA. Google e Lockheed Martin, expressando interesse em contratá-la, ofereceram-lhe palestras em conferências de segurança. Mas a "mulher" não passava de um avatar criado por um pesquisador de segurança nacional para verificar como pessoas ingênuas, sobretudo homens, podem agir quando não olham para além de um rosto bonito.

Eu fazia parte de uma equipe que vivenciou uma experiência semelhante com uma genuína espiã russa, Anna Chapman, que usou charme e beleza para invadir a segurança americana.

Portanto, não tinha ilusões, enquanto esperava a chegada de Leo, sobre a vulnerabilidade à manipulação quando estamos avaliando pessoas, compartilhada por *todos* nós, em especial em uma crise, situação em que mais necessitamos da capacidade de analisá-las com precisão.

Naquele momento, eu estava de fato em crise. E precisava reconstruir rapidamente uma equipe de informantes, perspicazes e não perspicazes.

Quando Leo, presidente do clube, entrou com sua voz rouca e o sorriso ousado na pose de Rei Leão, as diferenças na sala pareceram diminuir. Mas não todas. Muitos dos homens ainda eram muito russos, e, segundo a norma cultural na Rússia, as pessoas que sorriem efusivamente são menos confiáveis.

— Olá, homens! — Leo anunciou-se. Ele me abraçou de modo efusivo e acenou para dois copos do que se tornara nossa bebida tradicional: vodka Gzhelka White Gold. — Amo isso — continuou, abaixando a voz para um tom conspiratório, o que parecia apropriado, considerando minhas dúvidas sobre o que ele tinha em mente. — Iniciando novas ações! Reconstruindo a equipe! Aprendendo com você! Sonhei com dias assim nos acampamentos, apenas para me manter vivo, e está acontecendo! — Ele tocou seu copo no meu, os olhos brilhantes. — Obrigado por este sonho, meu bom amigo.

Aceitei o brinde. O entusiasmo de Leo era contagiante — como sempre é — e seu orgulho em nosso trabalho, inspirador.

Mas, depois dos catorze supervisores anteriores, por que Leo confiava em mim? Presumi que tudo começou quando me ofereci para ajudá-lo. Nada além disso fazia sentido.

— Como está a Valentina? — perguntei. Ele havia se casado recentemente e, três dias depois, sua esposa sofrera um acidente de carro.

— Minha querida Valentina não está bem. Problemas com o seguro de saúde. — Os olhos dele ficaram opacos, um sinal de que retornara ao modo de sobrevivência.

— O que posso fazer por você?

— Uma conversa com a pessoa certa da previdência social do Bronx?

— Farei tudo o que puder. — Isso era, graças a Deus, uma coisa que eu poderia fazer. Meu vizinho trabalhava na administração da previdência social. Havia muito tempo, Jesse me aconselhara a estabelecer ótimos relacionamentos com todos na minha vida. Afinal, nunca se sabe...

Leo se aproximou mais de mim e disse, a voz um sussurro rouco:

— Sua prioridade agora é o terrorismo. Trabalhei com você apenas em questões russas. Tenho outra ideia, se me permitir. — Os olhos dele estavam arregalados e penetrantes.

— Só se for bom para *você* também — comentei.

Ele se inclinou ainda mais perto.

— Cresci com um homem que vive em Manhattan e que agora se chama Sergei. E meu pai... ele era médico do campo, sabia?

— Sim.

— Meu pai salvou a vida da irmã de Sergei e, naquele dia, o sujeito prometeu que eu seria para ele... — Leo parou para respirar — ... um irmão por toda a vida. Por toda a *vida* — disse, como se reverenciando a palavra, depois de ver tanta vida destruída. — Sergei trabalha no consulado russo agora, mas não é um russo branco. Portanto, para ele, a diplomacia é um assunto difícil. — Como no início do nosso relacionamento, ele pronunciou a palavra "assunto" com um carregadíssimo sotaque russo, provavelmente de propósito. Ele sempre se torna ainda mais russo quando está perto dos russos.

— Sergei é um membro do clube? — perguntei.

— Dos Forasteiros? — Leo perguntou suavemente. — Ou do outro? — Ele se referia a serviços clandestinos.

— Os Forasteiros. Daqui.

— Sim, apenas dos Forasteiros — respondeu Leo. — Ele é um diplomata decente. — Isso significava que o cara não estava com os Serviços Especiais, a rede de espionagem, e não estaria no radar de ninguém, nem no nosso nem no deles. — Sergei ama a Rússia. Da mesma maneira que alguns homens amam esposas que não merecem. Mas me ama mais. Como se deve. — Leo prezava seu país de adoção, os Estados Unidos, o suficiente para fazer coisas que poderiam matá-lo em silêncio, mas considerava o amor pelas pessoas o mais sagrado de todos.

— Então por que ele falaria comigo?

— Porque ele me ama. E eu amo você — respondeu de uma maneira sincera, e senti um nó na garganta.

— Ficaria feliz em conhecê-lo. — Não tive coragem de dizer, mas isso *não* parecia sensato.

Leo apertou minha mão e continuou a apertá-la por um tempo. Mais duas bebidas apareceram de repente, e entreguei-lhe uma.

— *Nostrovia*! — exclamei, brindando com o copo.

Pensei em como Leo estava distante e desesperado apenas sete meses antes, quando eu ainda tinha o cheiro pungente do Marco Zero em minhas roupas, e invadiu-me a admiração pela melhor característica do espírito humano: a profunda generosidade que existe nele, ansiosa para emergir.

Eu também sabia, apesar do momento profundamente tocante, que os Estados Unidos, Leo, sua esposa, Viktor, eu e a enorme cidade de Nova York continuavam em um mundo de sofrimento e caos. Éramos todos reféns, à nossa maneira, de um novo tipo de guerra que ameaçava nunca terminar... E nunca terminou.

Só esperava que Sergei, o amigo de Leo, não me denunciasse a um oficial de segurança, que provavelmente protestaria contra o Departamento de Estado dos EUA e criaria uma grande confusão diplomática, em cujo centro estaria eu.

Isso poderia facilmente se transformar em um incidente internacional naquele momento de séria vulnerabilidade nacional. Também era possível que os russos me punissem pessoalmente. Eu estaria fora de risco se ficasse nos Estados Unidos, mas, se viajasse para o exterior, talvez fosse bem diferente.

Leo e alguns dos outros Forasteiros que conheci ali estavam familiarizados com uma vida muito mais sombria e perigosa do que a minha, e pude ver por que o risco de se aproximarem de um russo conhecido pela lealdade lhes pareceria razoável.

Eu sabia que precisava encontrar um método confiável que me levasse ao sucesso nesse negócio bizarro, ou pelo menos que garantisse minha sobrevivência. Mas ainda não sabia por onde começar, o que só aconteceria mais tarde, quando aprendi o aspecto mais importante da análise humana: o investimento no sucesso de Leo, continuando a ajudar seu neto.

Mesmo que o garoto fosse totalmente imprevisível, eu sabia que estava fazendo a coisa certa.

21 de março de 2002
Permanecendo positivo

Passei os próximos dias conversando com Jesse sobre como lidar com a situação de Sergei, e ele estava ainda mais otimista do que o normal. Vivenciara o lado mortal da guerra e da espionagem, por isso, raramente se abalava. Mesmo em 2002, tinha aprendido o suficiente com Jesse e Leo para avaliar a possibilidade de uma discussão *muito franca* com Sergei, caso eu visse os indícios de investimento de que precisava. Por que não? Se julgava que o sucesso do sujeito seria o meu, por que não confiaria nele?

Ao longo dos anos, em quase todos os casos que incluíram investimentos, os relacionamentos e os objetivos foram bem-sucedidos, especialmente no mundo dos negócios, que gira em torno do dinheiro, coisa fácil de contar.

É mais provável que uma empresa tenha sucesso a longo prazo se:

- **proprietários e executivos da diretoria** acreditam que o sucesso deles exige investimento no sucesso dos subordinados diretos;
- **os gerentes** acreditam que precisam investir nos funcionários para terem êxito;
- **os investidores** acreditam que a administração está cuidando principalmente deles;
- **os clientes** acreditam que a satisfação do cliente motiva a empresa.

Nos relacionamentos pessoais, o investimento é provavelmente ainda mais poderoso. Conheço casais felizes que, além de viverem o amor mútuo, estão convencidos de que qualquer coisa que aconteça com o/a parceiro/a, boa ou ruim, os afetará igualmente.

Os dez indícios a seguir são muito comuns e exercem grande influência. Porém, a pessoa também pode recorrer a eles em parte para perceber os próprios indícios.

DEZ INDÍCIOS POSITIVOS PARA INVESTIR NO SUCESSO

1. As pessoas gostam de trabalhar no ritmo e no estilo de trabalho delas, e não no de outras. Há aquelas que simplesmente não permitem que outras comprometam sua maneira de fazer as coisas, e assim tendem a não investir nelas simplesmente porque todos agimos de maneiras um pouco diferentes.

Entretanto, as pessoas que se sentem confortáveis em investir em outras se orgulham do empenho em atender às necessidades dos associados próximos.

2. As pessoas normalmente priorizam as próprias preferências, seus interesses e sua prosperidade. Elas transformam o outro no centro das atenções, pois o veem como seu representante, e desse modo não precisam atrair os holofotes para si mesmas. A reação sábia é garantir a elas a mesma cortesia e o mesmo compromisso.

3. As pessoas procuram maneiras de expandir o seu relacionamento com você. Elas buscam interesses comuns e o incluem em muitas das coisas importantes que fazem, mesmo que seja algo que elas saibam que você não consegue fazer com a mesma competência. Sempre encontrarão uma maneira de empregar seus talentos.

Também preencherão as lacunas entre os relacionamentos pessoais e profissionais ao trazer outra pessoa para a vida pessoal delas caso trabalhem juntas, ou ainda ao compartilharem sua vida profissional com um amigo sociável.

4. As pessoas se unem a outras em um projeto difícil, mesmo quando preferem não realizá-lo. Em várias ocasiões, colegas meus foram designados para missões que pareciam uma marcha da morte, mas me ofereci a ajudá-los por consideração pessoal. Não há fundamento melhor para um investimento do que respirar fundo e mergulhar de cabeça.

Uma maneira menos dramática, mas ainda significativa, de mostrar que se está investindo no sucesso de alguém é trabalhar horas extras sem remuneração com essa pessoa, sobretudo se for possível contribuir com algo que, sozinha, ela não conseguiria realizar.

Como sempre, as ações falam mais alto. Em parte por essa razão, sou piloto voluntário em uma empresa de transporte aéreo de serviços médicos. Apesar de consumir muito tempo e recursos, é a contribuição mais voltada para a ação que posso oferecer.

5. As pessoas usam a seu próprio favor os favores que fazem a você. Lucrar com a moeda do "banco de favores" de uma pessoa é um sinal significativo de investimento. Não apenas sinaliza a disposição proativa da ajuda delas, mas também cria um novo relacionamento para você, caso você conheça a pessoa para a qual deve o favor.

Isso também pode criar o chamado "Efeito Benjamin Franklin": quando alguém nos faz um favor, a pessoa passa a nos apreciar ainda mais, porque investiu em nós e sofreria de dissonância cognitiva caso não gostasse. Aí temos o puro elixir do investimento. Franklin fez essa descoberta quando pegou emprestado um livro de um inimigo e constatou que o sujeito não mais o detestava.

6. Praticamente todas as ações positivas de alguém são não solicitadas. Chamo isso de "teste de iniciativa". Se uma pessoa o ajuda por iniciativa própria, há muito mais investimento do que se você tivesse de pedir ajuda a ela.

Isso se revela ainda mais importante se as pessoas criarem novos fóruns, tarefas ou jurisdições destinados a ajudá-lo, como formar um comitê e colocá-lo à frente dele.

7. As pessoas criam uma imagem positiva de alguém dentro e fora da empresa, dando-lhe crédito pelo sucesso, à custa do próprio crédito a elas. Essa forma de se autopromover não apenas revela a fé no vínculo dessas pessoas com você, mas também a generosidade e a estabilidade emocional das próprias personalidades.

Se essa informação extremamente valiosa vier de um supervisor imediato, ele se importa com você a ponto de arriscar perdê-lo para outra empresa ou outro departamento, ou até mesmo a ponto de correr o risco de você assumir o cargo dele.

As pessoas que sempre criam uma imagem positiva de você são verdadeiramente valiosas. Trate-as bem, e a confiança mútua se aprofundará.

8. As pessoas mostram entusiasmo genuíno por suas conquistas. Isso geralmente acontece porque elas veem o sucesso que você alcançou como sendo delas também, mas pode indicar pura generosidade. Se não mostrarem entusiasmo, mas parecerem cautelosamente ressentidas ou com ciúmes, convém encontrar outros aliados.

Melhor ainda será se revelarem um prazer evidente com a perspectiva de se beneficiarem daquilo que você conquistou. Nesse caso, não há constrangimento algum em alguém se beneficiar do outro e expressar isso.

9. As pessoas estendem o relacionamento profissional para o social. Isso é ótimo, e também muito comum. A conexão de dois níveis cria duas formas distintas de compromisso que se reforçam mutuamente. Além disso, também indica que gostam de você como pessoa, e não apenas como alguém que pode ajudá-las.

10. As pessoas contam a você algo que nunca contaram a ninguém.

Incrível!

Elas confiam em sua discrição e em seus conselhos, e o veem como não julgadores.

Desses valores, mais admiro a recusa em julgar, o que motiva as pessoas ao nosso redor a serem honestas, além de criar uma atmosfera descontraída e agradável.

Quando alguém abre o coração para nós, é inevitável que nos vejamos de uma maneira melhor. Isso abranda a nossa autocrítica e nos ajuda a deixarmos de ser o nosso próprio maior inimigo.

30 de março de 2002
Confiança à primeira vista

— É uma tentativa — disse meu supervisor. — QG autorizou o contato.

Eu precisei passar por vários canais na operação Sergei, e fiquei feliz pela aprovação de minha reunião com ele. Mas não foi uma decisão unânime: algumas pessoas foram ferozmente contra.

Não gostei desse cenário e detestei o momento em que ocorreu. Conquistar a cooperação de um diplomata é tão provável quanto ganhar na loteria, e por isso frequentemente nos referimos a isso como "acertar na loteria".

O risco mais grave seria Sergei me delatar à sua embaixada, pois há a chance de os diplomatas conseguirem uma promoção instantânea quando informam um contato aos agentes de segurança. E a crise de tempo exigiu um acordo firmado em uma única reunião, em vez de, digamos, dois anos, mais ou menos o tempo médio e mais seguro.

Portanto, na falta de algo tangível para oferecer, precisava recorrer ao que chamo de "confiança à primeira vista": consideração genuína e respeitosa pelos melhores interesses da outra pessoa.

Hoje, consigo oferecer minha confiança a quase todos, até que abusem dela, o que acontece, mas naquela época ainda desconhecia meu nível de flexibilidade com a confiança. Estava viciado na ideia, que parece estranha agora, de que a confiança era uma moral absoluta e espiritual que nunca desapareceria nem seria modificada. O fato de que se pode amar alguém e mesmo assim não confiar nessa pessoa permanecia estranho para mim.

No entanto, preocupava-me que Sergei se sentisse constrangido pelo poder de seu governo. Por mais de cem anos, os russos quase sempre foram dominados por governos fortes: primeiro os czares, depois os comissários soviéticos e por fim os czares de drogas no bilionário clube de meninos de Putin.

Liguei para Sergei em um número secreto fornecido por Leo e ele concordou em me encontrar em um restaurante na região de Wall Street chamado Reserve Cut. Minha sugestão de local era uma mensagem não dita de que ninguém do consulado russo o veria na Baixa Manhattan, a quilômetros de sua localização no Upper East Side.

Ele concordou imediatamente. A maioria dos diplomatas russos insistiria para que o encontro ocorresse em seus escritórios, indicando educadamente que nem sequer consideravam a possibilidade de um "relacionamento não oficial". Talvez Sergei só quisesse se afastar do consulado sombrio e cinzento e comer em um restaurante caro e moderno. Leo me disse que o sujeito não saía muito e sempre apreciava uma boa refeição com uma conversa amigável.

No dia D, quando o *maître* conduziu Sergei à minha mesa, fiz uma avaliação básica da sua linguagem corporal: sobrancelhas tensas, lábios apertados, cabeça inclinada para trás em reticência, braços cruzados na frente do corpo. Também ele me olhou de perto, enquanto avaliava meu corpo buscando as mesmas indicações. Um aperto de mão rápido e suave. Escudos para cima. Sergei olhou o relógio. Mau sinal.

— Sergei, muito obrigado por reservar um tempo para conversar comigo, pena que nosso bom amigo em comum não possa ter vindo.

— Não havia razão para dar nomes aos bois.

Conversei com Leo sobre ele se juntar a nós, como uma maneira de ajudar Sergei a sentir-se à vontade, mas decidimos que isso talvez o inibisse, caso ele e eu chegássemos a um acordo.

A menção a Leo suavizou um pouco a expressão facial de Sergei, enquanto ele examinava a sala dos figurões com ar de aprovação, como Leo pensava que faria, sem parecer dar-se conta. O terno e a camisa não cumpriam o código de vestuário implícito, mas caíam bem nele. Ombros largos e corpo esbelto davam a Sergei uma aparência melhor do que a da maioria de seus colegas russos, que tendiam a ser pálidos e rechonchudos devido ao número entorpecedor de horas de expediente.

— Nosso amigo pensou que tínhamos algumas coisas em comum e que poderíamos encontrar outros interesses, com instrumentos proporcionais — eu disse.

Sergei pareceu aliviado por eu ter esclarecido imediatamente a realidade da situação — na linguagem internacional ambígua e familiar da burocracia —, em vez de insultar sua inteligência com jogos mentais. Algumas rugas de preocupação desapareceram do rosto dele.

A reação do homem me encorajou a oferecer-lhe outro gosto da realidade, embora eu precisasse novamente me camuflar sob uma linguagem vaga por reconhecer a gravidade da minha afirmação e para dar-lhe espaço para negar meu pedido caso as coisas caminhassem para o lado oposto.

— Sei que você é um diplomata — eu disse —, mas digamos, hipoteticamente, que alguém em seu consulado fez parte dos Serviços Especiais. — As sobrancelhas dele se ergueram um pouco, o código para serviço de inteligência. Também foi uma admissão tácita de que eu também estava nos "serviços especiais", expressão usada por espiões da vida real, os quais quase nunca dizem "espião". Os cantos da boca de Sergei inclinaram-se levemente para cima: um sinal sutil de concordância. Já tínhamos um leve grau de investimento mútuo!

Porém, enquanto ele bebia um gole e mexia no guardanapo, olhou de novo para o relógio, atitude que poderia ser interpretada como rejeição; então perguntei diretamente se ele devia estar em algum lugar. Isso mostraria no mínimo minha sensibilidade às necessidades dele. Porém, se a resposta fosse que teria de sair logo, isso significaria: *Você perdeu sua chance. Fim de jogo.* Vamos pedir a comida!

— Não, de forma alguma — respondeu ele. — Disponho do tempo que você quiser.

Bom sinal! Na verdade, ele não teria de se retirar, mas simplesmente tinha algumas restrições de tempo e estava subordinando sua agenda à minha. (Esse é o indício positivo # 1. Continuarei apontando os indícios positivos. Tenho certeza de que você já notou alguns dos indícios não verbais inconfundivelmente negativos.)

Perguntei-lhe como ele havia conhecido Leo, na verdade um teste aberto de borrão de tinta de Rorschach para ver para onde Sergei iria. Se ele me respondesse com um abrupto "Isso foi há muito tempo", estaria dizendo que seu relacionamento com Leo não era da minha conta e que eu não conseguiria pegar carona no relacionamento de ambos.

Conversa fiada? Não. Descobri que toda conversa pode ser importante e significativa, caso possibilite a construção de um relacionamento saudável e solidário.

Também descobri que, como regra, quanto mais as pessoas se aprofundam na própria vida, mais elas abaixam a guarda, presumivelmente por causa de algum instinto primitivo.

Aqui estão outros indícios de investimento que eu estava procurando: Sergei seria apropriadamente receptivo a indivíduos neutros? Proativo em revelar a si mesmo? Estaria disposto a compartilhar coisas importantes? Acabaria me contando algo que não contou a mais ninguém? Iria me entregar informações que pareciam melhores do que de fato eram?

Como eu havia solicitado antes da chegada de Sergei, o garçom trouxe dois copos da vodka Gzhelka White Gold, a favorita não só de Leo, mas também do próprio Sergei. Essa era outra maneira de indicar que Leo havia me contado várias coisas sobre ele (e eu esperava que ele não achasse isso muito esquisito), as quais aprofundaram o nível de intimidade entre nós dois — quer ele gostasse, quer não. Foi um encontro complicado, mas provavelmente não mais complexo do que as duras reuniões de nossas profissões. Manipulação, fingimento e tentação estão por toda parte.

Então Sergei rendeu-se gradualmente à falsa impressão de desfrutar de total privacidade e me contou do dia em que o pai de Leo salvou a vida de sua irmã. As lembranças provocaram emoções, mas ele as controlou bem, e novamente cruzamos uma ponte de conexão.

Depois, eu lhe fiz outra pergunta, fazendo-a soar bem espontânea:

— Qual era o seu feriado ou seu costume favorito quando você era criança?

Essa é a minha pergunta favorita, pois evoca muitas reações fascinantes e enriquecedoras, revelando-se uma maneira não ameaçadora de quebrar o gelo e de mudar o humor das pessoas, tornando-as mais receptivas. Elas voltam a um tempo e a um lugar em que se sentiam felizes e seguras, e os neurotransmissores de satisfação da dopamina e da serotonina aumentam, embora não tanto quanto um bom gole de vodka, que os garçons continuavam a servir generosamente ali, como eu havia combinado.

Sergei me contou sobre o Natal ortodoxo russo, enquanto se deleitava com um delicioso antepasto de atum e trufas brancas.

— Robin — disse ele —, o que você está procurando? Por que estamos conversando? — Ótimo! A primeira indicação de que ele queria compartilhar mais do que um almoço de duzentos dólares comigo. E não foi solicitada (indício positivo # 6)!

— Gostaria de entender suas prioridades e seus interesses — respondi — para ver se eu poderia ser um instrumento para algum deles.

Sergei assentiu amavelmente.

— Quais as *suas* prioridades? — ele perguntou. Legal! O sujeito começava a mudar o foco para mim (indício positivo # 2). A conversa estava chegando a algum lugar!

— No momento, estou num processo de reconstrução, após o caso Robert Hanssen.

— Isso parece importante! — Ele me incentivou a contar mais detalhes, esforçando-se para mostrar que não estava procurando nada confidencial, e pareceu genuinamente impressionado por eu estar trabalhando nesse nível tão cedo na minha carreira (indício positivo # 8).

Trouxe a conversa de volta às nossas infâncias tão diferentes, não para fins de negócios, mas sim porque sou naturalmente curioso. Para criar conexões pessoais, devemos ser nós mesmos, para o bem ou para o mal, pois as pessoas estão muito mais atentas à manipulação nos dias de hoje. Qualquer detalhe pode fazer com que elas se retraiam rapidamente.

Depois de outra dose de vodka, perguntei:

— Então, o que você acha que podemos fazer juntos? Algo que deixaria nossos países felizes? — Gostei do cara. Era confiável e inteligente, exatamente como Leo alegara. — Quais *seus* interesses?

— Tornar o mundo um lugar melhor para os meus filhos. *Mais seguro* — ele respondeu enfaticamente. Na verdade, esse tipo de resposta, muito boazinha, pode ser ensaiada e pouco sincera, mas ele continuou: — Às vezes eu os levo... os levava... para Manhattan, ao redor do World Trade Center. — E parou abruptamente. Espiões russos não demonstram sentimentos, e mencionar os filhos na mesma frase que o WTC obviamente tocou em um ponto fraco. — Quando os aviões atingiram as torres — ele disse —, eu não tinha certeza de onde estavam meus filhos ou do que aconteceria a seguir. — A expressão no rosto de Sergei era resoluta, mas de novo ele parou abruptamente.

Para preencher o silêncio, eu disse:

— Entendo isso bem. Até bem demais.

— Pais são pais em qualquer lugar — comentou ele (indício positivo # 9).

— Claro. Nossa prioridade é sempre a segurança das crianças.

— Por favor... — Ele estava hesitante. — É muito arriscado conversar com você, e fiz isso apenas como um favor ao nosso amigo em comum. Se valoriza seu relacionamento com ele e deseja continuar a conversar, isso deve permanecer entre nós. Tenho certeza de que ele vai entender o motivo da sua discrição (indício positivo # 10).

Os indícios de confiança surgiam mais rapidamente. Em geral, esta é a regra: confiança motiva confiança.

— Não tinha certeza do que esperar quando cheguei aqui — eu disse —, mas tinha esperança, com base nos sentimentos calorosos de nosso amigo por você. E nosso encontro excedeu minhas expectativas.

Seu prato principal de salmão e caviar preto chegou, e incluía também um tempurá de pequenos legumes crocantes.

— Devemos nos encontrar novamente — disse Sergei (indício positivo # 3), enquanto espalhava caviar em uma torrada revestida com creme e limão.

— Você tem amigos nos Serviços Especiais na Rússia? — perguntei. Não achei que ele fosse responder, o que de fato ocorreu. Porém, Sergei me lançou um meio-sorriso para mostrar que meu esforço não o ofendera e que, sim, claro que tinha.

Não foi uma pergunta insolente de espião, embora assim tenha parecido. Era apenas curiosidade, aliada ao fato de que gosto de conhecer as pessoas. Mas fiquei feliz por Sergei não questionar a razão de eu fazê-la, o que aumentou *meu* nível de conforto. Então pedi a ele que me contasse algo marcante de sua infância. Outra pergunta pacífica e sugestiva.

Ele me contou sobre quando construiu uma casa de campo, ou *datcha*, com seu pai. Em troca, contei-lhe das minhas viagens em família, muito mais frugais, durante as quais acampávamos à beira do lago. Gostei de ser o único naquela mesa com origens na classe trabalhadora, e ele percebeu a ironia da situação.

Então Sergei disse:

— Não posso ajudá-lo em muitas das coisas que você provavelmente gostaria que eu ajudasse. — Fiquei levemente desapontado. Mesmo naqueles dias, eu sabia que construir um relacionamento com uma pessoa importante costuma ser mais valioso do que resolver um problema momentâneo. — Mas se você tiver interesse em alguns dos meus pensamentos sobre terrorismo...? — Sua capacidade de ler as pessoas me lembrou a de Jesse.

— Muitíssimo.

— Posso agir de acordo com esse seu interesse ligando para uma pessoa de meu país natal que está em dívida comigo. E ele lhe contará coisas que o ajudarão, que poderão ser úteis para o meu próprio país e também para mim (indício positivo # 5). Se houver um acordo de cooperação, continuarei envolvido, mesmo que isso seja difícil, por várias razões. Mas o problema é meu, não seu. Claro que, se você for bem-sucedido, será de grande benefício para mim (indício positivo # 4).

Então Sergei jogou um presente incrível no meu colo. Ainda hoje a informação é confidencial. Porém, posso dizer que envolvia terroristas que se infiltraram em várias milícias insurgentes em seu país de origem e em outras repúblicas que estavam se rebelando contra a Rússia.

Uma operação contra eles seria ótima para a segurança nacional americana. Limitaria a expansão geográfica da Al-Qaeda, forçando-os a permanecer centralizados, como alvos identificáveis e puníveis.

— É claro que não direi ao meu pessoal que você e eu desfrutamos uma refeição cordial — disse ele. — Mas talvez no futuro nós dois tenhamos posições e títulos mais elevados, e talvez os laços entre nossos países se fortaleçam e possamos cooperar mais abertamente (indício positivo # 7).

Essa reunião, que produziu resultados notáveis e provavelmente salvou muitas vidas, não foi um exercício de manipulação mental nem uma festa de amor entre duas pessoas que estão morrendo de vontade de agradar uma à outra. Éramos apenas dois agentes se reunindo, racional e respeitosamente, e descobrindo sinais de semelhanças pessoais e de confluência de interesses.

Isso é tudo. E significa *tudo*.

Pedimos a sobremesa e a saboreamos em um silêncio confortável, principalmente porque era a melhor que ambos comíamos em um ano. Afinal, nós dois trabalhávamos para o governo. A minha era um bolo de chocolate com calda de chocolate quente assentado sobre cookies em miniatura e coberto com chantilly. Estava tão ocupado com o doce que nem sequer olhei para a sobremesa de Sergei.

Os Estados Unidos fizeram valioso uso das informações que ele me forneceu, as quais aproximaram as duas superpotências como há anos não acontecia.

A situação não durou. Mas mostrou que era possível e que, em um mundo racional, poderia acontecer novamente.

20 de agosto de 2017
Lembrança

— Sergei! — exclamei. Eu não o via desde 2009. Paramos de conversar depois que deixei Nova York para trabalhar com um colega próximo na sede do FBI em Washington, D.C.

Eu não queria ter assumido esse posto lá, mas estava mutuamente investido com meu associado, um ex-supervisor, e isso importava mais do que permanecer na cidade.

No fim das contas, valeu a pena pela oportunidade de executar o Programa de Análise Comportamental, embora não da maneira como eu pensava. Contarei mais depois.

Como estratégia de carreira, algumas pessoas seguem o dinheiro e fazem bons amigos, enquanto outras seguem seus amigos e fazem um bom dinheiro. Descobri que ambas as abordagens funcionam, mas a última garante muito mais previsibilidade e menos preocupação. Você não fica o tempo todo esperando que o castelo de cartas que ergueu vá ruir.

— Que bom ver você! — disse Sergei, puxando-me para um abraço. — Ainda que num momento tão triste.

Estávamos na recepção subsequente ao funeral de Leo.

Sergei viajara desde Moscou, uma emocionante homenagem ao nosso amigo em comum.

— Acabei de ver Viktor — comentei. — Ele está triste, mas é tão duro quanto seu avô, e isso o salvará. — Viktor havia me entregado a linda espingarda que Leo deixara para mim em testamento. E ainda me agradecera pela centésima vez por ajudá-lo a recuperar a saúde e a permanecer nos Estados Unidos, há muito tempo, nos maus momentos do jubileu, quando nós dois aprendemos a confiar novamente: aprendi a confiar no avô dele, que aprendeu a confiar em mim, e Leo e eu juntos ajudamos Viktor a aprender a confiar nos Estados Unidos.

Sergei e eu conversamos sobre nossos filhos, nossas esposas e carreiras, como se o tempo não tivesse passado.

Em um funeral, é fácil perceber que o passar do tempo é o principal inimigo compartilhado pela humanidade, uma vez que ele por si só mede a idade, e esta significa declínio, que culmina na morte.

Assim, o espectro da perda e o tique-taque do relógio marcam cada funeral. Mas, mesmo quando nos despedimos daqueles que nunca mais reencontraremos, inevitavelmente sentimos a *doçura* do tempo, com sua dádiva de crescimento e sua rica construção de camadas sobre camadas de lembranças e significados.

Lembrar-me de Sergei e de Leo trouxe de volta recordações do período posterior a 11 de Setembro, quando a confiança me abandonou e fui forçado a me perguntar por que deveria confiar em alguém novamente.

Entretanto, é como perguntar: por que amar?

Em 2017, a Rússia e os Estados Unidos, personificados por nossos dois presidentes, estavam envolvidos em um nível de hostilidade não visto desde a Guerra Fria, e esse conflito terrível responde à pergunta "Por que confiar?". Simples: fazer isso racionalmente é a melhor alternativa.

— Vou me aposentar em dois meses — disse Sergei, enquanto servia duas doses de Gzhelka White Gold. — E trabalhar para uma empresa internacional que você achará interessante. — Ele olhou para mim animadamente, trazendo de volta lembranças do nosso primeiro encontro.

— Quer que eu ligue para você? — perguntei.
— Sim. Há mais trabalho que podemos fazer.
— Até lá, então.
— Ao nosso amigo! — Brindamos com os copos e o vínculo renasceu.

RELATÓRIO

CAPÍTULO 3 – Construa alianças à prova de balas

Sinal # 1: Investimento

Citação-chave: "Nós três, gostássemos ou não, estávamos juntos naquele momento horrível da História, portanto, sabíamos o que os outros dois fariam".

Mensagem-chave: Investir no sucesso de outras pessoas significa aliarmo-nos a elas e ajudá-las ativamente a alcançar o sucesso, acreditando que o seu êxito nos beneficiará. Tal investimento requer coragem e inteligência. Vale a pena, mas somente se jogarmos as cartas certas.

AS LIÇÕES

1. Investir não é um ato virtuoso, porque fazer aliados se inspira no autointeresse. Mas é possível criar gratidão e amizade, sobretudo em um relacionamento de longo prazo.

Investir em alguém é essencialmente a melhor forma de investimento.

2. Investir é uma prática comum nos negócios. E também entre os membros mais imediatos da família e, às vezes, entre amigos, em especial se a amizade se baseia parcialmente em laços profissionais.

3. Investir é a força motivadora mais intensa do trabalho em equipe, profissional e pessoalmente.

As quatro principais formas de transmitir os indícios de confiança e de desconfiança:

A comunicação verbal é o meio mais direto de descobrir o que as pessoas querem. E dar-lhes o que querem é a melhor maneira de construir alianças sólidas, caracterizadas pelas virtudes da confiança, da honestidade e do apoio mútuo.

A comunicação não verbal, conhecida coloquialmente como linguagem corporal, é um método eficaz de transmitir e interpretar aquilo em que as pessoas de fato acreditam, mesmo quando isso não condiz com o que elas estão dizendo.

As ações, além de mais honestas do que palavras, são frequentemente o mais poderoso indício dos seis sinais. As ações passadas não devem ser ignoradas, mas as atuais, caso beneficiem ambas as partes, são um indício ainda poderoso para prever benefícios mútuos contínuos.

As intenções, tanto as expressas em palavras quanto as observadas, indicam o grau relativo de alinhamento de uma pessoa com os objetivos e sonhos de outras.

Dez indícios positivos de investimento em nosso sucesso

1. As pessoas mudam o seu estilo e o seu ritmo de trabalho para se ajustarem ao nosso.
2. Falam em consonância com nossos melhores interesses.
3. Exploram ativamente outras coisas que podem fazer conosco.
4. Fazem coisas por nós, ainda que preferissem não fazê-las.
5. Usam a própria benevolência para nos ajudarem.
6. Oferecem ajuda mesmo quando não pedimos.
7. Conversam conosco dentro da empresa e do setor e nos dão crédito pelas coisas que fizeram em nossa companhia.
8. Ficam genuinamente animadas quando alcançamos o sucesso.
9. Apresentam-nos aos próprios círculos sociais.
10. Compartilham segredos conosco.

Dez indícios negativos de investimento em nosso sucesso

1. As pessoas nos ignoram para uma promoção.
2. Mencionam características nossas que são diferentes das delas.
3. Deixam-nos de fora das principais reuniões.
4. Fazem um grande alarido de nossos pequenos erros.

5. Falam sobre outros lugares, nos quais nos sairíamos melhor.
6. Expressam-se com sinais não verbais propositalmente negativos quando apresentamos nossas ideias.
7. Mencionam boatos pouco lisonjeiros sobre nós.
8. Olham para os próprios dispositivos eletrônicos enquanto falamos ou vão embora.
9. São muito mais econômicas nos elogios que dirigem a nós do que a outras pessoas.
10. Procuram elementos negativos em nossos pensamentos e em nossas opiniões.

||||||||||||||||||||||||||||||||||||||||||||||||||||||||||||||||||||||||||

4

FAÇA O TEMPO VALER A PENA

Sinal # 2: Longevidade

A pessoa acha que manterá um relacionamento de longo prazo conosco?

Abril de 2002
Agentes não se exaltam

Uma ironia recorrente dos fatos históricos é que eles raramente parecem históricos quando estão acontecendo. O calor do momento parece apenas quente. Não história.

O mesmo princípio geral se aplica ao heroísmo. As pessoas em geral não sabem quando agem heroicamente, por estarem muito ocupadas, exaustas ou assustadas.

E, com muita frequência, o heroísmo é reconhecido postumamente.

Nos serviços clandestinos, há ainda outra camada de ironia que encobre incidentes históricos e heroicos e os fatos que os criam: ninguém fica *sabendo* deles. *Nunca*. Pelo menos, esse é o objetivo.

É em parte por isso que é tão importante termos um método confiável para avaliar as pessoas e garantir a sua previsibilidade. Sem ele, a lógica e a realidade podem se perder, e nem o heroísmo fará a história fluir como queremos.

Nos meses cataclísmicos após o 11 de Setembro, quando o mundo mudou radicalmente e o tempo pareceu passar mais devagar, conheci um herói que mudou a História, mas levei anos para compreender plenamente sua contribuição. Descobri que apenas a passagem do tempo oferece a clareza de visão em geral ausente em períodos turbulentos.

Meu encontro com o heroísmo desse homem começou no porta-aviões *Intrepid*, sede temporária das operações do FBI em Nova York, enquanto se faziam reparos em nosso prédio atingido pelos ataques do World Trade Center, a cerca de cinco quarteirões. Todos os agentes da cidade concentravam-se em checar pistas relativas ao 11 de Setembro, em vez de trabalhar nos casos proativos habituais que criavam novas oportunidades, atraíam novos espiões, protegiam a segurança dos Estados Unidos e sustentavam diversos projetos globais.

A queda do World Trade Center foi a pior coisa que poderia acontecer, pelo menos assim parecia naquela época.

Então, eu não sabia que atitude tomar quando Leo me ligou uma manhã no início da primavera, dizendo-me que eu precisava conhecer outro membro do Clube dos Forasteiros. Porém, como o sujeito não tinha nada a ver com o 11 de Setembro, eu receava vê-lo, e nem sabia se poderia. No entanto, Leo parecia incomodado, e repassou para mim uma mensagem curta e um tanto explícita dessa pessoa, o tipo de coisa que nunca é escrita.

A mensagem resumia-se essencialmente a um apelo do sujeito para encontrar-se com um funcionário da inteligência federal, coisa muito urgente, mas não se apresentava uma razão clara. Essa potencial fonte confiável estava obviamente sendo ultradiscreta, como costumam ser fontes humanas confiáveis. Leo fez um pedido enigmático e indireto de ajuda, expondo como motivo a frase "Somos todos mortais". As pessoas tendem a entrar em contato com o FBI toda vez que veem o Pé Grande pilotando um OVNI, e nos dias posteriores ao 11 de Setembro houve uma enxurrada de relatos civis.

Mas Leo disse que nosso amigo russo em comum, Sergei, também sabia quem era a pessoa, e assim me senti um pouco mais respaldado pela realidade. Apesar de ter conhecido Sergei apenas algumas semanas antes, estabelecemos um vínculo que parecia duradouro. Um caso exemplar de confiança à primeira vista.

Entretanto, a confiança à primeira vista, além de incomum, não é tão eficaz para avaliar as pessoas quanto a sua crença de que elas irão nos conhecer por um longo tempo.

Quando alguém pensa que manterá um longo relacionamento conosco, geralmente nos tratará bem, porque sabe que acabará enfrentando consequências — boas ou más —, algumas das quais talvez se prolonguem por anos.

Essa é apenas uma daquelas leis da natureza humana que tornam muitos dos princípios das ciências sociais quase tão verdadeiros e previsíveis quanto os das ciências exatas.

Então, fiz anotações enquanto Leo falava e as levei ao meu Mestre Jedi, Jesse Thorne, o agente sênior que me ajudara a entrar em contato com Leo. Jesse me ensinava quase todos os dias, e naquele parecia que receberia outro ensinamento.

Li minhas anotações, terminando com uma observação sobre mortalidade:

— O que isto significa: "Somos todos mortais?". É uma ameaça?

— Não diretamente. Ele se referiu a um antigo discurso de JFK — explicou — sobre o risco iminente da guerra nuclear. Então, acho que você deveria encontrar o cara. Salvar o planeta. Caso não esteja ocupado.

Não me sentia nem remotamente pronto para trabalhar em um caso desse tipo.

— Que tal se *você* conhecesse o sujeito? — perguntei.

— Ele não me conhece.

— Nem a mim.

— Mas ele sabe de *você* por meio de seus amigos no clube. O sujeito confia neles, e eles confiam em você, portanto, ele confia que você confiará nele.

Analisei o excesso de pronomes e captei a ideia. Ele estava falando sobre *primazia*. Trata-se de um "termo técnico" do FBI — expressões com significado específico em profissões específicas. Jesse referia-se à "transferência de confiança" de um estranho para outro por meio de um amigo em comum.

— Mas essa não é uma pista do 11 de Setembro — eu disse. — Então não posso trabalhar nisso. Mesmo se eu quisesse. — Comecei a me alterar.

— Robin, respire fundo! Não fique tão exaltado.

— Como você consegue *não* se exaltar com isso?

— Agentes não se exaltam — respondeu Jesse. — Eles pensam.

No mesmo momento, eu sabia que sempre me lembraria daquele conselho. Sem dúvida, um dos melhores que recebi, pois pessoas do tipo A como eu são notoriamente exaltadas e, em geral, vulneráveis a sequestros emocionais. Somos os típicos maiores inimigos de nós mesmos: ambiciosos até demais.

Mesmo depois desse incidente, levei anos para conseguir manter-me racional, controlar meus instintos e fazer o trabalho braçal. Nunca é fácil, mas prefiro o trabalho à preocupação em qualquer situação.

— Vamos à garagem para ver um amigo meu. — Ele se referia à garagem do prédio do FBI, por muitos meses a sede improvisada de todos os chefes.

No caminho, Jesse disse que o diretor de um programa, um agente especial, era ótimo para ajustar a burocracia e fazer as coisas acontecerem.

— Ele não é um *carreirista* — comentou Jesse. Esse foi um dos seus mais significativos elogios. Ele se importava com as pessoas, não com os seus pedigrees, e achava que seu próprio sucesso resultava diretamente de relacionamentos confiáveis e previsíveis, muito mais do que de soluções de casos, longas horas de trabalho ou prêmios. Então, ele se dedicou muito ao seu objetivo final: encontrar as pessoas específicas com as quais poderia contar e que confiavam nele. Os relacionamentos estabelecidos nesse processo eram transferíveis, passavam de caso em caso, de escritório em escritório e para o domínio pessoal. Os negócios realizados de forma correta são sempre pessoais.

Encontramos o amigo de Jesse sentado a uma mesa de piquenique na garagem que lhe servia como posto de comando e contamos a história.

— Para prosseguir com isso — disse o supervisor —, uma fonte precisa ligar para o disque-denúncia, e eles designarão alguém, mesmo que não seja um caso relativo ao 11 de Setembro.

Isso não aconteceria. O contato de Leo claramente faria questão do anonimato.

Antes que eu dissesse qualquer coisa, Jesse pegou o telefone e olhou interrogativamente para o seu amigo, que deu de ombros e assentiu. Ambos fizeram uso do conhecido atalho da comunicação não verbal.

O supervisor, Jack Johnson, era do tipo caubói: fazia as coisas no próprio tempo.

Jesse discou para o disque-denúncia e me entregou seu novo telefone, que parecia um walkie-talkie. Estávamos totalmente envolvidos pela situação. Um telefone tocou na mesa de um agente a alguns metros de distância, e eu fiz a denúncia enquanto nos entreolhávamos.

— Você pode designar Robin Dreeke para verificar, por favor?

O cara olhou para o amigo de Jesse, que fez um sinal afirmativo com a cabeça. Então ele disse:

— Pode deixar. — E desligou.

— Há uma condição — começou Jack. — Não conheço você, Robin, então preciso do Jesse como suporte.

— Robin não precisa de mim — disse Jesse —, mas ficaria feliz em ajudar.

De repente, Jack pareceu me olhar com novos olhos. A partir daí, tornou-se um dos meus aliados. Aprendi que a confiança pode ser transferida em alta velocidade.

Alguns agentes veteranos, no entanto, teriam surtado por trabalhar para um cara relativamente novato, mas não Jesse. Ele nunca fora sequestrado emocionalmente e tinha uma habilidade quase sobrenatural de avaliar as pessoas. E achava que *qualquer um* poderia fazer o mesmo. Não eu. Nunca conseguiria. Por isso estava desenvolvendo meu próprio método.

No caminho para conhecer a nova fonte confiável, perguntei a Jesse qual era nosso objetivo imediato.

— Fazer amigos — ele respondeu. — Muito rápido. Mas respeite o ritmo dele. Se o pressionarmos demais ou muito rápido, ele irá embora. Sempre faça a situação ser sobre ele. Mas não se *afeiçoe* muito a ele. Não teremos tempo para resolver isso.

Chegamos a um restaurante tranquilo do Soho, onde nosso homem já estava bebendo algum tipo de chá de que nunca tinha ouvido falar. Bom sinal: a pontualidade expressa respeito, e tudo o que revela o gosto pessoal de alguém, mesmo que apenas chá, indica receptividade. Em outro nível: os *agentes* devem chegar primeiro, para garantir o controle da entrevista.

Mas o homem, chamado Annan, uma variação de "anônimo", era tão extrovertido e encantador que nos deu permissão para direcionar a conversa.

A versão resumida: Annan era, segundo ele, muito próximo da elite de poder de uma das poucas nações do mundo armadas com armas nucleares. (Isso é o máximo que posso dizer.) O seu país estava se estranhando com outra nação nuclear por causa de antigas mágoas revividas recentemente. A possível conflagração, em grande parte fora do radar dos EUA devido à nossa preocupação com o 11 de Setembro, aproximava-se do ponto de ignição.

Sabíamos apenas que nos dois países havia muitos fatores desconhecidos que os influenciavam, e ambos eram governados por pessoas em quem não confiávamos. As duas nações estavam aprisionadas no cenário de pesadelo nuclear que assombra o mundo desde a Segunda Guerra Mundial.

O olhar de Jesse, um daqueles que tentamos esquecer, mas não conseguimos, me disse que ele achava que Annan falava sério.

O momento não poderia ter sido pior, mas isso provavelmente fazia parte do plano de alguém. Os governos mais poderosos do mundo já viviam em estado de crise, aproximando-se do pânico, e esse conflito parecia um ponto de inflexão com potencial para desencadear um banho de sangue regional e talvez internacionalmente.

Ambos os países eram adversários dos Estados Unidos, e poderíamos facilmente nos tornar um alvo secundário. Mas Annan desejava que a América entrasse nessa situação perigosa e mediasse um acordo menos incendiário.

Jesse sugeriu que submetêssemos as informações a um processo de alto nível chamado "Raw Intelligence Cycle" (Ciclo de Inteligência Rudimentar), visando colocá-las diante dos principais tomadores de decisão do país, mas sem qualquer intromissão da imprensa.

Annan reiterou que temia lidar com gente que possuísse quaisquer interesses políticos, fosse por razões profissionais ou por razões pessoais.

Ele disse que tinha um contato "no topo da montanha" do governo de seu país, e acreditava que a melhor maneira de neutralizar a situação seria incluir nas negociações apenas algumas pessoas dos escalões mais elevados e secretos das relações externas. Não confiava em máquinas despersonalizadas de poder que administram de maneira virtual praticamente todos os governos.

Enquanto Annan falava, parecia disperso, como se preocupado em ser visto conosco. Sem dúvida, uma preocupação absolutamente normal de qualquer nova fonte confiável. Jesse trabalhou como sempre, fazendo um comentário direto sobre o desconforto de Annan: todas as cartas na mesa, sem segredos e sem surpresas.

Annan lhe agradeceu a percepção, acrescentando ainda que suas palavras e ações poderiam provocar a ira de várias fontes diferentes, diametralmente opostas umas às outras, desprovidas da reputação de respeitar os direitos humanos. Como o país dele tinha uma longa tradição de assassinatos políticos, constatamos toda a extensão do risco que ele corria e entendemos a profundidade de sua coragem.

Annan e eu tínhamos algumas coisas em comum: éramos ex-oficiais da Marinha, apesar de eu ter sido fuzileiro naval, tínhamos filhos da mesma idade, amávamos pescar e éramos pais e maridos dedicados. Havíamos lido muitos dos mesmos livros e nos considerávamos resilientes. Ele estava até mesmo familiarizado com a citação de Epiteto: "O que importa não é o que acontece, mas como você reage".

No entanto, eu ainda não tinha certeza se confiava nele ou se ele confiava em mim. Afinal, o que eu sabia sobre Annan? O que *ele* sabia sobre mim?

Parecia que nenhum de nós teve tempo de descobrir. Como regra, as operações de inteligência acontecem em câmera lenta, pois quase sempre se constroem com base na confiança, e esta pode levar anos para se firmar, mesmo quando faz parte de um trabalho diário.

Quando voltamos para o carro, sentia-me mais sobrecarregado do que nunca.

Jesse parecia interessado, até feliz por estar realizando algo importante, e, preciso admitir, também um pouco entretido, principalmente por mim.

— Não comece a se preocupar de novo — disse ele. — Só tenho que refletir um pouco sobre os acontecimentos. Seria bom se conseguisse obter mais dados sobre Annan e a situação em geral. Mas precisaremos de informações em um dia ou dois no máximo.

— Como vou conseguir *isso*?

Ele encolheu os ombros.

— Apressando-se.

— Tá bom.

— Mas mantenha o foco. Elimine distrações. Trabalhe com eficiência.

— Tá bom.

Ainda me lembro de todos os detalhes, a situação era assustadora. E se aquele cara estivesse apenas nos manipulando, nos conduzindo a um desastre? Seu país fora hostil conosco a maior parte da minha vida. E se ele pertencesse à Al-Qaeda e tivesse chegado até mim enganando o Leo? E se fosse louco?

Nos dias seguintes, conscientizei-me como nunca de que precisava de algum tipo de mecanismo rápido para avaliar as pessoas. Jesse o fazia naturalmente, mas eu não era Jesse.

Se dispusesse de tempo, mais ou menos um mês, pensaria que seria possível entender o cara. Se o conhecesse havia um ano, não me preocuparia. Mas não tinha um mês, nem mesmo uma semana. O tempo não estava do meu lado. Sem dúvida, encarava um buraco profundo e escuro.

A teoria da relatividade

Como já mencionei, uma das mais efetivas maneiras de compilar informações sobre as pessoas é simplesmente conhecê-las por um longo tempo e fazê-las sentir como se *continuasse a conhecê-las*, para que desenvolvam o senso de responsabilidade por todas as suas ações.

Mas o elemento fundamental para essa análise comportamental demanda — adivinhem? — *muito tempo*. E os efeitos do tempo podem ser alterados, com os golpes certos.

Uma solução bastante útil é reconhecer a relatividade do tempo, especialmente do ponto de vista comportamental, como demonstrado por uma citação popular de Albert Einstein: "Quando você se senta junto a uma garota legal por duas horas, parece que foi um minuto. Quando você se senta em um fogão quente por um minuto, parece que foram duas horas. Isso é relatividade".

Portanto, uma maneira notavelmente eficaz de avaliar as pessoas envolve percebermos o que têm de melhor, mostrando-lhes as mesmas qualidades atrativas em nós mesmos. Se o fizermos, o tempo voará — a partir da percepção de ambas as partes —, e nosso insight sobre elas com rapidez se transformará em um relacionamento saudável e previsível.

Porém, se as pessoas assumem uma postura resistente, facilmente estaremos aprisionados nos limites estritos do tempo linear. Quando isso acontece, talvez seja difícil encontrar pessoas que pensem que estarão em um longo relacionamento conosco.

Essa constatação se tornou ainda mais verdadeira nos últimos tempos, tendo em vista que a tecnologia criou uma sociedade cada vez mais míope, motivada pela efemeridade, e instável.

Porém, quando encontramos pessoas que acreditam em um longo relacionamento conosco, é razoável prever que serão mais honestas, generosas e cordiais, além de bem mais propensas a apoiar nossos objetivos, os quais provavelmente julgarão *vinculados aos seus próprios objetivos*. Então, mais uma vez, constatamos que os sinais de confiança são complementares e sinérgicos.

É melhor quando alguém percebe *por conta própria* que espera manter um longo relacionamento conosco, mas haverá poder semelhante se essa crença partir de nós. Trata-se de uma crença poderosa mesmo se estejamos ligados à pessoa por alguma situação completamente arbitrária, como sermos colegas de quarto no dormitório da universidade, vizinhos ou os dois funcionários mais novos de uma empresa pequena. Não importa como a conexão ocorre, ela trará consequências e oportunidades semelhantes.

Mas lembremo-nos da regra da relatividade de Einstein: se nos colocarmos conscientemente na situação certa, isso poderá acelerar o processo e transcender o tempo.

Meu colega de análise comportamental, Jack Schafer, identificou três elementos capazes de mudar a percepção do tempo: duração, intensidade e proximidade. Com efeito, eles *aceleram o ritmo*. Jack também me ensinou alguns truques para *acelerar* a percepção do tempo. Aqui estão os principais que aprendi ao longo dos anos.

CINCO TRUQUES PARA ACELERAR O RITMO DE UM RELACIONAMENTO

1. Intensifique a experiência. Você provavelmente percebeu que, quando vivencia muitas experiências em um dia, este parece mais longo. Simples deslocamentos geográficos, como viajar de um ponto a outro do país, também podem fazer com que o passar das horas se altere, mesmo que não haja mudança de fuso horário. Para que um relacionamento recente pareça mais longo, preencha o tempo com experiências intensas, como acontece com soldados em batalha e com qualquer pessoa que sofra um evento traumático com você. A mesma coisa também acontece em experiências felizes: apaixonar-se, sair em férias, ir ao cinema ou oferecer um almoço a alguém que foi promovido.

Tire as pessoas da rotina, do piloto automático e das zonas de defesa.

2. Ritualize o relacionamento. Os rituais comemoram momentos, marcam a passagem do tempo e têm o poder de estendê-lo.

Ofereça à pessoa, todas as sextas-feiras, sua bebida favorita ou envie-lhe uma nota de felicitações em datas comemorativas. A simples lembrança já funciona.

3. Comece no final. Confie nas pessoas logo ao conhecê-las. Isso adianta o tempo e não é tão arriscado quanto parece se você permanecer razoável. Lembre-se: *Doveryai no Proveryai,* ou seja, confie, mas verifique. (O que é ainda mais fácil de lembrar em russo, em razão da rima.)

Podemos confiar algo a quase todas as pessoas, mesmo que esse algo seja elas simplesmente saírem do nosso caminho. Se não puderem, mas você ainda for amigável com elas, tudo ficará bem.

4. Demonstre o valor das pessoas. Isso reforça o sentimento delas de estarem vinculadas a você e motiva a honestidade e a generosidade. As pessoas sentem que podem ser autênticas a seu lado. Cada momento da vida em que você desfruta o prazer de *agir exatamente da maneira como se sente* pode estender o tempo linear incrivelmente.

Nas amizades, as pessoas quase sempre vivenciam essa liberdade de parar o tempo. Se você conseguir estender esses momentos dourados para um relacionamento profissional, as pessoas lhe entregarão o melhor de si mesmas.

5. Decodifique o "código de confiança". No meu último livro, criei um método chamado código de confiança, ou seja, cinco pontos para inspirar as pessoas a *confiarem em você*.

O código de confiança assemelha-se aos seis sinais para previsão de comportamento, pois geralmente *não se pode confiar em pessoas que não confiam em você*.

Portanto, para encontrar pessoas em quem você pode confiar recorra à engenharia reversa do código de confiança e olhe para si mesmo a partir da *perspectiva dos outros*. Chamo esse processo de engenharia reversa de "decodificação de confiança".

Quando você aplica os cinco princípios do código de confiança *a si mesmo*, sempre da perspectiva de alguém que está avaliando, e acha que a pessoa não o considera confiável, tente mostrar-lhe que você segue de fato estes cinco princípios básicos:

1. Detenha seu ego. Se as outras pessoas o consideram um indivíduo egocêntrico, é natural que se retraiam, e você não poderá ver o que há de melhor nelas. Em relação a você, elas poderão mostrar-se reticentes, ofendidas, retraídas e muitas vezes hostis. Elas não confiam que você pode ser honesto e você sentirá o mesmo em relação a elas. Para superar esse problema, permita-*lhes* que sejam o centro das atenções, e então começará a ver o melhor nelas.

2. Legitime as pessoas. Se elas não se sentirem aprovadas por você, vão se afastar e procurar outras que as aprovem. Somos todos assim. Mas, se você mantiver a mente aberta e conversar com elas sobre gostos, aversões, experiências, habilidades e problemas, irão se sentir confortáveis e serão autênticas. Quando isso acontece, você quase sempre gosta do que vê, pois a maioria das pessoas tem uma empatia inata, ou seja, o interesse comum compartilhado pela humanidade.

3. Não julgue as pessoas. Se o fizer, elas o julgarão também, mesmo que não seja do seu feitio. Quando começarem a julgá-lo, você deixará de ver a bondade, a inteligência e a justiça delas. Acabará se afastando, e esse será o fim.

4. Seja razoável. Se você é razoável com as pessoas, elas provavelmente também o serão com você. Agir de modo racional e justo leva os outros ao mesmo tipo de ação, e você terá boas razões para confiar nas pessoas e admirá-las.

5. Seja generoso. Se não for, as pessoas tenderão a assumir um comportamento egoísta apenas para equilibrar as coisas. Ninguém quer um relacionamento unilateral. Tente dar aos outros um pouco mais do que eles esperam. Se você percorrer um quilômetro a mais pelas pessoas, elas se lembrarão, ficarão agradecidas e desejarão retribuir o comportamento amável e sábio.

Quando as pessoas veem que você está seguindo esse código de decência e senso comum, a maioria delas lhe dará o melhor de si.

Há outra maneira simples de empregar o código de confiança: comece a procurar essas cinco características em outras pessoas. É fácil identificá-las, e quem segue esse código com cautela é em geral bastante previsível e coerente. Transparentes, as pessoas querem conhecer os pensamentos alheios, falam em termos das prioridades dos outros, e não das delas. Compreendem as opiniões que você expressa, mesmo quando não as compartilham, e se recusam a sucumbir ao sequestro emocional toda vez que alguém sai do fundo do poço e se envolve em jogos que exploram as emoções.

Tenho ensinado esse código a milhares de agentes do FBI e a milhares de pessoas no setor privado.

Os agentes do FBI o compreendem rapidamente, pois é muito valioso durante as investigações. O mesmo acontece com os vendedores que trabalham em empresas para as quais fiz apresentações, levando-se em conta que praticamente todos fazem isso intuitivamente por toda a carreira. Como regra, o mesmo *não* se aplica às pessoas que *falham* nas vendas. Da mesma forma, os agentes do FBI que mais sofrem com esse código são quase sempre aqueles que priorizam a própria carreira.

Quando você trata alguém de modo coerente com o código, a pessoa geralmente diz a verdade, mesmo depois de ocultá-la de outros, que em geral apenas as levam a se sentir na defensiva.

Algumas pessoas acham irônico que outras, generosas, humildes, razoáveis e não julgadoras, muitas vezes tenham mais sucesso do que as egocêntricas, egoístas e cheias de culpa. Não acho. Embora vivamos em um mundo onde pessoas ardilosas acumulam poder e dinheiro, são também elas o tipo de gente que frequentemente cai do cavalo, tornando-se seus piores inimigos, perdendo os poucos amigos que tinham e sem que consigam sequer usufruir do que conseguiram.

Até aqui, você provavelmente reconheceu os contrastes que caracterizam pessoas confiáveis e aquelas que não o são.

Hoje, tenho facilidade em analisar as pessoas, mas apenas porque criei um método para esse fim, enraizado nos indícios de confiança. Agora vou explicar, com mais detalhes, como decodificar os indícios.

Um mergulho mais profundo nos indícios de confiança

Como mencionei nos capítulos anteriores, as demonstrações de confiança devem sempre ser aceitas simplesmente como dados: comportamentos objetivos, tangíveis e observáveis, com frequência repetitivos, que se perpetuam razoavelmente.

Os indícios não objetivam revelar caráter moral ou mesmo simpatia, mas apenas a *previsibilidade*.

Nesse sentido, são os melhores indicadores dos *seis principais sinais para previsão de comportamento*.

Aqui vão informações mais detalhadas sobre como identificar as quatro maneiras pelas quais os indícios de confiança e desconfiança são transmitidos:

DESCUBRA OS INDÍCIOS

1. Por meio das ações das pessoas.

- As ações são o componente mais preciso dos indícios, porque valem mais que as palavras e fazem as coisas acontecerem.
- As ações atuais ou muito recentes constituem os melhores indícios, mas as passadas também contam. No entanto, devem ser corroboradas por registros ou referências objetivas, observáveis e verificáveis, incluindo fontes de informação públicas e privadas.
- Entre as ações atuais mais importantes estão as reações de alguém às *nossas* ações, porque ocorrem em tempo real, no mundo real e em um contexto compreendido pelas duas partes. As ações precisam ser coerentes com as metas e as intenções declaradas. *Qualquer conflito* significa um indício terrível.

2. **Por meio da comunicação verbal.**
- A maioria das pessoas se dispõe a declarar honestamente suas crenças e posições, cientes de que é a melhor maneira de realizarem os próprios desejos. As pessoas adoram compartilhar seus pensamentos com alguém que não as julgue. O conteúdo da comunicação verbal deve ser racional, relevante, factual e sem julgamento. Qualquer comunicação importante que pareça se afastar disso não será totalmente confiável.
- O estilo deve ser simples, claro, educado e livre de artimanhas manipulativas, como táticas de debate ou apelos irracionais à emoção. Os bons comunicadores também precisam ser bons ouvintes e formular respostas e perguntas pertinentes e diretas. Mas *nunca* muitas perguntas.

3. **Por meio da comunicação não verbal.**
- **A linguagem corporal** deve ser absolutamente coerente com a mensagem verbal. Caso elas sejam incongruentes, estaremos diante do temível estilo de comunicação conhecido como "o vendedor de carros usados manipulador".
Quando detectar alguma discrepância significativa entre a comunicação verbal e a não verbal, esteja atento a *falsas promessas, mentiras, verdades ocultas, exagero e falta de sinceridade*. Qualquer um desses elementos pode inviabilizar totalmente uma apresentação eficaz.
- **As expressões faciais** constituem a forma mais reveladora de linguagem corporal e a mais fácil de ser interpretada. Por exemplo, as expressões mais comuns indicativas de estresse são: sorriso forçado, falta de contato visual, testa franzida, sobrancelhas e lábios comprimidos. Expressões faciais positivas,

que ajudam a confirmar *a sensação de conforto* com você, incluem: contato visual frequente, mas não constante, ligeira inclinação da cabeça, estreitamento moderado dos olhos ao ouvir, elevação ocasional das sobrancelhas e sorriso espontâneo.
- **Sinais corporais não verbais** que revelam desconexão entre o que alguém está dizendo e como realmente se sente incluem gestos de estresse: cruzar os braços sobre o peito, cerrar os dentes, manter as palmas das mãos para baixo ou fora de vista, assumir uma postura excessivamente rígida ou curvada, manter o corpo ligeiramente voltado ao outro lado e para trás, ou mesmo inclinado em direção a uma saída.

O conforto é reforçado por ações francas e descontraídas, que incluem: permanecer em pé ou sentado em um leve ângulo, mover-se com calma e suavemente, acenar com a cabeça ocasionalmente para mostrar atenção e concordância, inclinar-se para frente enquanto escuta, e demonstrações de conforto, como as palmas das mãos voltadas para cima enquanto se fala, centralizadas em torno da área abdominal. Alguns especialistas em comunicação não verbal aconselham combinar sutilmente os nossos movimentos aos da outra pessoa, mas se ela perceber que estamos fazendo isso, o tiro poderá sair pela culatra.

4. Por meio das intenções declaradas e observadas das pessoas.
- A intenção que é apenas sugerida ou insinuada é notavelmente não confiável. Para acreditar na intenção de alguém, você precisa identificar sinais claros dela ou, pelo menos, ouvir uma declaração lógica e articulada a seu respeito.

- O elemento mais revelador da intenção declarada de alguém é a descrição de seus objetivos finais de curto e de longo prazos. Os objetivos de curto prazo o impactarão mais imediatamente, mas os objetivos finais revelarão com mais plenitude o "eu" principal, as prioridades e os melhores interesses.
- A intenção declarada deve refletir claramente o sentido dos interesses. Do contrário, provavelmente não vai durar.

Agora serão apresentados dez dos indícios mais comuns que evidenciam que as pessoas *não* acham que terão um longo relacionamento com você. No entanto, é bem mais difícil avaliá-los. Quando notar esses sinais de desconfiança, muito cuidado!

Às vezes, você os observará nas pessoas de quem gosta, as quais também parecem gostar de você. A afeição pode ser genuína, mas não se deixe enganar. Ela não é o mesmo que confiança, confiabilidade e competência.

DEZ INDÍCIOS NEGATIVOS PARA LONGEVIDADE EM UM RELACIONAMENTO

1. Os supervisores geralmente esquecem o seu nome, mas parecem não se importar. Uma situação que exemplifica a linguagem silenciosa do desprezo, que revela muito.

Nem todos memorizam nomes com facilidade, mas quase todos parecem milagrosamente se lembrar dos nomes das pessoas que são importantes para o seu próprio futuro.

Não compre uma casa. Alugue. Mês a mês.

2. Você foi contratado para um trabalho temporário e não percebe qualquer esforço para o contrato ser estendido. Para começo de conversa, o trabalho temporário já não é bom indicativo, mas se você já está no lugar há tempo suficiente para ter causado uma boa impressão, o sinal torna-se ainda pior.

Respire fundo e pergunte, de maneira racional, o que pode fazer para tornar-se um ativo melhor para seu chefe e a empresa. As únicas qualidades de personalidade que uma resposta direta e proativa prejudicará serão timidez ou falta de autoestima, as quais você *não* deseja.

Observe atentamente os indícios não verbais de aceitação que mencionei, os quais incluem uma posição chamada de lâmina, na qual o corpo fica ligeiramente de lado, para a pessoa evitar parecer excessivamente agressiva. Outros sinais não verbais amigáveis e convidativos incluem a inclinação da cabeça, uma expressão otimista e um contato visual firme, mas que tampouco transforme-se em um olhar vidrado.

Se você receber uma reação desprovida da falta de clareza e da transparência que esperava, pense em uma função ou um serviço que faça melhor do que a maioria das pessoas e coloque-se em ação. Talvez esse possa ser o seu único bilhete para uma estadia mais longa.

3. Os supervisores limitam todas as conversas profissionais que mantêm com você a um nível supérfluo e não pessoal. Essa situação é comum nos primeiros dias de trabalho, mas se eles não percebem que somos humanos, significa que estamos falhando no nosso trabalho ou mesmo como seres humanos.

Seja *você mesmo*. Não é uma estratégia perigosa — a menos que você seja um idiota — e provavelmente quebrará o gelo para que o integrem mais plenamente à sua posição.

É fácil para os chefes descartarem pessoas que não conhecem de fato. Transforme sua rescisão em uma conversa difícil para um chefe, e assim será menos provável que ela aconteça.

4. Outros funcionários em posições semelhantes tendem a receber informações importantes antes de você. Isso significa que não o incluíram no ciclo de informações principais. Descubra o porquê. Para sobreviver em uma empresa, *devemos adquirir consciência situacional*. A sobrevivência em geral tem muito pouco a ver com charme. Tem a ver com trabalho realizado.

Mais uma vez, seja proativo, porque estes são tempos difíceis para se sobreviver na burocracia empresarial. Quando você não recebe uma informação que lhe permita fazer seu trabalho de forma mais produtiva — e que beneficie seu chefe, seus colegas e outros funcionários na empresa —, compartilhe sua preocupação com as pessoas e pergunte o que você pode fazer para que as informações fluam melhor, a fim de beneficiar o sucesso *delas*.

Pessoas passivas, que não recebem informações ou desconhecem o contexto, quase sempre desaparecem em meio à multidão, e depois se perguntam por que suas carreiras não decolam.

5. O supervisor nunca pergunta sobre seus objetivos profissionais de longo prazo. Sinal negativo, muito negativo. Linguagem definitiva do silêncio!

Pergunte ao supervisor se vocês podem ter uma conversa para que compartilhem entre si seus objetivos. Talvez ele ache que você está satisfeito onde está, contentando-se em parecer acomodado e descartável.

Você pode iniciar a conversa perguntando com respeito quais os objetivos *da empresa*. Não espere que as pessoas saibam mais sobre você do que você sabe sobre elas. Lembre-se: você é o centro do seu universo, e os outros, o centro do universo deles.

6. Não o incluem em nenhum evento social relacionado ao trabalho. Há aqui um cenário análogo àquele de quando as pessoas esquecem o seu nome ou apenas conversam com você sobre trabalho. Pessoas são pessoas, mas somente quando agem como tal. Se não for o caso, elas são apenas uma função, alguém sem identidade.

Procure alguém que pareça gostar de você ou respeitá-lo e pergunte-lhe se quer beber ou comer algo depois do trabalho, ou ainda sair para almoçar. Dizer que você pagará a conta não fará mal algum. Esforce-se para demonstrar seus próprios indícios não verbais positivos. Descubra se a empresa, escritório ou grupo tem uma página de rede social na qual se compartilham informações.

7. Um funcionário é grosseiro com você. Tente descobrir se a grosseria ocorreu em razão de estarem falando mal de você. É mais fácil de acontecer do que se imagina, pois as pessoas são atraídas pela fofoca, assim como gostam de olhar para acidentes. Não devolva na mesma moeda. Seja superior a elas.

8. Você se voluntaria para assumir mais responsabilidades, mas o chefe rejeita a oferta. Acontece. Porém, se continuar acontecendo, significa que você está aprisionado nessa engrenagem. Um motivo talvez seja o fato de você estar oferecendo seus esforços em áreas já garantidas. Procure entender quais as prioridades da empresa, as áreas em que ela pode melhorar e como você pode se transformar em um ativo significativo.

Lembre-se: com uma velocidade alarmante dispensam-se as pessoas quando são consideradas pouco essenciais.

Comece a expandir seu papel por conta própria, gratuitamente. Quando as pessoas recebem algo em troca de nada, querem continuar recebendo e, mais cedo ou mais tarde, elas o recompensarão. Entenda que a recompensa é a existência de um "mais tarde".

9. Você tem a impressão de que há grupos exclusivos ao seu redor, os quais não aceitam sua presença. Provavelmente você está certo, e não paranoico, porque grupos exclusivos são, por definição, exclusivos, não inclusivos.

Para ser aceito como membro, realize um dos feitos mais difíceis, porém recompensadores, nos meandros da cultura empresarial: *seja humilde*. Primeira lição: a humildade é incrivelmente gratificante. Dificilmente se rejeitam pessoas humildes; seria como chutar alguém caído no chão.

10. Os supervisores conversam com alguns colegas sobre o futuro, mas deixam você de fora. Provavelmente porque não o veem como parte do futuro.

Para mudar essa situação, *pergunte*-lhes sobre o futuro. Mostre interesse. Deixe claro que você não apenas deseja fazer parte do futuro, mas também quer ajudar outras pessoas a participarem dele. Desse modo, *sua* intenção fará parte da intenção *deles*.

Como as pessoas agem visando ao próprio interesse, se a sua presença fizer parte disso, é muito mais provável que o mantenham por perto.

Abril de 2002
O segundo encontro

O mais difícil do meu segundo encontro com Annan foi poder participar. Quando Jesse e eu informamos o resultado da primeira reunião — uma ameaça plausível de guerra nuclear —, fomos surpreendidos por um supervisor avesso a riscos, do tipo que busca ascender profissionalmente. Com toda certeza, ele se preocupava com a possibilidade de o caso, que parecia uma batata quente, explodir em seu rosto e matar suas chances de prosperidade. O sujeito desabafou um pouco de sua ansiedade, dizendo precisar de alguém com mais experiência.

Inspirei-me nas atitudes de Jesse e não me deixei assustar com o ataque à minha competência. Descobri que o elemento mais importante nesse *meu primeiro caso* importante era *me controlar*. Assim, acabei vendo-o como uma oportunidade para gerenciar o método — como Jesse fizera quando me deixou ir atrás da minha própria pista — e criar estratégias para meus relacionamentos. Mudar de atitude foi incrivelmente libertador. Senti como se tivesse um novo superpoder: *pensar em vez de me exaltar* e focar nas pessoas tanto quanto nos processos.

Eu ainda queria comandar a situação, mas às vezes a melhor maneira de controlar as coisas é deixá-las evoluir naturalmente e fazer o possível para conduzi-las em sua própria direção — o que geralmente é um recurso para elas, pois as auxilia a seguir na *própria direção*. É definitivamente um conceito Zen, mas há uma razão pela qual o famoso livro de Dale Carnegie não se chama *Como fazer amigos e controlar pessoas*.

Enquanto conversava com o novo supervisor, comecei a olhar a situação da perspectiva dele e deixei claro, com fatos e números, que eu entendia suas preocupações. Alguns dos meus argumentos eram, inclusive, críticos à minha inclusão. E por que não? A honestidade genuína e a autocrítica são ótimas maneiras de ajudar as pessoas a respeitá-lo e admirá-lo. Significam o máximo em transparência e, quando você é transparente sobre as próprias deficiências ou questiona as próprias estratégias, *outras pessoas não farão isso*, o que geralmente resulta em argumentos a seu favor. Soa assustador nas primeiras vezes, mas faz maravilhas.

Essa estratégia mudou a atitude do supervisor em relação a mim. Apesar de ainda estar me avaliando pelo critério da competência, ele começou a procurar razões para me manter no caso, em vez de me expulsar.

Então mergulhei no que pareceu um dia e uma noite intermináveis de pesquisa sobre todos os mais ínfimos detalhes que Annan havia fornecido, checando e rechecando as informações de outras agências de segurança nacional. Cada pedacinho da informação de Annan, sua situação fática, era perfeito.

E me permitiram continuar no caso.

Para me preparar para a reunião, um processo que os agentes chamam de "criar o encontro", aluguei um quarto em um bom hotel, pedi um serviço de chá na recepção e encontrei a única loja em Manhattan que vendia o chá favorito de Annan. Estava tentando intensificar o ritmo da cooperação ao ritualizar nosso relacionamento e levar a afeição ao próximo nível.

Na verdade, não precisava me preocupar em intensificar a *experiência*. Pessoas cujos dedos cuidavam do botão nuclear já faziam isso.

No entanto, como o chá que comprei não era do tom certo de rosa, pinguei uma gota de corante nele e esperei Annan ligar do saguão. Quando o fez, coloquei um copo do chá rosa em uma xícara que aludia ao país dele. E então deixei espirrar o chá na minha perna. O corante não saía. O melhor cenário seria Annan pensar que eu havia molhado as calças.

Mas isso não aconteceu. Acho que ele se deu conta da minha inocente trapaça e de fato se sentiu lisonjeado. Provavelmente isso fazia parte do seu desejo natural de apressar o ritmo: ser razoável e começar do final, com seu próprio salto de confiança.

Resultado: excelente! Ele se abriu mais e compartilhou o fato de ser um parente muito próximo do presidente de seu país. A revelação foi extremamente encorajadora para mim e Jesse, porque significava que não precisaríamos nos embrenhar entre redes dos homens que dizem "amém a tudo", mas na verdade sempre dizem não.

Para Annan, no entanto, esses vínculos muito próximos representavam uma bênção relativa, tendo em vista que seu país, como mencionei, era propenso a resolver problemas cometendo assassinatos nos mais altos escalões. Se a operação que ele estava propondo fracassasse, seu parente poderia ser deposto e aprisionado, e Annan e sua família, residentes nos Estados Unidos no momento, talvez nunca mais pudessem desfrutar de outro dia seguro pelo resto de suas vidas.

O maior prêmio da reunião, no entanto, foi a descoberta de que o parente de Annan se posicionava de modo beligerante em relação aos Estados Unidos apenas para *manter as aparências*, visando apaziguar as outras nações de sua parte do mundo, quase todas abertamente hostis a nós. No próprio país de Annan havia muitas facções radicais antiamericanas, e ignorá-las — com sua capacidade e vontade de levar adiante missões suicidas — poderia ser mortal.

Fornecemos a Annan várias declarações para transmitir a seu parente. Se o líder estivesse disposto a anunciá-las publicamente, em situações relatadas por agências de notícias internacionais, saberíamos que as alegações e informações de Annan eram confiáveis.

No final da semana, cada uma das declarações estava no noticiário. Os Estados Unidos intervieram na situação dispostos a encontrar uma solução pacífica. O parente de Annan fora colérico — absolutamente venenoso em relação à América —, como Annan dissera que seria. E ele cumpriu perfeitamente o papel: ordenou que seu exército se retirasse e depois partisse. O outro país "venceu" o impasse.

Alcançou-se a paz. O incidente virou uma pequena parte da história do mundo pós-11/9. A verdade completa nunca foi revelada.

Assim começou minha longa amizade com Annan.

Com o tempo, Annan e eu exercitamos praticamente todos os princípios incorporados na crença e no poder de um longo relacionamento.

A maioria desses indícios é bastante frequente no local de trabalho, geralmente envolvem funcionários e supervisores imediatos, mas também ocorrem entre funcionários.

Em última análise, *confiança é confiança*, seja entre pessoas, seja entre nações, mas seus princípios básicos são universais.

Os indícios a seguir são transferíveis e amplamente aplicáveis, porque cada um reflete a força que motiva todas as teorias válidas na ciência da análise comportamental: a natureza humana.

DEZ INDÍCIOS POSITIVOS PARA A PERCEPÇÃO DA LONGEVIDADE EM UM RELACIONAMENTO

1. As pessoas o convidam regularmente a participar dos seus próprios objetivos de longo prazo. É um sinal significativo de que não apenas o querem por um longo tempo, mas também confiam o futuro delas a você.

Uma situação que indica dois sinais de uma só vez: o investimento e a percepção de um longo relacionamento, ambos envoltos por um vínculo de ação positiva.

O processo se assemelha a uma parceria, embora nem sempre seja uma parceria igual. Tanto faz: o tempo é o indício mais importante.

2. As pessoas sempre escolhem estabelecer e expandir tradições centradas no relacionamento entre você e elas. As tradições envolvem praticamente qualquer coisa, de um restaurante a um uísque favorito, mas a premissa ou o ambiente devem refletir a natureza do seu vínculo com elas.

Esses momentos especiais podem ser perfeitos para você expressar seus sentimentos sobre a importância dessas pessoas em sua vida.

Esses eventos refletem ações e emoções positivas, geralmente expressas por meio da comunicação não verbal, incluindo contato visual intenso, expressões faciais de animação e sensação de energia.

3. As pessoas quase sempre se entusiasmam ao incluí-lo na esfera de influência delas. Esse é um indício de ouro, porque lhe mostra, e também às outras pessoas, que você é membro de um círculo, mesmo que seja um grande círculo que inclua pessoas com vários níveis de intimidade e poder.

Uma demonstração genuína de entusiasmo é de vital importância por refletir não apenas uma ação positiva, mas também uma emoção positiva, tipicamente conduzida pela dopamina e outros neurotransmissores que causam boas sensações. Reitero, essas emoções são normalmente expressas por meio da comunicação não verbal, incluindo contato visual intenso, expressões faciais de animação e sensação de energia.

4. As pessoas o veem como alguém difícil de ser substituído. Comemore: muitos fazem de tudo para ser insubstituíveis, mas não conseguem.

Isso com frequência ocorre porque as pessoas estão em uma posição que pode ser ocupada por alguém altamente qualificado, embora às vezes aconteça porque os supervisores, por razões próprias, não querem que elas conquistem a recompensa da longevidade.

Se você se sobressai continuamente e se sacrifica sem obter recompensa, está trabalhando para alguém em quem não deve confiar, mesmo que seja agradável e encantador. No entanto, se o supervisor reconhece em você um valor especial e encontra maneiras de aprimorá-lo, você pode ter certeza de que ele age de acordo com os seus melhores interesses.

5. As pessoas periodicamente o promovem, fazem elogios ou reconhecem seu trabalho. Mesmo que as vantagens sejam relativamente poucas, elas significam que você foi notado e valorizado, o que quase sempre é um forte sinal de segurança no emprego em um futuro próximo. Também indica que, se você cometer um erro significativo, provavelmente não perderá o emprego.

O reconhecimento comunica às outras pessoas que você está indo bem, o que constrói respeito, consideração e cooperação de maneira crescente.

Toda essa boa vontade reforça a longevidade, e esta aprimora a boa vontade.

6. As pessoas lhe oferecem vantagens e benefícios condizentes com um relacionamento de longo prazo. Isso pode incluir a alteração de seu horário conforme necessário, porque confiam em você para realizar o trabalho. Também pode incluir suas próprias opções de decoração de escritório, uma programação de férias generosa ou benefícios de nível superior. Mesmo que você não receba um salário alto, esses indícios ainda demonstram que os chefes planejam tê-lo por perto durante muito tempo.

As pessoas para quem você trabalha expressam desejo de mantê-lo no emprego por meio da única coisa mais poderosa do que palavras: ação.

Às vezes, isso acontece quando você é contratado, com certeza um excelente sinal de segurança; às vezes, e ainda melhor, funciona como uma recompensa pela conquista.

De qualquer forma, a situação permite a você descontrair-se quanto a impressionar as pessoas, o que lhe possibilitará desfrutar dessa característica extremamente valiosa que é a criatividade, qualidade quase sempre inibida pela insegurança.

7. As pessoas o incentivam a participar de seminários, conferências, treinamentos ou aulas em cursos superiores. Isso é especialmente revelador se tais eventos forem considerados parte do trabalho e se as despesas forem cobertas pela empresa.

Essa situação quase nunca se estende àqueles que não esperam alcançar a longevidade. Quando as pessoas com poder participam ativamente da ampliação de suas competências e de seus conhecimentos, acabam gerando segurança, mas também o tornam mais valioso para elas e mais valioso para os concorrentes, o que ajuda a atrair o diferencial de poder para sua direção.

Não hesite em enviar um bilhete agradecendo. (Sua mãe estava certa sobre boas maneiras.)

8. As pessoas o incluem em atividades sociais relacionadas ao trabalho. Esse contexto denota que o valorizam plenamente e desejam que outros associados o conheçam. Ambos os fatores influenciam a longevidade.

Quando alguém pensa em você como uma pessoa, e não como mera peça de uma engrenagem maior, será mais paciente com os problemas que surgirem. Quando alguém sabe que outras pessoas na organização o consideram amigo, você será ainda mais respeitado.

Se algumas das atividades vierem sobretudo de pessoas superiores na hierarquia profissional, tal indício será ainda mais relevante, e você evoluirá de um funcionário comum para "um membro da família". Em locais de trabalho relativamente pequenos, esse indício relativamente comum se torna um requisito para relacionamentos e empregos de longo prazo.

9. As pessoas costumam dizer "nós" em vez de "você" ou "eu". Quando isso ocorre durante reuniões sobre objetivos de longo prazo ou sobre o futuro da organização temos a pura essência do vínculo verbal!

Algumas pessoas usam pronomes que indicam inclusão apenas por educação; por essa razão, observe a quem elas se referem dessa maneira e que outras expressões usam para indicar que você faz parte do futuro delas.

Outra pista ocorre quando alguém muda gradualmente de "eu" para "nós" por um longo período, durante o qual o relacionamento se aprofundou e resistiu ao teste do tempo.

Assim como em muitos outros elementos que criam confiança, tente liderar o caminho ao dizer "nós". Como sempre, uma das maneiras mais seguras de encontrar uma pessoa confiável é confiar nela.

10. As pessoas parecem nunca lhe dar valor. Há um aspecto sombrio da longevidade: quando você trabalha muito bem por muito tempo, as pessoas presumem que suas funções são fáceis.

Isso é tão dolorosamente comum que somos todos culpados de pensar assim de tempos em tempos, ainda que quase nunca por arrogância ou falta de reconhecimento. É uma lei da natureza humana que ninguém pode nos entender completamente além de nós, e às vezes até *nós* mesmos falhamos nisso.

Mesmo sofrendo sozinhos, sobrevivemos juntos.

Portanto, caso encontre uma pessoa que age como se cada coisa que você faça pareça bem-sucedida, superando todas as expectativas, confie a ela o seu futuro.

A maioria desses indícios, ou os equivalentes a eles, surgiu no meu último contato físico com Annan, em 2018. Como no capítulo anterior, ajudarei o leitor a identificá-los, observando os números que designei para cada um.

Janeiro de 2018
Momentos finais

Annan finalmente se tornou minha fonte humana confiável mais antiga e um dos meus melhores e mais longevos amigos. Algumas culturas empresariais assumem uma postura ambivalente quanto aos vínculos emocionais entre colegas de trabalho, temendo que comprometam seu discernimento e confundam as hierarquias. Porém, conheço poucas coisas mais satisfatórias do que mesclar duas das forças mais poderosas da vida: amizade e trabalho, sem dúvida uma dupla vivência de intimidade. Apenas a família rivaliza com essa experiência, pois também combina a sobrevivência com o impulso primordial do amor.

Para que esses dois tipos de interação sejam bem-sucedidos, o relacionamento entre os envolvidos deve ser saudável e significativo. A natureza ambivalente desse tipo de relacionamento não possibilita uma margem de erro relevante.

Então, em 2018, quando Annan me ligou e disse que precisava desesperadamente de ajuda, imediatamente afirmei que faria tudo o que pudesse, mesmo antes de ele me contar o problema. Acho uma atitude apropriada entre aqueles mais próximos, porque nos eleva ao mais alto nível de consideração pessoal e profissional.

Se o que lhe foi pedido é algo que você simplesmente não consegue fazer, o que é raro, considerando-se que as pessoas próximas já sabem o que você pode ou não fazer, quase sempre haverá compreensão da outra parte.

— Um amigo meu — disse Annan — está sendo difamado pela imprensa por causa do tiroteio em massa. — Como qualquer outra pessoa que assistiu às notícias naquele dia, eu conhecia a história. Fora horrível. — Peço-lhe ajuda — continuou Annan. — Mas, se você não conseguir, entenderei (indício positivo # 10).

— Vou ajudar. Com certeza. Agora. — Eu planejava verificar a idoneidade do relato de Annan — *Doveryai no Proveryai* —, mas tinha quase certeza, depois de dezessete anos de relacionamento, da legitimidade de seu pedido.

Ele me contou que seu amigo era pai de um jovem que acabara de cometer um dos piores atentados da história dos EUA, mas o FBI também estava investigando o pai, amigo de Annan, cujo computador fora usado pelo atirador para contatar extremistas religiosos. A mídia havia descoberto a investigação e o pai, já destroçado pela tragédia, tornara-se fonte de especulações que ameaçavam assombrá-lo para sempre, mesmo depois de provar sua inocência.

— Encontre-me em duas horas — eu disse a Annan.

Não precisava lhe dizer onde, porque nos encontrávamos havia muitos anos no mesmo restaurante, o que refletia a etnicidade de meu amigo. Até pedíamos o mesmo chá rosa que bebemos em 2002, única homenagem a um acordo de paz que talvez não tivesse ocorrido se Annan não houvesse sido tão corajoso naquele momento terrível (indício positivo # 2).

Liguei imediatamente para um colega do FBI que trabalhava no escritório que estava cobrindo o caso e compartilhei minhas informações com ele, confiando que faria um trabalho sólido por causa de nosso relacionamento passado (indício positivo # 5). Ele me garantiu que largaria tudo e colocaria meu pedido na frente (indício positivo # 6).

A ajuda de meu colega e minhas contribuições, combinadas com a investigação do caso, quase imediatamente mudaram o foco da investigação: o pai, de possível suspeito, virou um instrumento útil naquela tragédia.

Esperei Annan do lado de fora do restaurante, em um local privado, ciente de que as boas notícias mexeriam com as suas emoções.

E aconteceu. Ele me abraçou, incapaz, naquele momento, de dizer qualquer coisa.

Dei-lhe um momento de privacidade para que telefonasse ao amigo. Entramos no restaurante aliviados, flutuando em nossa camaradagem.

Annan, que se preparava para voltar a sua terra natal, muito mais segura agora, me presenteou com nossa foto emoldurada, um registro dos velhos tempos (indício positivo # 6). Nós a encaramos por um longo momento, em silêncio, cada um provavelmente pensando coisas diferentes, mas sentindo-se da mesma maneira.

E então veio a parte mais difícil. Annan já me pedira que investisse em sua recém-criada empresa, mas naquele momento precisei recusar. Apesar da oferta generosa (indício positivo # 5), questões éticas relacionadas ao meu trabalho inviabilizavam o pedido. Em seguida, ele mencionou que, como em breve eu me aposentaria do

FBI, manteria a oferta em aberto: "Poderemos retomá-la então" (indício positivo # 9).

Em retribuição à sinceridade de Annan, senti-me obrigado a lhe confessar meu receio de que os negócios dele não funcionassem. Temia que seu otimismo natural, uma parte importante de sua coragem, acabasse comprometendo a empresa (e comprometeu, levando-o a perder sua nova casa).

Annan aceitou minha recusa com naturalidade, mas eu sabia que ele estava decepcionado. Fitei-o, estendi minha mão e disse:

— Sinto muito. — Isso mais do que bastava entre velhos amigos.

Sabíamos que esse negócio envolvia uma situação diferente daquela que nos unira, e nós dois aprendemos ao longo dos anos que a confiança e a parceria sempre devem ser ofertadas *em todo o seu contexto*: a interseção entre a pessoa e a situação.

Ambas têm de estar certas. E é muito difícil manter um relacionamento pessoal em situações de negócios, pois elas mudam com muito mais frequência do que as pessoas.

Foi triste vê-lo partir. Eu sentiria falta de trabalhar com Annan, ainda que meu papel naquela época estivesse mudando. Mesmo depois da aposentadoria, estava certo de que ainda trabalharia muito em nome da segurança nacional, às vezes com contatos antigos, e em algum momento poderíamos nos reencontrar.

Porém, quando isso acontecesse, eu passaria o trabalho para os outros, permitindo-*lhes* tomar as decisões críticas. Seria diferente. O elemento mais constante da vida é a mudança. Não pode ser evitada.

Entretanto, pode ser lamentada, ou pelo menos memorizada.

Assim que nos separamos, sabíamos que muitas de nossas recordações das dificuldades compartilhadas, que às vezes, em momentos de turbulência histórica, exigiam muita coragem, acabariam desaparecendo e se tornariam instantes de glória quase esquecida, e nunca mais retornariam.

— Você vem para a minha festa de aposentadoria? — perguntei a ele.

— Claro! É a minha também (indício positivo # 4).

— Será bom rever sua família. Faz semanas já.

Com o estresse de meu amigo minimizado, uma nova realidade pesava sobre nós: em breve estaríamos em continentes diferentes, assim como nossas esposas e nossos filhos, todos unidos antes.

— Obrigado pelo que fez hoje — agradeceu ele, enquanto nos preparávamos para sair e cumprir nossas obrigações, todas elas fadadas a permanecer anônimas.

— Obrigado por todos esses anos de serviço. Para o meu país — retruquei.

— Para o *nosso* país. E para *você* — ele comentou.

Observei-o ir embora.

Agentes não se exaltam. Mas certamente ficam com os olhos cheios de lágrimas de vez em quando.

RELATÓRIO

CAPÍTULO 4 – Faça o tempo valer a pena

Sinal # 2: Longevidade

Citação-chave: "Quando alguém pensa que manterá um longo relacionamento conosco, geralmente nos tratará bem, porque sabe que acabará enfrentando consequências — boas ou más –, algumas das quais talvez se prolonguem por anos".

Mensagem-chave: Prever com precisão o comportamento das pessoas quase sempre depende tanto de suas circunstâncias atuais quanto de seu caráter, de suas ações passadas ou mesmo de suas intenções. A percepção de por quanto tempo manterão interações próximas e frequentes conosco é um prenúncio fundamental.

AS LIÇÕES

1. Tempo: O elemento mais problemático de encontrar pessoas que pensam que ficarão conosco por muito tempo é que *normalmente levamos muito tempo*. Mas essa percepção pode ser alterada por meio de várias técnicas comportamentais.

2. Primazia: Esse é o termo usado pelo FBI para denominar a difícil qualidade de "confiança instantânea", em outras palavras, a transferência de expectativa de comportamentos positivos de uma pessoa para outra por meio de um conhecimento mútuo. Esse processo também é chamado de "transferência de confiança".

3. **Liderança pelo exemplo**: Muitas vezes, é possível prever que as pessoas se comportarão de maneira honrosa e gentil se antes nos comportarmos assim. Isso pode acelerar bastante o processo, aprimorando a percepção da duração. A abordagem sábia e cautelosa implica oferecer às pessoas coisas de valor emocional e prático, como confidencialidade ou recursos não materiais para suas prioridades.

Código de confiança: um sistema para inspirar a confiança nos outros

1. **Detenha seu ego**. Você não é o centro do mundo. Nunca. Quanto mais pensar que é, menos será.

2. **Legitime as pessoas**. Descubra quem elas são e por que agem de determinadas maneiras. Elas se abrirão, e você conhecerá coisas de que gostará.

3. **Não julgue**. Isso não quer dizer que você aprove, mas sim que você compreende. Exatamente o que as pessoas mais querem.

4. **Seja razoável**. Atenha-se firmemente à realidade e ao realismo. Nunca chegará a lugar algum se não for autêntico.

5. Seja generoso. Quando você constrói parcerias em que todos os lados ganham, é evidente que você também sempre ganhará.

Dez indícios positivos para a percepção da longevidade em um relacionamento

1. As pessoas solicitam sua participação em seus objetivos de longo prazo.
2. Prestam atenção aos costumes que o levam em consideração.
3. Sentem-se entusiasmadas ao incluí-lo.
4. Posicionam-no como alguém cuja substituição seria difícil.
5. Oferecem-lhe periodicamente recompensas, incluindo promoções.
6. Recompensam-no com vantagens que sugerem um relacionamento de longo prazo.
7. Incentivam-no a expandir seu treinamento.
8. Convidam-no a fazer parte de atividades sociais.
9. Costumam dizer "nós" em vez de "eu" ou "você".
10. Nunca parecem menosprezá-lo.

Dez indícios negativos para a percepção da longevidade em um relacionamento

1. As pessoas esquecem o seu nome e parecem não se importar com isso.
2. Não mencionam a renovação do seu contrato temporário.
3. Não tentam se conectar com você em um nível pessoal.
4. Você é o último a saber dos problemas importantes.

5. Não lhe perguntam quais são suas metas de longo prazo.
6. Não o incluem em eventos sociais relacionados ao trabalho.
7. São grosseiras com você.
8. Rejeitam ofertas feitas por você de ampliar suas responsabilidades.
9. Parece que existem "panelinhas" ou "grupos exclusivos" que não julgam sua presença bem-vinda.
10. Falam sobre o futuro, mas nunca mencionam você.

5

SAIBA COM QUEM CONTAR

Sinal # 3: Confiabilidade

A pessoa pode fazer o que prometeu? E será que fará?

Agosto de 2018
Sudeste dos Estados Unidos

Os Estados Unidos viviam dias de ameaça de uma nova arma de destruição em massa, e participei de uma das primeiras forças-tarefas do FBI a enfrentá-la.

Como nosso líder de equipe convocou a reunião inicial, peguei meu tablet para registrar as informações mais importantes, faminto pelos conhecimentos dele sobre esse perigo. O homem tinha uma reputação de genialidade e parecia cordial e receptivo, consequentemente, não encontrei nenhuma razão para não confiar nele nessa tarefa difícil. Além disso, é óbvio que o sujeito contava com a confiança de seus supervisores, e então resolvi que também o faria, em uma transferência racional e objetiva de confiança.

Minha disposição de confiar no cara, a quem chamarei de George, também foi reforçada pela aparente presença de três dos seis sinais para a previsão de comportamento. Os padrões que demonstrou referentes a competência e diligência eram estelares (sinal # 3: Confiabilidade), e preocupava-se com o sucesso das pessoas com quem trabalhava (sinal # 1: Investimento). Além disso, devido à gravidade da situação, parecia que ficaríamos conectados por um longo tempo (sinal # 2: Longevidade).

Então, eu dispunha de informações suficientes sobre George para gostar dele e respeitá-lo, mas ainda não para confiar totalmente a ele a segurança nacional dos Estados Unidos. Alguém no comando de um projeto desse tipo precisava ser absolutamente *confiável*, uma qualidade, como já mencionei, que consiste sobretudo em *competência* e *diligência*.

Apesar do resíduo de dúvida sobre George, eu me senti otimista e receptivo, atitudes presentes na maioria dos meus melhores relacionamentos. Muitas pessoas, é claro, começam do outro lado do espectro da confiança, mas, caso sejamos pessimistas e cautelosos, as pessoas geralmente sentem, e reagem devolvendo na mesma moeda. Assim, oportunidades valiosas morrem na praia. Mesmo a neutralidade em relação a alguém pode, por assim dizer, aprisioná-lo em ponto morto.

Pessoas de vários departamentos compunham a força-tarefa, então começamos a nos apresentar rapidamente, em cinco minutos, concentrando-nos sobretudo no treinamento que nos levara ali. Quando chegou a vez de George, ele se levantou com um olhar de confiança tranquila e centrou-se na linguagem corporal retilínea de um homem poderoso que enfrentava um desafio importante. Suas primeiras palavras, refletindo a confirmação da missão que ele criou, chamaram a atenção de todos.

— Estamos diante de uma arma de destruição em massa do futuro — entoou —, e nossa missão é entendê-la, confiná-la, controlá-la e eliminá-la. Se o fizermos, a História se lembrará deste momento. Caso contrário, Deus nos ajude.

Todos nos sentamos um pouco mais eretos, e George pareceu gostar do efeito de suas palavras sobre nós.

Olhando para as fichas com a "colinha" em sua mão, ele contou a história de como fora designado para tal posição. Em seguida, abordou seus mais importantes êxitos. Então, larguei meu tablet e esperei que ele nos apresentasse nossa agenda de ação. Mas saiu pela tangente e começou a falar sobre arrecadar fundos, criar processos e cumprir os requisitos burocráticos.

Isso me fez pensar. George vendera sua fala de modo intenso e estimulante, mas agora tudo *caía por terra* com um mar de digressões lançado com a mesma veracidade. Alguns dos agentes estavam à deriva em meio a tantos olhares distantes, no entanto, considerei toda aquela falação apenas um sinal negativo de nervosismo na primeira reunião.

Consegui manter o foco, ainda que precisasse muito de um café. O problema era que não podíamos colocar comida ou bebida sobre nossa elegante mesa de conferência feita de madeira de lei, construída de acordo com as linhas de um porta-avião. É isso que a administração pública significa para você, certo? Muito alarde em torno de uma mesa e confiança nos agentes para impedirem a destruição em massa, mas não para manter a mesa limpa?

Espiei meu relógio. *Ah, merda.* Quarenta minutos haviam se passado e George ainda contava a história de sua vida. O dia já pairava sombrio, com nuvens baixas, e as persianas estavam fechadas, como acontece em todos os nossos edifícios, o tempo todo; mesmo assim, maravilhei-me com o fato de a prevenção da destruição em massa ser reduzida a um trabalho burocrático tão monótono que me levava a avaliar o dia pelo clima.

Sem dúvida, um indício ruim, pois, em situações de grupo, as pessoas só acreditam na competência de alguém se ela for de fato comunicada. Faz parte do pacote, e já vi a situação inversa matar projetos importantes.

Enquanto George continuava a falar naquela voz monótona, ficou claro que ele era muito mais adepto da tecnologia do que das pessoas, algo compreensível pois trabalhava no setor de investigação do FBI, muito voltado à tecnologia. No meu ramo, operações, as pessoas representam a força motriz. Encontramos fontes humanas confiáveis e as inserimos em projetos, que são, de fato, os produtos que anunciamos, comercializamos e vendemos aos supervisores.

A especialidade de George, com a qual raramente lidei, era uma área chamada Abas e Selos: um setor de vigilância que inclui a abertura secreta de envelopes e pacotes suspeitos e de possíveis ameaças estrangeiras, por meio do uso de uma variedade de tecnologias. Associa-se a uma seção conhecida como Cadeados, Cliques e Acessos, um ramo da contraespionagem do FBI responsável por missões que exigem entradas clandestinas em prédios e salas, conhecidas como operações de "malas negras", para encontrar evidências, desativar dispositivos de criptografia e instalar equipamentos de vigilância, alguns dos quais muito interessantes, como drones minúsculos, parecidos com insetos, capazes de fazer gravações de áudio e vídeo, chamados insetópteros. Porém, nada disso tinha muito a ver com pessoas.

Mas digo o seguinte àqueles que amam tecnologia: eles sempre tiveram brinquedos muito melhores do que nós.

À medida que o relógio avançava e meu estômago roncava, tornava-me menos receptivo a George, que continuava na mesma toada, mas agora usando um certo tom de pregação. Informação irrelevante já é ruim, mas informação irrelevante sendo passada em formato de *sermão* é imperdoável, ainda que extremamente comum.

Eu não me sentia feliz. Mas e daí? Se o objetivo do meu trabalho fosse me fazer feliz, eu não seria pago por ele.

Além disso, estava no epicentro da reação dos EUA a uma arma do futuro que mudaria o jogo – arma essa que, um tanto ironicamente, eram drones. Como muitas pessoas, eu não tinha pensado neles como uma ameaça emergente, mas um dos meus supervisores de campo, Doug Wellborne, acabou com essa ideia.

Doug, ciente de que eu era um piloto licenciado, me chamou até o escritório dele e me disse que o uso de drones em atividades criminosas e terroristas crescia exponencialmente e que uma força-tarefa estava sendo organizada para lidar com essa ameaça, a começar pelo planejamento de uma conferência que reuniria as melhores mentes no campo de veículos aéreos não tripulados, ou VANTs.

Ouvi com atenção as explicações de Doug, porque se assemelhavam a ganhar na loteria: um grande chefe, totalmente centrado na missão. Ele era sempre confiável, com uma personalidade que exalava competência e diligência. Quando as pessoas acumulam tantas qualidades quanto Doug, torna-se quase impossível *não* confiar nelas.

A confiabilidade a toda prova é mesmo um superpoder. Pessoas confiáveis e honestas são tão bem-sucedidas que seus chefes automaticamente as escolhem para os trabalhos mais importantes, desviando o olhar quando estão procurando elos fracos, alguém para culpar ou uma vítima para demitir.

Como ocorre com quase todas as pessoas competentes e diligentes, a confiabilidade de Doug em campo, livre de supervisão e escrutínio, invariavelmente fazia com que as regras do jogo pendessem a seu favor. Ele estava tão habituado ao sucesso que acreditava que tudo que houvesse no reino das possibilidades poderia ser alcançado, caso fosse tentado com os esforços e habilidades necessários. Doug me lembrava um coronel incrível com quem convivi nos fuzileiros navais, um homem cujo lema era: *Nunca me diga não. Apenas me diga o que isso vai me custar.*

Doug era especialista em armas de destruição em massa e, como a outros caras dessa área na era pós-moderna do "menos é mais", que começou depois que os Estados Unidos falharam em pacificar o Oriente Médio, o espectro dos drones o assustava muito. Nas mãos erradas, eles tinham o potencial de aterrorizar e controlar populações inteiras, com um investimento muito limitado e uma tensão apavorante.

Drones de até sete metros já haviam sido usados extensivamente pelos EUA na guerra contra o terror, e nossos VANTs tinham matado cerca de 2.500 pessoas.

No entanto, a China é o maior fabricante de drones do mundo, e o uso de seus VANTs avançava no Oriente Médio. O Estado Islâmico e a Al-Qaeda não possuíam os drones de última geração que os Estados Unidos empregam, mas os terroristas agiam com muita eficácia com seus modelos rudimentares, sobretudo em grandes formações com várias unidades, todas carregadas com munições do tamanho de granadas. Esses drones eram tão eficientes quanto as bombas artesanais armadas em estradas, os dispositivos explosivos improvisados chamados IEDs, que mataram e mutilaram tantos soldados nas guerras do Iraque e do Afeganistão. Para os terroristas, os drones se tornaram IEDs com asas. Pra piorar, havia uma crescente especulação na imprensa de que o Estado Islâmico e a Al-Qaeda estavam planejando ataques de VANTs no território continental dos EUA, usando para isso grandes cargas de material químico, biológico ou radiológico.

Em um cenário conhecido como "queda de balão", um enxame de drones é capaz de descer em um estádio aberto ou sobre qualquer multidão carregado de armas de fogo, granadas de mão ou agentes ultratóxicos, incluindo ricina, um veneno mortal. Drones maiores podem ser usados para transportar bombas, incluindo as "bombas sujas", que espalham material radioativo.

Os drones também tornaram bandidos pé de chinelo tão perigosos quanto terroristas. O crime organizado prosperava não apenas porque podia comprar seus drones em qualquer loja especializada, mas também por ter acesso aos VANTs, que custavam de 30 mil a 50 mil dólares. Para os cartéis, isso não passa de trocados. Mas, depois da primeira reunião com George, percebi que precisaria lhe oferecer muitos dos meus instrumentos de conhecimento. Ele estava atuando fora de sua zona de conforto e, assim, necessitava desesperadamente de uma dose da empoderadora confiança.

Com aproximadamente o mesmo tempo de carreira de George, eu poderia ter solicitado uma mudança na liderança da equipe ou tentado assumir a operação sozinho. Mas um dos ingredientes mais irônicos do poder é o fato de ele crescer mais rápido quando você não se importa de tê-lo, por isso, não tive problemas em deixar George parecer um astro do rock, se é que ele estava à altura desse papel.

Avaliando a situação pelo lado positivo, eu agora tinha um ótimo motivo para obter um certificado de piloto de drone e gastar 1.500 dólares do meu próprio dinheiro em um drone DJI Phantom 4: um modelo que alguns dos vilões já estavam usando.

Eu iria para o parque com meu filho e voar um pouco. Naquela onda de antecipação, alimentada também pela satisfação que eu experimentava ao dominar uma nova tecnologia, senti como se tivesse dado o primeiro passo para compreender George. Ele era apenas um especialista em tecnologia com um bom coração.

O poder da confiabilidade

Em muitas situações, confiabilidade é praticamente sinônimo de confiança.

Você pode amar alguém de todo o coração e confiar a essa pessoa os seus segredos mais profundos, mas há muitas áreas nas quais confiar nessa mesma pessoa seria não só impossível como também insano. Nunca confiaríamos em um piloto de avião para realizar uma cirurgia neurológica, ou em um cirurgião para pilotar um jato. Sempre se desconfia mais das pessoas do que se confia nelas.

Portanto, seja verdadeiro. Você deve isso a si mesmo e às pessoas a quem poupa dos trabalhos de que não dão conta. E não negligencie a necessidade tanto da competência *quanto* da diligência.

Todos gostaríamos de poder contar com pessoas que sejam competentes, mas não diligentes, ou diligentes, mas não competentes. Mas não podemos, não no mundo real – este é o único que existe.

COMPETÊNCIA

Durante os séculos em que a agricultura e a manufatura dominavam as demandas de sobrevivência humana, avaliar a confiabilidade era em geral tão fácil que se tornou uma questão secundária na economia americana. Simplesmente se agia assim. Mas, na era da informação, os gerentes são ludibriados, quase sempre em graus desastrosos, em função de a internet fornecer vários mecanismos para fraudar e manipular a informação.

Por causa disso, o gerenciamento de competências recentemente se tornou uma especialidade, em geral incorporada na análise de recursos humanos. Infelizmente, porém, quando se criam novas formas de verificação da realidade, as pessoas encontram maneiras de subvertê-las.

Esse problema amplia a importância do conhecimento de informações relacionadas à competência e à diligência. As pessoas ainda mentirão para nós, mas com frequência saberemos quando o fizerem.

Conclusão: Espere competência, mas mergulhe fundo para descobrir quem está sendo falso. Se encontrar incompetência, verifique se ela pode ser remediada ou se as pessoas estão alocadas às tarefas que são capazes de concluir. Se você não possui uma equipe de gerenciamento de competências, ou pelo menos uma pessoa na área, encontre uma.

Há também um fator clássico e inalterado em jogo: a chamada "maldição da competência". Algumas pessoas são punidas por sua competência, sabotadas por colegas de trabalho menos competentes ou que delegam os seus próprios trabalhos a elas.

É necessário verificar a competência antes que alguém seja contratado, mas a precisão do processo de contratação convencional, baseado em análise de currículos, entrevistas, testes e verificações de referência, já há muito tempo é supervalorizada.

Quase todos os candidatos apresentam seu nível de competência da maneira mais enfeitada possível, e muitos o exageram inadvertidamente, devido à falta de autocrítica ou à crença de que aprenderão a tarefa no próprio trabalho.

Os currículos com frequência também distorcem a competência, pois os empregadores anteriores tendem a avaliar generosamente o funcionário, às vezes como uma maneira de amenizar o golpe da demissão, às vezes para sua própria conveniência.

Também com frequência, gerentes altamente qualificados responsáveis pelo processo de contratação subestimam os candidatos, devido à suposição falsa e excessivamente otimista de que os seus próprios níveis de competência são comuns ou, pelo menos, atingíveis.

O efeito de rede: Competência, uma qualidade que deve ser determinada com facilidade, de maneira racional e objetiva, tornou-se um concurso de popularidade subjetiva e irracional quando avaliada apenas pelos métodos convencionais, hoje superados.

Competência não envolve apenas um problema de negócios. No brilho inicial da amizade, algumas pessoas esquecem que seus relacionamentos exigem um grau de competência mútua simplesmente como elemento de sobrevivência em uma sociedade sobrecarregada e complexa, onde o tempo livre tem fator de soma zero.

Os casamentos dependem ainda mais da competência do que as amizades, em virtude de incluírem, na maioria das vezes, um grau significativo de parceria nas questões práticas de finanças, trabalho doméstico, assistência infantil, administração do tempo, atividades sociais, questões legais, ética e objetivos. A maior parte da literatura comportamental sobre as causas dos problemas conjugais aborda razões relacionadas à competência e ao amor.

Como regra, se as pessoas são competentes nos casamentos e nas relações sociais, também tendem à competência profissional. Em parte por isso, um dos mais expressivos indícios de competência nos relacionamentos pessoais e profissionais é questionar as pessoas sobre várias áreas da sua vida — filhos, cônjuges, profissões, realizações e amizades. Talvez surjam perguntas relativamente vagas, do tipo "Teste de Rorschach", juntamente com frases como: "Conte-me alguns dos desafios *pessoais* que você enfrentou". Se as pessoas começarem a compartilhar seus pensamentos sem autoconsciência e com total transparência, é muito mais provável que sejam honestas e precisas quanto à própria competência profissional.

Se reagirem com respostas vagas ou defensivas, talvez estejam exagerando as capacidades de competência no trabalho.

Quando estou explorando as pessoas em busca de competências, procuro *coerência* e *congruência*: coerência nas respostas quando faço a mesma pergunta de duas maneiras diferentes e congruência entre todas as respostas, incluindo aquelas que parecem não ter relação com o que está sendo feito.

Embora a falta de competência signifique desrespeito à maioria das questões de confiança, a competência sem diligência pode ser ainda mais insidiosa, pois talvez pegue a pessoa desprevenida. Ser capaz de fazer algo não é a mesma coisa de realmente fazê-lo. Portanto, um dos erros na equação da confiabilidade é o fato de pessoas muito competentes costumarem enfrentar a onda de suas habilidades brutas, considerando a diligência o triste escopo das abelhas operárias, que chegam ao final de um projeto apenas para amarrar pontas soltas e limpar a desordem.

Nessa situação, ninguém vence, e poderão ocorrer disputas desenfreadas. Esse é o lado sombrio da competência.

DILIGÊNCIA

Nós, seres humanos, somos como o *Titanic*: navios muito grandes com lemes muito pequenos. Todos tentamos seguir um percurso em linha reta, mas normalmente enfrentamos mais movimentos para frente do que orientações seguras e constantes.

A diligência é um dos nossos principais lemes. Ela nos guia nos momentos de dúvida, corrige o curso quando saímos da rota e contribui tremendamente para a previsibilidade que a confiabilidade cria e reflete.

A diligência consiste, sobretudo, em qualidades específicas e essenciais de caráter:

- **Persistência**. Não há uma maneira fácil de se fazer um trabalho árduo.
- **Motivação**. A obra de sua vida, se feita com o coração, permanece viva mesmo após a sua morte e pode viajar o mundo, carregando consigo uma parte do seu coração.

- **Profundidade**. Caso seja impossível concluir, não se deve nem começar.
- **Atenção aos detalhes**. Ninguém está disposto a limpar sua sujeira. Nem mesmo sua mãe.
- **Ética de trabalho impecável**. O trabalho é o grande equalizador: exalta o humilde e humilha o exaltado.
- **Senso de autorresponsabilidade em todas as tarefas, não importa se pareçam insignificantes ou aparentemente não relacionadas**. Chamam essa qualidade de diligência necessária porque não é opcional.
- **Consideração pelos outros**. O que dá a medida da verdade do seu amor não é o que você sente, mas o que você *faz*.

A diligência é quase sempre mais importante do que a competência, porque, quando as pessoas diligentes não são competentes na tarefa atribuída a elas, talvez seja possível transferi-las para outra atividade. Além disso, quando as pessoas são competentes, mas nem sempre, o que é muito comum, a diligência pode capacitá-las a alcançar plena competência.

Na maioria das vezes, é mais fácil para as pessoas diligentes superarem uma falta de competência do que para as pessoas competentes superarem uma falta de diligência.

Adoro trabalhar com pessoas diligentes, pois sei que os problemas delas não se tornam meus. Trabalham sem fazer drama, não perdem tempo, não permitem que falhas de última hora ocorram, não entram no jogo político do escritório e não se esquivam da responsabilidade.

Quando alguém se revela diligente, é importante demonstrar reconhecimento por essa característica. O entusiasmo relativo das reações dessas pessoas ajudará a avaliar a importância dessa qualidade para elas. Quando se recompensa o trabalho de uma pessoa desse tipo, a reação será efusiva.

A recompensa não precisa ser financeira, na medida em que o principal elemento das pessoas motivadas pelo caráter é o *respeito* sincero e consistente, ainda mais do que o dinheiro. A melhor maneira de recompensá-las é expressando a importância do valor que têm e buscando conhecer seus pensamentos e suas opiniões. Converse com elas em termos de prioridades, valide-as sem julgar, capacite-as com escolhas e invista nos objetivos que apresentarem.

Outra maneira de determinar a diligência relativa de alguém é calcular objetivamente a *falta* dela em pessoas com desempenho ruim. Os pesquisadores afirmam que pelo menos metade de todos os funcionários norte-americanos apenas empurra o trabalho com a barriga. Essa falta de diligência traduz-se em absenteísmo, baixa energia, falta de entusiasmo e pouco comprometimento no trabalho. Desse modo, muitos que *não* são diligentes tendem à quietude e à reserva, não formam vínculos com colegas de trabalho e trabalham de maneira robótica e desapaixonada.

Curiosamente, a maioria dos trabalhadores desmotivados tende a aplicar a mesma mentalidade às atividades de lazer nos fins de semana e depois do trabalho.

Estima-se que cerca de 50% dos trabalhadores estejam constantemente envolvidos no trabalho, 30% apenas parcialmente e 20% não se engajam no que fazem. Em vez de trabalhar, muitas dessas pessoas navegam na internet, fazem compras on-line, socializam, jogam videogame, acompanham as redes sociais, tiram sonecas, falam ao telefone, procuram emprego, comem lanches e bebem.

Esse comportamento custa aos empregadores americanos aproximadamente 2% do nosso produto interno bruto, e as empresas gastam cerca de 20% do salário de uma pessoa não confiável para substituí-la.

Muitas das empresas consultadas me disseram que, como não conseguem recrutar uma força de trabalho ideal, tentam tirar o melhor proveito da que possuem, de acordo com o conselho do guru da motivação Frank Pacetta: "Não desligue empregados; ligue-os à empresa!".

O incentivo às pessoas depende de que você as compreenda. Determine as principais competências delas e faça o possível para reviver a diligência. Um dos métodos mais poderosos para ambas as tarefas é, em um salto de confiança, investir no sucesso alheio. Então — *Doveryai no Proveryai!* —, dê-lhes uma tarefa que estejam aptas a executar e veja se isso acontece. Minimize os riscos, mas permita que trabalhadores sem inspiração experimentem a atmosfera inebriante de um ambiente baseado em confiança. Se eles não conseguem chegar lá, não conseguirão chegar a lugar algum.

Foi o que fiz com George em nosso segundo encontro.

George, o segundo

— Boas notícias! — eu disse a George. — Tenho o cara mais capacitado na área de VANTs para a nossa conferência.

Descrevi a pessoa que tinha em mente, que havia chegado a mim por intermédio de alguém que eu conhecia há mais de vinte anos: um ex-fuzileiro naval, agora CEO de um laboratório de criptografia, que fora um dos recrutas supervisionados por mim durante a semana infernal do campo de treinamento conhecido como "O calvário". Testemunhei os atos altruístas do sujeito ao ajudar os colegas recrutas, e sua diligência, competência e generosidade eram qualidades das quais ainda me lembrava com clareza. Então, fiquei feliz em aceitar a pessoa recomendada por ele, como uma forma de transferência de confiança.

— Entre em contato com ele e veja se pode ser o nosso orador principal — disse George.

— Entendido. Mas acho melhor que *você* faça isso. Você é o líder. Você é quem tem a autoridade. — Ainda não era verdade, mas eu estava tentando fazer com que fosse.

— Deixa comigo! — George disse, os olhos brilhando com o respeito próprio que surge organicamente nas pessoas quando tratadas com confiança.

— E pergunte a ele sobre seus colegas — pedi —, porque está cercado de pessoas que trabalham com drones. Você provavelmente conseguiria preencher toda a sua lista com o pessoal dele.

— Boa ideia! — ele afirmou.

A segunda reunião foi muito melhor do que a primeira. George começou a se conectar com os agentes da força-tarefa, ouvindo mais e falando menos. Quando falava, queria saber o que achávamos, perguntava qual era a nossa opinião. Eu via mais claramente os indícios de confiança.

Algumas pessoas provavelmente pensariam que entregar meu contato minaria minha própria autoridade nessa importante força--tarefa, mas não eu. Liderança é compartilhar o poder, não consolidá-lo, e ser um instrumento para o sucesso de outras pessoas da equipe. Quem não consegue isso navega no mesmo *Titanic* daqueles que querem impressionar os outros dizendo-lhes que são bons.

Na reunião, ainda se falou sobre a mecânica do financiamento e os aspectos técnicos dos sistemas de veículos aéreos não tripulados. Consegui compreendê-los muito melhor do que antes, porque havia participado de uma série de aulas sobre drones, frequentadas sobretudo por jornalistas de emissoras de televisão, que hoje usam drones extensivamente.

Impressionou-me a afinidade de George com a tecnologia. Ele tinha a mente de um cientista, o que provavelmente justificava em parte o fato de falhar com pessoas. Acredito que indivíduos com dons extraordinários em uma área importante do intelecto, como matemática e ciências, com frequência têm déficits correspondentes nas áreas do extremo oposto, que nesse caso seriam as competências sociais e linguísticas.

Meu ponto são as ciências sociais da linguagem e das competências sociais, e, para ser honesto, acho que elas de fato são mais fáceis do que as ciências naturais. Também por essa razão, no ensino superior mudei da engenharia aeroespacial para a ciência política. No entanto, as ciências sociais não são menos *importantes*. Antes de mais nada, para sobreviver e prosperar, as habilidades sociais provavelmente têm mais importância.

As pessoas dizem que a vida não é justa, mas discordo.

O problema são as pessoas. *Nós não* somos justos.

DEZ INDÍCIOS NEGATIVOS PARA CONFIABILIDADE (COMPETÊNCIA MAIS DILIGÊNCIA)

1. Pessoas não confiáveis microgerenciam sem oferecer ajuda real. Como a maioria das informações sobre confiança e desconfiança, também essa situação pode ocorrer entre pessoas de *status* inferior no trabalho ou mesmo superior, ainda que nem sempre seja aparente.

O microgerenciamento costuma ser encarado como um problema entre os gestores, mas os gerenciados muitas vezes mudam de posição, invocando a experiência anterior em tarefas muito específicas.

Independentemente das circunstâncias, o microgerenciamento entorpece o cérebro e mata o espírito das pessoas cuja autonomia está sendo usurpada.

2. Pessoas não confiáveis desaparecem e simulam ser difícil encontrá-las. Isso é muito comum e destrutivo. A desculpa usual para alguém ser de difícil acesso é fingir-se ocupado demais para dar um retorno ao outro. Entretanto, quando bons gestores não têm tempo para dar uma resposta, eles informam o outro imediatamente. Um processo bem rápido e ninguém se sente menosprezado.

Em geral, essa postura não favorece o confronto, porque a pessoa provavelmente não dará uma resposta genuína e transparente. Estamos todos ocupados — ainda que em função dos "negócios", sem relação alguma com "ócio" —, mas aqueles que se escondem por trás dessa desculpa estão procurando maneiras de se distanciar de situações que não entendem.

3. Pessoas não confiáveis têm problemas crônicos de pontualidade. Perdem voos, atrasam-se para tudo, desde o almoço até a conclusão do projeto, e agem como se isso as tornasse muito importantes, e não uma chateação para todo mundo.

Esse comportamento é um indício de incompetência *e* falta de diligência, a sentença de morte da confiabilidade. Os competentes gerenciam o tempo. Os diligentes o gerenciam mesmo quando parece quase impossível. De qualquer forma, pode-se confiar neles para fazer algo.

4. Pessoas não confiáveis buscam o crédito de outras. Elas não têm muita ética no trabalho, senão não precisariam fingir que fizeram o trabalho de outras pessoas. Por exemplo, cerca de cem agentes participaram de alguma maneira do famoso caso de espionagem da *femme fatale* Anna Chapman; conheci dezenas deles, e a maioria tomava quase todo o crédito para si.

Isso acontece em especial entre equipes relativamente pequenas e quando o resto da equipe não está por perto, porque assim há menos pessoas para confrontar.

Algumas agem dessa maneira mesmo depois de concluírem a *própria* tarefa e serem *recompensadas*. São pessoas assustadoras, com uma necessidade compulsiva de furtar. Com efeito, pode-se chamá-las de cleptomaníacas da propriedade intelectual.

5. Pessoas não confiáveis são frequentemente descuidadas com a aparência e a apresentação física.

Isso não se aplica àquelas que acreditam sinceramente que se apresentam de maneira adequada, como um entusiasta de tecnologia que só usa moletom.

Aplica-se, sim, àquelas que nem sequer tentam. É um sinal de desrespeito pelo outro e, mais importante, por si mesmas e pelo trabalho que executam. Elas não acham que estão indo bem, então tornam isso evidente de modo indireto e involuntário. A apresentação desleixada é autodestrutiva, e ninguém quer se tornar um dano colateral.

Tal situação é um indício sutil, pois as pessoas que se comportam assim geralmente *dizem* que são confiáveis e não sabem que, na verdade, estão revelando sua decepção em relação a si mesmas.

Em vez de lidar com essa questão dolorosa de maneira franca, o que as exporia a críticas diretas, elas vão trabalhar com roupas sujas e puídas, falham na higiene, são desorganizadas, bagunçam o escritório, perdem coisas, têm maus hábitos de saúde ou dirigem um carro imundo.

Não é preciso ser Freud para entender que essas deficiências inconscientemente refletem a autopercepção.

Elas *acham* que estão dizendo: "Sou como Einstein, um gênio doidão!".

6. Pessoas não confiáveis dependem de outras para resolver seus problemas. Esse é outro bom exemplo de medo camuflado de arrogância.

As pessoas devem *se* sentir confiáveis e agir de acordo. Isso não significa que todas possam consertar tudo, mas algumas simplesmente não se sentem confiantes ou com energia suficiente para concluir algo por conta própria.

Quando as pessoas não têm autossuficiência, elas tendem a desistir dos problemas sem nem mesmo *tentar* resolvê-los.

Se alguém parece usar demais vários sistemas de suporte, pode ser a ponta de um iceberg de falta de confiabilidade.

7. Pessoas não confiáveis têm dificuldade em aprender novos conceitos. Isso não significa que sejam burras; significa que sua gama de competências é limitada e não fizeram muito para ampliá-la.

O FBI, como a maioria das grandes organizações, oferece treinamento em muitas áreas; portanto, o fato de alguém não possuir várias certificações denota ou que não acredita na própria competência ou que não possui a diligência necessária para se importar com isso.

A maioria das pessoas com uma infinidade de limitações acaba por se limitar, e caso alguém invista o próprio sucesso nelas poderá estar se limitando também.

8. Pessoas não confiáveis não mantêm registros adequados. Isso é um detalhe que muitos gerentes nem sequer percebem, tendo-se em vista que, em nosso mundo de avanços rápidos, os registros formais são frequentemente encarados como coisa antiga.

A manutenção inadequada de registros também cria a possibilidade de alguém estar escondendo coisas.

Um dos aspectos mais prejudiciais desse indício surge em reuniões, conferências e teleconferências, quando as pessoas não fazem anotações. No momento que os danos aparecem, normalmente são atribuídos a muitas questões diferentes ou a outras pessoas.

Boas anotações funcionam como um excelente indício da capacidade e do desejo de alguém de se destacar, pois na maioria das vezes refletem os pensamentos de *outras* pessoas, e não apenas daquelas que falharam nesse sentido.

Anotações malfeitas indicam indiferença aos pensamentos e às opiniões dos que falam e, quando realizadas pessoalmente, podem demonstrar senso de superioridade.

O monstruoso ditador Joseph Stalin era conhecido também pelas abundantes anotações, e apenas muito mais tarde se revelou que a maioria delas não passava de rabiscos.

9. Pessoas não confiáveis estão mais envolvidas no planejamento do que na ação. Apesar de o planejamento ser ótimo, ele representa apenas o começo de um projeto. Óbvio? Não, principalmente entre pessoas com atenção limitada.

Estas quase sempre perdem o interesse em um projeto quando desaparece a aura inicial de excitação. Então querem que outra pessoa faça o trabalho pesado de execução e manutenção.

Quem evita as tarefas rotineiras de um projeto às vezes age como se simplesmente soubesse delegar responsabilidades; no entanto, é mais provável que seja apenas alguém disperso e impulsivo.

Uma dica: as pessoas que se esquivam da responsabilidade normalmente não documentam seu trabalho. Isso dá a elas a chance de se resguardarem da responsabilidade em caso de fracassos.

Quando entrei no FBI, fui encorajado a anotar minhas ações em relatórios regulares à medida que as operações se desenrolavam, sem dúvida a melhor maneira de documentar o sucesso ou o fracasso. O mantra do meu supervisor era: "Se você não anotou, não o fez".

Cultivo esse hábito desde então e insisto que as equipes que gerencio façam o mesmo.

10. Pessoas não confiáveis não levam os próprios erros a sério. Elas tentam escapar da culpa por meio de várias estratégias: culpar os outros, alegar que não foram comunicadas da causa do erro ou dar detalhes muito técnicos para que o erro pareça ter sido inevitável.

Outra reação muito comum é simplesmente minimizar o erro. Se colocam um ponto decimal no lugar errado, e isso custa à empresa milhares de dólares, acham que cometeram nada mais que um erro de digitação, uma pequena perda para uma grande empresa. É comum que as pessoas sejam críticas demais em relação a si mesmas, mas há também aquelas que não são suficientemente críticas.

Pessoas irresponsáveis redefinem seus erros como experiências de aprendizado realmente fortuitas.

Procurei esses indícios negativos em minha avaliação de George. Encontrei alguns, mas também encontrei os positivos, como ele admitir que havia cometido erros.

É sempre bom quando os líderes admitem seus erros, mas é melhor quando não os cometem.

Setembro de 2018
Diante da ação

Por um mês, adorei trabalhar na equipe de drones, da qual me sentia um membro confiável. Para mim, era a combinação perfeita de tecnologia aeronáutica e gerenciamento de mão de obra, duas das minhas zonas de conforto, e na maioria das vezes me pareceu estar diante da ação, movendo-me no meu próprio ritmo, um passo ou dois à frente do tempo real. Foi um período mágico, quase metafísico, um território familiar para pessoas confiáveis, o que é excelente e faz as coisas acontecerem.

No fluxo exuberante desse sentimento, criado por confiança e determinação, você sente que pode vislumbrar realmente o futuro, por um motivo muito prosaico: você ajuda a criá-lo. A maior parte do que você faz parece familiar e previsível, e acolhe-se cada novo dia como um velho amigo.

O poder de se sentir confiável, ampliado exponencialmente pela confiança nas pessoas com quem se trabalha, chega com naturalidade aos melhores gerentes, que transmitem o sentimento à equipe, criando, além de uma cultura de excelência, a adesão às melhores práticas.

Todo esse processo não foi natural para mim; precisei trabalhar muito para conquistá-lo, mas tudo bem, porque, quando sinto que estou criando meu próprio futuro, o trabalho *reabastece* minha energia em vez de drená-la, e boas ideias parecem chegar na hora certa, à medida que meu vigor e senso de realização aumentam.

Sendo assim, eu estava de bom humor quando cheguei ao escritório de George sem avisá-lo. Quase nunca aparecia de surpresa, mas estava com dificuldade de me conectar com ele e queria compartilhar uma ideia: uma maneira prática de ajudar a controlar e prever o uso criminoso de drones domésticos.

Até então, o governo tinha buscado limitar o acesso aos drones atuando em sua cadeia de fornecimento – isto é, nas vendas no varejo –, do mesmo modo que fazia no controle de venda de armas e munições. Mas eu estava pensando no ataque do 11 de Setembro e em como os terroristas haviam passado por treinamento nas escolas de aviação dos EUA. Pouco antes do ataque, um agente do FBI nos alertou sobre esse treinamento, e estávamos nas etapas preliminares de identificar os eventuais sequestradores e de investigar todas as escolas de aviação americanas quanto à possibilidade de terroristas as usarem para fins escusos. Acabamos chegando um passo atrasados.

Por que não fazer do jeito certo desta vez? Por que não entrar em contato com todos os cursos de pilotagem de drones no país e pedir-lhes que denunciassem comportamentos suspeitos? Essa estratégia poderia nos servir como um ponto de reconhecimento viável da interseção entre terroristas e treinamento.

George gostou da ideia, mesmo que, por definição, fosse uma operação conduzida por pessoas. Ele me prometeu que pensaria a respeito depois de se organizar com toda a papelada.

Não vi necessidade de esperar, mas ele era o chefe. Então, deixei a questão de lado e perguntei-lhe sobre o especialista que eu recomendara antes. Como eu conversava com o cara regularmente, sabia que George não o contatara ainda.

— Não se preocupe — respondeu George. — Está sob controle. — Mas eu sabia que não era verdade, e me senti desconfortável. O especialista, além de possuir dois PhDs da Universidade Johns Hopkins, ainda fora um militar a vida toda. Nós *realmente* precisávamos dele, e também de seus colegas, porque George estava encarregado de organizar os palestrantes e não havia mencionado ter encontrado algum.

George tornou-se inquieto e, por meio de sua linguagem corporal, indicou que eu estava me intrometendo demais: olhares rápidos para os papéis na escrivaninha e para o relógio na parede, expressões faciais de impaciência. Mas ele era educado demais para dizer qualquer coisa, a menos que os indícios não verbais passivos-agressivos dissessem algo, e na verdade eles *dizem*.

Então, George mudou o assunto para algumas de suas preocupações logísticas: financiamento, coordenação, cronogramas. Boa jogada: *retirar*-me do jogo. Ele sabia que aqueles detalhes não me diziam respeito.

Eu sentia que ele me via como uma ameaça, como um colega com o mesmo grau de autoridade. Nada bom. A última pessoa que se deve ameaçar é o líder da equipe, pelo motivo óbvio: sua possível expulsão da equipe ou até demissão da companhia, por uma razão estritamente pessoal que nunca será admitida.

Isso acontece cerca de um milhão de vezes por dia nos Estados Unidos, e muitas vezes vejo o comportamento que o medo causa.

Os Estados Unidos são um dos países mais seguros do mundo, mas também um dos mais assustadores. Tanta riqueza se reflete no medo proporcional de perdê-la. Não existe mais um meio-termo nesse país, e o centro, como normalmente se diz, não é capaz de manter-se em pé.

Tenho medo do medo. Pois essa é a *verdadeira* raiz do mal, normalmente personificada nos golpes baixos e dissimulados desferidos no ambiente corporativo, ao mesmo tempo tão comuns e tão assentados na noção de trivialidade da violência que a filósofa Hannah Arendt chamou de "a banalidade do mal". Não estou afirmando que George era mau. Simplesmente reitero o óbvio: nossas ações afetam outras pessoas e, se não tentarmos afetá-las conscientemente de maneira positiva, com facilidade causaremos uma espiral de mágoa que vai piorar a cada dia.

As ações de George já haviam contradito os três sinais de confiança que ele demonstrara quando o conheci, indicando, mais uma vez, que, quando as situações mudam, as pessoas também mudam.

Eu ainda estimava George, mas começava a pensar que ele não sabia o que fazer quando precisava lidar com pessoas e, portanto, não era competente para cumprir seu papel. Poderia ter compensado a falta de competência com diligência ou apenas pedindo ajuda, mas isso não estava acontecendo.

Quando me levantei para sair, George se mostrou genuinamente afetuoso. E essa foi a parte assustadora. Apesar das boas intenções, ele pertencia ao vasto rebanho da humanidade que, apesar das boas intenções, simplesmente não consegue realizar o que é necessário, e muitas vezes nem sequer está disposto a tentar.

Então, eu não sabia se ainda poderia continuar confiando nele – pelo menos, não para esse projeto, não para o meu futuro.

DEZ INDÍCIOS POSITIVOS PARA CONFIABILIDADE (COMPETÊNCIA MAIS DILIGÊNCIA)

1. Pessoas confiáveis se comportam com autoconfiança genuína. Por ser bastante fácil fingir confiança, os analistas comportamentais têm aprendido como distinguir a verdadeira da simulada. As pessoas confiantes não se gabam, não dão desculpas, levam o trabalho mais a sério do que a si próprias e conseguem concluí-lo.

São calmas, educadas, sucintas, receptivas, racionais e confiáveis. E revelam essas qualidades em indícios não verbais, na linguagem que usam, nos relacionamentos que mantêm, nos padrões de comportamento e no foco em objetivos de longo prazo.

Um estudo com gerentes de primeira linha mostrou que uma demonstração de confiança genuína representava um elemento-chave do seu sucesso. E já se estava presente neles *antes* mesmo do seu sucesso. O estudo também confirmou a existência do fenômeno chamado "capital erótico", ou seja, a autoconfiança presente em pessoas atraentes, traduzida em seu sucesso pessoal.

Minha conclusão: esqueça o minta-até-que-seja-verdade. Em vez disso, experimente o tente-até-que-consiga-fazê-lo, concentrando-se nas *próprias qualidades positivas*.

Chamo isso de sentimento legítimo autosselecionado de "confiança quantificável", e descobri que a maioria das pessoas incorpora atributos positivos suficientes para projetar sinceramente a confiança... se tentarem.

2. Pessoas confiáveis falam com precisão. Trazem comunicação para uma conversa, nunca confusão. São claras, concisas, marcantes e motivadoras, de acordo com o dito de Brockman, e suas palavras criam carisma. Em conversas profissionais importantes e em apresentações, dizem coisas relevantes, destacando-se em uma sociedade repleta de falastrões, que tentam provar seu valor com falas prolíficas, cheias de jargões e adjetivos, e com uma correção política tão fingida que chega a insultar a nossa inteligência.

As pessoas mais confiáveis e admiráveis não falam assim.

A maioria de nós, instintivamente, não confia em falastrões porque não sabemos qual é a deles e nem mesmo entendemos o que eles dizem. Isso os torna imprevisíveis e, portanto, não confiáveis – e vice-versa.

3. Pessoas confiáveis são transparentes quanto a suas fraquezas e erros. Elas não apresentam suas falhas como sucessos.

Não fingem que seus pontos fracos se tornaram os fortes. Não ficam na defensiva.

Muitos de nós adoramos trabalhar com pessoas assim, em razão da obviedade dos seus pontos fortes e fracos, elemento extremamente valioso para a previsibilidade.

Pessoas confiáveis não deixam as outras com aquele sentimento de vazio que experimentamos quando alguém inseguro fala. Na maioria das vezes, percebe-se que os inseguros nem sabem que estão na defensiva; acham que estão apenas dando o melhor de si.

Mas as outras pessoas acham que eles estão escondendo algo, e muitas vezes não percebemos como isso pode ser ruim.

4. Pessoas confiáveis aceitam de bom grado trabalhos difíceis e prazos rígidos. O trabalho pesado oferece a elas a oportunidade de mostrar aos outros o que podem fazer. São conscientes de sua confiabilidade e gostam de demonstrá-la.

Também são realistas o suficiente para saber que devem continuar demonstrando que são confiáveis.

Pessoas confiáveis tendem a se perder no estado de empolgação que acompanha o foco, o altruísmo e a intensidade, e estão cientes de que o trabalho duro pode ser uma forma de meditação.

Além disso, quando são responsabilizadas por algo, isso geralmente só demonstra quão bom foi o desempenho delas; então, por que *não gostariam* disso?

5. Pessoas confiáveis são sempre ágeis. Competentes e diligentes, conseguem trabalhar rapidamente, porque conhecem os processos, têm as ferramentas e respondem por um senso pessoal de urgência.

Para as pessoas *mais* diligentes, uma das recompensas do trabalho rápido é terminar antes das outras e então ajudá-las. Sentem-se bem nessa situação, e também parecem bem.

O trabalho precisa ser *bem*-feito, é claro, mas a velocidade sempre conta. Ajuda as organizações a superarem os concorrentes, atrai outras pessoas de confiança, mantém as pessoas afiadas, faz o tempo passar com rapidez, dá um bom exemplo, economiza o dinheiro da empresa e geralmente acaba por tornar o ritmo normal.

A rapidez é positiva.

Um tempo de produção rápido e de alta qualidade em um projeto representa uma das melhores medidas objetivas de confiabilidade. O relógio não mente.

6. Pessoas confiáveis são inquisitivas. A curiosidade, além da centelha que acende o fogo do aprendizado, é também a alma da criatividade.

Pessoas confiáveis têm uma infinidade de perguntas sobre o próprio emprego, sobre outros empregos e sobre o mercado de trabalho como um todo. O conhecimento que acumulam as capacita a refinar seus processos de trabalho para um estado ideal de eficiência.

Como regra, pessoas que não perguntam não se interessam pelo trabalho ou temem que as perguntas as façam passar a imagem de inseguras ou incompetentes.

Quando pessoas de confiança estão sendo entrevistadas para um emprego, geralmente têm tantas perguntas quanto respostas. Não estão desesperadas e querem trabalhar em um lugar onde se sentirão felizes e satisfeitas. Por isso, perguntam, com cordialidade e transparência, sobre cronograma, plano de carreira, benefícios, cultura da empresa, ambiente físico de trabalho e outras questões que contribuirão para o seu contentamento e segurança.

Elas também querem saber sobre você e seus associados, porque buscam uma situação de investimento mútuo. Então, mais uma vez, entendemos a natureza que interliga nossos seis sinais para prever a confiabilidade.

7. Pessoas confiáveis aceitam a culpa de bom grado. Sabem que ninguém é perfeito, inclusive elas mesmas. Como regra, só fingem perfeição aquelas pessoas não muito boas no que fazem, as quais tentam esconder sua insegurança atrás de uma fachada de perfeccionismo.

Mas isso só piora as coisas, pois o perfeccionismo não faz o indivíduo se sentir perfeito — ninguém é perfeito. Em vez disso, leva-o a se sentir ainda mais inadequado.

Pessoas confiáveis raramente se irritam quando repreendidas, tendo em vista que quase sempre mantêm uma profunda dose de boa vontade e sabem que viverão para lutar no outro dia. Desse modo, compreendem a situação como apenas mais uma experiência de aprendizado.

8. Pessoas confiáveis não medem suas contribuições pelos sacrifícios, mas pela produtividade. Não falam sobre dificuldades, a menos que haja uma razão prática para mencioná-las.

Não reclamam se tiverem que abrir mão de alguns dias de férias, reunir-se com pessoas que prefeririam evitar ou participar de projetos que não lhes interessam.

Julgam que esses são problemas *delas,* e sabem que os outros têm os próprios problemas.

Muitas pessoas de confiança acreditam em trabalhar de maneira mais inteligente, não mais arduamente, embora a maioria acredite em trabalhar de modo mais inteligente *e* mais árduo.

Elas acompanham as próprias conquistas, mas apenas visando ao sentimento de satisfação, e, se conquistarem certificados ou prêmios, estes provavelmente nunca serão vistos.

9. Os indícios não verbais de pessoas confiáveis permanecem estáveis e até positivos durante períodos de estresse e tensão. Tempos difíceis constituem a melhor medida de competência e diligência de uma pessoa. Nesses períodos, os comportamentos não verbais são ainda mais reveladores do que qualquer coisa que se diga, escreva ou faça, porque é mais difícil escondê-los e simulá-los.

Em tempos de dificuldades, a maioria de nós consegue evitar manifestações públicas de mau comportamento, como intimidação, discussões ou disputas com outras pessoas. Quase em todos os locais de trabalho hoje, isso é simplesmente esperado e exigido.

Mas pessoas altamente confiáveis também são capazes de evitar as respostas físicas ao estresse quase sempre *arraigadas e incontroláveis*, como sudorese, tensão muscular, hiperventilação, dor de estômago, andar de um lado para o outro e mãos e pés frios. Não é fácil. Essas reações são ditadas pelo mecanismo de luta-fuga-congelamento do sistema nervoso autônomo e, portanto, é difícil controlá-las.

Entretanto, pessoas confiáveis conseguem, porque, mesmo em uma crise, ainda se sentem no controle total de si mesmas e de suas reações. São calmas, razoáveis, fisicamente resilientes e capazes de se concentrar.

Suas reações não se baseiam em ilusões de indestrutibilidade. Elas vivem as mesmas consequências que todos, mas confiam que podem encarar a tempestade, e geralmente conseguem.

Uma razão irônica que justifica o seu sucesso é não se sentirem como se tivessem uma *obrigação*. Não gostam de perder, mas não se autoavaliam por vitórias e derrotas, mas por competência e diligência: fazem o melhor possível e esperam o que vai acontecer.

10. Pessoas confiáveis não têm inimigos. E nem precisam. Pessoas que têm inimigos geralmente são seus *próprios* melhores inimigos, por causa das dúvidas que nutrem acerca de si mesmas, e os inimigos atuam apenas como substitutos delas próprias. Se você é competente e diligente, dificilmente se culpará por perder uma batalha. Fez o melhor que pôde. Fim do drama.

Quando você não se apega mais aos inimigos, estes somem, mas a lição da passagem deles em sua vida permanece. Siga em frente com sua vida.

Outubro de 2018

A conferência sobre os drones ocorreria em apenas um mês, e eu estava perdendo o pouco da fé que ainda tinha em George. Era desprovido da competência, da aptidão, do treinamento ou do temperamento para administrar uma equipe focada apenas parcialmente em tecnologia.

Não era culpa dele. Ele estava ali como um peixe fora d'água.

Eu tinha lhe dado muitas oportunidades de mostrar alguns dos indícios de confiabilidade, mas o sujeito parecia desprovido da maioria deles. Assim, *não cumpriu*: falar com objetividade nas reuniões (indício positivo # 2), ser transparente sobre suas fraquezas (indício positivo # 3), fazer muitas perguntas (indício positivo # 6), cumprir os prazos (indício positivo # 5) e assumir a responsabilidade quando os problemas foram apontados (indício positivo # 7).

Também se revelou tão fraco em tantos outros indícios e nas informações que os sustentam que mudei minha perspectiva para desconfiança e insatisfação.

Não era uma situação incomum. Escolhi *não* me aliar a várias pessoas, muitas vezes porque, mesmo que tentasse confiar nelas, frequentemente não cumpriam o que prometiam. Quase nunca são más pessoas. Ocorre que exibem muitos sinais de alienação e imprevisibilidade, e não me sinto confortável.

George já havia demonstrado vários sinais de desconfiança objetivos e baseados em evidências. Quase me enlouqueceu com a tendência de não estar disponível (indício negativo # 2), e, mesmo quando eu conseguia agendar uma reunião com ele, sempre se atrasava (indício negativo # 3). Em nossas reuniões, George microgerenciou sem agregar serviço de valor (indício negativo # 1).

Tentei muito ser um instrumento para o sucesso dele e não desisti com facilidade. Mas a situação se arrastou por muito tempo.

Eu queria me desligar da força-tarefa, mas nunca havia desistido de uma grande missão na vida. E, se eu desistisse e desencadeasse outros desligamentos, provocaria uma marca significativa na carreira de George, que talvez até impedisse a reação dos EUA à ameaça dos drones.

No final daquele verão, dei a George uma última chance de tomar uma posição, ligar para o especialista que eu havia recomendado e descobrir se os colegas dele falariam. George esqueceu; então lhe dei *outra* última chance, e isso me arrastou do verão ao outono e à última chance dele. Eu ainda estava otimista, porque me apego a essa perspectiva como um buldogue, mas também realista, porque valorizo a racionalidade tanto quanto o otimismo.

— Robin, meu amigo! — George disse quando apareci em seu escritório, de novo inesperadamente. — É bom ver você! — exclamou, realmente sincero. Eu havia lhe dito na semana anterior que, se ele não procurasse o especialista, eu tomaria a situação em minhas mãos e entregaria pessoalmente as boas notícias... Se houvesse boas notícias.

Eu já havia obtido o consentimento do especialista, bem como o de seus colegas, e estava pronto para contar as novidades. Mas preocupava-me a possibilidade de todo o projeto ter desmoronado em um caos irreversível.

Quando observei a escrivaninha de George, minha desconfiança quanto a suas competências organizacionais aumentou. Parecia que alguém tinha acabado de esvaziar uma cesta de lixo ali. Vi um documento cujo marcador aparentemente era uma banana. Muito difícil não notar isso (indício negativo # 5).

Entreguei a George alguns documentos do especialista, incluindo um esboço do discurso de abertura e uma lista de colegas que também haviam concordado em falar. Esperava que alguns fossem usados como consultores, depois se tornando parte da estrutura permanente da segurança nacional.

Outros, pensei, talvez virassem fontes confiáveis no projeto que eu havia proposto: coletar informações nas escolas de pilotagem de drones.

— Reconhece algum nome? — perguntei a George. Algumas pessoas ali listadas se destacavam muito na área de regulamentação de drones. Conheci uma delas em um curso de treinamento, junto com alguns produtores da ABC News.

George balançou a cabeça negativamente. Óbvio que ele ainda não havia se familiarizado com o assunto (indício negativo # 7), provavelmente porque continuava focado em logística e finanças. Isso não me surpreendeu. Naquele momento, nada me surpreenderia.

Apontei os quatro principais nomes de uma lista de oradores em potencial.

— Quer um rápido resumo desses caras? — perguntei.
— Claro.

Comecei, mas logo parei. George não fazia anotações (indício negativo # 8), e eu não ia perder mais do meu tempo. Concluí então que nosso relacionamento havia acabado.

— Você não parece muito interessado nessa parte do projeto — eu disse, o mais gentilmente possível; não tenho inimigos e quero manter as coisas assim.

— Estou interessado — ele retrucou —, mas tenho pessoas que podem cuidar desse tipo de coisa. Não será um problema! — (indício negativo # 9). Nesse momento, eu só queria sair dali. — Robin — George continuou —, você está fazendo um excelente trabalho, mas acho que está superestimando alguns problemas e subestimando outros.

Balancei a cabeça em concordância, seja lá o que *isso* significasse, em prol de um término amistoso.

— É provável que eu já devesse ter mencionado isso — disse ele —, mas eu mesmo arrumei umas pessoas para falarem na conferência.

Eu estava errado. Ele *podia* me surpreender.

— Mas talvez eu consiga colocar o seu cara para falar uns quinze minutos — comentou. — Não gostaria de insultá-lo.

Não, não muito!

— Vou falar com ele sobre isso — eu disse.

Mas não falei. Chamei o especialista, pedi desculpas sinceramente e contei-lhe a verdade, toda a verdade e nada mais.

Ao final da ligação, conquistei outro relacionamento sólido e baseado em confiança com uma das pessoas mais estáveis e previsíveis que já conheci.

Renunciei tão silenciosamente à força-tarefa que eu mesmo mal percebi.

Eu não tinha desistido da questão. Ela exigia trabalho, e ainda exige. Mas eu sabia que havia um lugar melhor para mim.

A parte mais difícil não foi chegar lá. A parte difícil foi saber que precisava ser daquele modo.

RELATÓRIO

CAPÍTULO 5 – Saiba com quem contar

Sinal # 3: Confiabilidade

Citação-chave: Você pode amar alguém de todo o coração e confiar a essa pessoa os seus segredos mais profundos, mas há muitas áreas nas quais confiar nessa mesma pessoa seria não só impossível como também insano.

Mensagem-chave: Confiabilidade é praticamente sinônimo de comportamento positivo e requer uma combinação de competência e diligência.

AS LIÇÕES

Competência: habilidades, conhecimentos e experiência exigidos para a execução de uma tarefa.

1. A falta de competência, e a falta de capacidade de se tornar rapidamente competente, é responsável por inviabilizar a previsão do sucesso de uma tarefa.
2. A competência com frequência pode ser avaliada com precisão.
3. A maioria das pessoas é competente em um número relativamente irrisório de tarefas profissionais difíceis.

Diligência: as qualidades do caráter — motivação, autorresponsabilidade e um forte senso ético — podem transformar competência em ação e conclusão.

1. Praticamente qualquer pessoa, caso se empenhe, pode ser diligente. Mas é mais difícil avaliar a diligência do que a competência, e também é mais fácil que ela se mostre uma farsa.
2. Aproximadamente 50% de todas as pessoas carecem de diligência, de acordo com pesquisas científicas comportamentais.
3. A falta de diligência destrói a confiabilidade porque traduz-se em absenteísmo, baixa produtividade, apatia, letargia e negatividade.

Dez indícios positivos para confiabilidade (competência mais diligência)

1. As pessoas genuinamente se revelam confiantes pelo motivo óbvio: sabem o que estão fazendo.
2. Falam com precisão, de modo claro, conciso, marcante, motivacional (C·M·).
3. São transparentes quanto a erros e fraquezas. Sem histórias tristes.
4. Apreciam dificuldades e prazos. Sabem que o difícil pode ser divertido.
5. Trabalham rápido, terminam primeiro e estão cientes de que tempo é dinheiro.
6. São curiosas. Isso vale seu peso em platina. Perguntas evitam problemas.

SAIBA COM QUEM CONTAR

7. Aceitam responsabilidades, nunca com desculpas, mas às vezes com motivos.
8. São produtivas. Não olham o relógio; miram o que estão produzindo.
9. Exibem indícios não verbais acolhedores durante tarefas difíceis.
10. Não guardam rancores e não buscam vingança.

Dez indícios negativos para a confiabilidade (competência mais diligência)

1. As pessoas microgerenciam, sem realmente ajudar.
2. São difíceis de contatar, de propósito.
3. Sempre estão atrasadas: uma combinação desagradável de falta de diligência e competência.
4. Tomam todo o crédito para si, em geral tão disfarçadamente que ninguém percebe.
5. Têm uma apresentação física descuidada: desleixo, falta de higiene, desordem.
6. Deixam que os outros resolvam os problemas mais difíceis.
7. Aprendem devagar. Não se importam.
8. São descuidadas com a manutenção de registros, uma ótima maneira de esconderem as coisas. Ou são apenas indolentes.
9. Preferem planejar a agir. É mais fácil.
10. Não levam os próprios erros a sério. Às vezes, nem mesmo estão cientes deles.

6

DETERMINE OS EMPECILHOS

Sinal # 4: Ações

A pessoa demonstra padrões de comportamento positivo?

Nova York, 2003
Regra número um

Depois de meu supervisor rejeitar minha proposta mais recente de operação, perguntei a Jesse:

— Você acha que *alguém* por aqui acredita em mim? — Eu não sabia o que fazer, nem mesmo como agir.

Senti-me à vontade para deixar que meu estado de espírito perturbado viesse à tona na presença de Jesse, porque sabia que ele não se focaria em minhas emoções. Pensaria nas minhas palavras e me ajudaria a encontrar um novo supervisor, ou uma maneira de me dar melhor com o atual. Mas não esperava uma resposta imediata, pois Jesse era esperto demais para expressar quaisquer pensamentos sobre o assunto até conhecer exatamente minha situação – sem a parte dramática – e saber como eu estava *realmente* me sentindo, o que ocorreria tão logo eu encerrasse meu show de autopiedade.

Então Jesse começou a aplicar uma técnica da ciência comportamental baseada em perguntas racionais e sem julgamento, chamada "perguntas de descoberta". Essa técnica busca levar as pessoas, em vez de empurrá-las, à sua própria sabedoria interior, situada abaixo das camadas de defesa, das conjecturas e da insegurança.

Todas essas camadas se fundamentam no medo, embora tenham nomes diferentes, incluindo perfeccionismo, suspeita, busca de *status*, e cada uma oferece uma forma diferente de ficção.

O único antídoto está no retorno ao pensamento realista, o que não é tão difícil quanto parece, considerando-se que a realidade raramente é tão ameaçadora quanto os vários cenários que evocamos no centro de medo do cérebro nas horas mais sombrias da vida.

Jesse, no entanto, achava que a vida poderia ser ótima *se as pessoas a vissem como de fato é*. Portanto, nunca se contentou em apenas dizer a elas o que queriam ouvir, e não seguia o caminho preguiçoso de lhes dizer como agiria na situação delas. As pessoas quase sempre param de escutar tais explicações, porque não são especificamente sobre *elas*, e podem parecer condescendentes.

Ele apenas ouvia cuidadosamente, de modo a entrar na cabeça das pessoas e detectar o que é melhor para elas na perspectiva *delas próprias*. Isso é de um valor inestimável, pois, embora as pessoas gostem que concordemos com elas, gostam mais ainda de ser compreendidas. Jesse descobriu que, quando elas se acalmam, com frequência podemos esperar que farão o que é melhor para elas, a partir do que *elas* perceberam.

Quando Jesse terminava, as pessoas sabiam não apenas como de fato se sentiam, mas também o que realmente *pensavam*.

Ainda que essas duas condições devam andar juntas, em geral não andam. Os sentimentos quase sempre se ligam aos pensamentos, mas as emoções que eles criam podem ser tão ilusórias e efêmeras que a razão evapora.

Por outro lado, o produto durável do pensamento cognitivo, muito mais do que os sentimentos, é *o principal indicador do que as pessoas racionais farão.* Afinal, elas quase sempre fazem o que consideram o que é melhor para si mesmas.

Saber o que é bom para nós pode parecer fácil, mas há muito tempo acredito que é o elemento mais difícil de isolar na interseção muitas vezes estranha entre pensamento e emoção. Infelizmente, quando começamos a pensar no melhor para nós, enganamo-nos muito. Somos bastante sonhadores, o que chamamos de otimismo, ou ainda muito temerosos, o que chamamos de prudência. Então, selecionamos uma opção, fazemos com que se incorpore ao problema e abandonamos o gerenciamento racional da situação.

Então, quando o Plano A não funciona, muitas vezes nos afundamos mais na desconfiança não apenas daqueles que nos cercam, mas também de nós mesmos. É aí que começamos a pisar na bola conosco.

O perigo de dúvida generalizada e da alienação pode parecer óbvio, mas um número surpreendente de pessoas simplesmente não o entende, e possivelmente nunca o entenderão, na medida em que a desconfiança, como outras formas de isolamento autoimposto, é uma falha de caráter *autoperpetuada*.

Quando as pessoas cautelosas não conseguem encontrar uma maneira precisa de prever as ações daquelas que as rodeiam, geralmente não se sentem seguras para seguir em frente e fazer o melhor por si mesmas. Algumas delas temem ser vistas como egoístas, controladoras ou incompetentes, e outras estão cansadas da humilhação vinda daqueles que antes imaginavam aliados.

Ainda mais angustiante, milhões de pessoas *sabem* o que mais lhes interessa e, por extensão, à sua família, amigos e colegas, mas *ainda assim* desistem de sua preciosa paz de espírito devido a medos, tentações e pressões infundadas.

Quando isso acontece, com frequência deixam de honrar o preceito simples, mas sagrado, de fazer o que é melhor para si e para os mais próximos. Muitas vezes, essas pessoas se sacrificam de novo e de novo, pensando que assim salvarão o mundo, ou pelo menos a *si mesmas*, se apenas o mundo retomar o sentido e girar em torno delas.

Não julgo esse comportamento, porque sei que a maioria das pessoas faz esses sacrifícios com um bom coração. Mas, quando não funciona, a situação pode torná-las mais duras, matar sua essência e esgotar corpos e mentes. Nesse momento, precisam de alguém para ajudá-las a voltar à estaca zero e garantir-lhes que ainda almejam alcançar os objetivos que antes consideravam tão importantes.

Decidir o que mais desejamos, porém, raramente é tão simples quanto fazer as coisas de que gostamos. Nossas ações afetam as pessoas ao nosso redor e, se o que fazemos as magoa, provavelmente criaremos um inimigo ou, pelo menos, provocaremos uma reação negativa. Então as coisas de fato complicam. Por essa razão, as perguntas de descoberta podem ser tão eficazes, desde que genéricas e sinceras, e não questões *retóricas* elaboradas por pessoas manipuladoras.

O objetivo é apontar o caminho para a ação racional. Seguem exemplos de perguntas comuns de descoberta que atendem à maioria dos problemas: Qual o pior cenário? Quem pode não gostar? O que tal pessoa fará? O que tentei até agora? Minhas ações levaram a um objetivo final ou apenas a um objetivo imediato? Outras pessoas tentaram ajudar? Que ações talvez agravem a situação?

Jesse me fez uma pergunta de descoberta implícita em um elogio sincero e muito lisonjeiro para ser rejeitado:

— Quem por aqui não confiaria em *você*, Robin?

— Meu supervisor. E o supervisor dele.

— Por que você acha isso?

— Porque continuam a não me dar permissão para minhas operações. Incluindo a atual.

— E por que agem assim?

— Porque avaliam que são muito arriscadas.

Após dez ou vinte perguntas simples e diretas, ele conhecia toda a situação e seu contexto, que, como mencionei, consiste em um entendimento racional e baseado em informações tanto da *pessoa* como da *situação*.

— Você já fez o melhor possível — disse Jesse.

— Eu não fiz *nada*.

— Certo! Esse comportamento pode parecer passivo para você, mas é uma maneira agressiva de superar suas emoções, especialmente quando está chateado ou com medo. Esse impasse emocional se assemelha a um nevoeiro de guerra. Você precisa deixá-lo ir embora antes de fazer algo. *Então* fará a sua jogada. E tenha disciplina para esperar. Mas a regra número um é: não se f*da. Deixe isso para pessoas que não são tão boas quanto você. Você é *seu melhor inimigo*.

— É bom ser o melhor em alguma coisa — comentei.

Jesse riu. O humor vem facilmente quando se vislumbra o quadro geral.

Depois se perdeu em pensamentos por alguns minutos até dizer:

— Você precisa de um novo supervisor. E eu já conheço o cara. Você também. Jack! Jack Johnson. Podemos criar uma nova operação e convidar Jack *e* seu supervisor atual para participarem, e você terá o melhor dos dois mundos.

Jack foi o supervisor que deu um jeito na burocracia para aprovar minha primeira operação com Annan, que Jesse chamava de "prevenção da Terceira Guerra Mundial", às vezes com muita seriedade.

— Jack é um cara legal — eu disse —, mas ele não me deixaria trabalhar na operação de Annan, a menos que fosse com você. Por que acha que ele apostaria em mim agora?

— Primeiro de tudo, porque ele lhe *deu* a operação — disse Jesse. — Nunca negligencie o óbvio. E me fez acompanhar tudo não por desconfiar de você, mas por não confiar no próprio supervisor. O sujeito estava trabalhando para um funcionário de baixo risco/sem risco no QG e sabia que teria que incluir um agente sênior para obter o "sim". Mas ele é perfeito para você, porque o lema dele é *Alimente a fera*: continue sugerindo operações à sede, mesmo se forem arriscadas. Ele está executando as próprias operações agora, mas continua focado primeiro na missão, não na carreira. Está ali para agitar as coisas, e não para procurar bodes expiatórios. Os supervisores confiam nele, pois mantém seus valores essenciais, e isso o torna muito previsível, como um produto que você compra porque conhece. E isso *os* faz parecerem excepcionais.

— Então ele vai ficar bem com essa coisa nova?

Jesse assentiu.

— Jack faz parecer fácil alimentar a fera. Ele avalia as pessoas por meio do que dizem; então, executa uma verificação cruzada com códigos-fonte abertos, de preferência com números. É um leitor de mentes. Ele age assim com os supervisores e fará o mesmo com você.

— Tudo bem — eu disse, um pouco hesitante.

— Ah, e mais: ele já ganhou na loteria dezoito vezes.

Negócio fechado!

Em uma semana, Jack havia reorganizado minha operação, amenizando os riscos que a gerência havia apontado, mas ainda me mantendo como agente principal, um feito burocrático brilhante que deixou todos felizes, eu inclusive. Ele se lembrou de mim da operação anterior, e conhecer meus padrões de comportamento foi fundamental em sua disposição de me confiar esse novo papel.

Ações importam. Mais que qualquer coisa. Para o bem ou para o mal, são as ações que definem as pessoas, com mais obviedade e precisão do que as palavras ou os sentimentos.

Palavras e sentimentos problemáticos vêm e vão, mas os negócios desaparecem quando coisas ruins acontecem, no mundo real e em tempo real.

Mais do que qualquer outra forma de autoexpressão, as ações podem ser *empecilhos* viáveis. Não são apenas um pensamento; são *o que acontece*.

Quando acontecem, também podem fazer uma grande diferença. As ações passadas nem sempre afetam o presente, mas as ações atuais quase sempre sim.

Imaginei que a operação que eu queria executar resultaria em grandes ações de âmbito internacional. Jesse gostou disso, eu gostei e Jack gostou também. As rejeições anteriores de repente pareceram erros de burocratas tímidos. Sendo assim, o outro supervisor embarcou conosco.

A missão era recrutar um alvo russo, ex-general soviético, com a ajuda de uma fonte confiável americana que fora um importante coronel da Marinha. Ambos figuras públicas, e os padrões de seus comportamentos passados e atuais eram em grande parte informações de código aberto. Só conversei brevemente com o coronel e nunca tinha falado com o russo, mas já sentia como se os conhecesse bem.

Não por acaso, o alvo naquele momento era um participante importante da diplomacia russo-americana. Recrutá-lo, bem quando Vladimir Putin começava a parecer um czar moderno, seria como ganhar na Mega Sena.

O melhor de tudo, o general e o coronel eram velhos amigos. Agora me diga: como não autorizar uma operação com *essas* características?

O poder do caráter

O que as pessoas fazem, incluindo o que faziam consistentemente no passado, aumenta muito o nível de previsibilidade, pois revela o núcleo duro do seu caráter, ou seja, seus princípios e valores principais.

Como muitos princípios e valores diferentes compõem o caráter, a maioria das pessoas considera alguns elementos mais importantes que outros, e acabam centrando-se especialmente neles. Por exemplo, algumas se preocupam mais com a honestidade do que com a humildade, ou mais com a dedicação do que com a bondade ou a autenticidade.

Sempre tento avaliar os valores centrais das pessoas, aqueles que estão no âmago de cada uma, porque atuam como uma janela para o seu interior e são as características que mais provavelmente as influenciam, permanecendo sólidas mesmo quando as circunstâncias mudam.

Muitas vezes, o caráter de uma pessoa é moldado por códigos filosóficos e morais adotados muitos anos antes, geralmente na adolescência ou mesmo na idade adulta, quando são criados os códigos que tornam única cada personalidade.

Em certo sentido, portanto, as ações das pessoas são determinadas por escolhas feitas há muito tempo. Como o proeminente filósofo Epiteto disse: "São suas próprias convicções que o compelem, isto é, escolha compele escolha". Por isso, é importante avaliarmos sempre as pessoas, não nos limitando a seus comportamentos no passado mais recente. Na verdade, nos tornamos o que pretendemos nos tornar há muito tempo.

Atribuir importância ao caráter é muito coerente com o conceito de que pessoas emocionalmente saudáveis frequentemente fazem o que acreditam ser do próprio interesse, incluindo aderir aos seus

DETERMINE OS EMPECILHOS

códigos de conduta. Quando os violam, elas geralmente se sentem culpadas e arrependidas, e temem que tais erros não apenas comprometam seu crescimento pessoal e sua autoestima, mas também sua aceitação pelos outros. O apego ao caráter facilita prever o comportamento das pessoas e, portanto, facilita confiar no destino delas.

Os códigos de moral também geralmente se originam de várias religiões e filosofias, e a maioria delas inclui algumas qualidades de bom caráter praticamente universais: honestidade, lealdade, bondade, humildade, respeito e integridade.

A nobreza dessas qualidades é indiscutível. Portanto, elas são os fatores principais e, às vezes, as únicas levadas em conta na avaliação da confiança. Algumas pessoas simplificam o processo ao confiarem em outras apenas por motivos religiosos, em especial se compartilham a mesma religião, mas é uma atitude arriscada, porque apenas o critério de pertencer a um credo específico não confere a alguém um bom caráter automaticamente. Mesmo assim, procurar essas qualidades fundamentais nos outros é um ato básico e fundamental que nos permitirá avaliá-los com precisão e atribuir-lhes uma reputação realista. Apesar de todas as deficiências, é uma das métricas válidas para avaliar a confiança e prever ações alheias.

Porém, como sempre, na ciência social do behaviorismo essa regra tem muitas exceções e contradições. O comportamento humano sempre volta a duas verdades difíceis: 1) somos apenas humanos e 2) ninguém é perfeito. As regras, portanto, são tão perfeitas quanto as pessoas que as aplicam, e o caráter pode ser surpreendentemente maleável, sobretudo quando não estamos lidando com o caráter *essencial*.

Estudos indicam que pessoas de comportamento impecável no passado quase nunca repetem o bom comportamento anterior. Mesmo que não mudem a essência de sua personalidade com frequência, elas com certeza se comportam de tempos em tempos de maneiras diferentes, que parecem quase aleatórias, a menos que prestemos muita atenção a elas. Se o fizermos, quase sempre descobriremos que pensam que o ambiente mudou e que precisam se ajustar. Sem dúvida, isso pode ocorrer rápida e frequentemente, em um processo constante de alteração.

As mudanças que mais afetam o caráter, como já mencionei, são ameaças e tentações, que às vezes ocorrem simultaneamente.

Os padrões passados de honestidade e justiça também correm o risco de desmoronar quando as pessoas acreditam que podem se entregar anonimamente a suas ações ou livrar-se das consequências.

Isso acontece reiteradamente em duas das ocupações que mais atraem poder: política e gestão de negócios. Esse fenômeno frequente é chamado de "paradoxo do poder".

Por outro lado, as pessoas que sabem que serão responsabilizadas por suas ações têm mais probabilidade de aderir aos próprios padrões passados de comportamento positivo. Porém, se a situação mudar, elas também conseguem mudar. Essa situação parece comum entre pessoas de confiança que se tornam estelionatárias, ou mesmo entre advogados que sabem como burlar a lei.

Outro elemento quase sempre citado quando se fala de bom caráter é a lealdade; no entanto, esta é mais uma característica moralmente positiva que pode ocorrer por uma mera questão de conveniência.

Um histórico de honestidade é um dos indicadores mais valiosos de caráter e confiabilidade fortes, ainda que a honestidade pareça bem mais simples do que é. Muitos profissionais se tornam hábeis em dizer a verdade, mas raramente a dizem por completo.

A honestidade também pode ser usada como uma arma, sobretudo quando alguém introduz um insulto com a frase "Estou apenas sendo sincero".

Os mesmos fatores que comprometem a honestidade também desvirtuam a integridade. Esta sem dúvida é uma qualidade positiva, mas, quando distorcida, às vezes se torna destrutiva. Costuma-se usar a ferramenta da integridade para atacar os opositores.

A autenticidade também é preciosa, mas aspectos negativos do caráter de uma pessoa, embora eventualmente bastante autênticos, podem soar inapropriados ou até indefensáveis.

Outra área obscura da autenticidade transparece quando as pessoas se irritam com outras dizendo que estão apenas "sendo elas mesmas" ou "mostrando as coisas como de fato são".

Apesar de todas essas incursões pelo caráter, a maioria das pessoas se esforça bastante para se engajar aos seus valores fundamentais.

Conclusão: Padrões de comportamento, especialmente aqueles que se prolongam por um longo período de tempo, definem o caráter das pessoas, e o *caráter importa*, ainda que seja uma métrica imperfeita. É por isso que a ação é apenas um dos seis sinais para a previsão de comportamento.

Portanto, seja generoso com as pessoas que podem ter sido coagidas ou arrastadas para um comportamento questionável. Mas cautela! E tenha o mesmo cuidado com pessoas de reputação excelente.

Doveryai no Proveryai!

DEZ INDÍCIOS NEGATIVOS PARA PADRÕES DE AÇÕES

1. **As pessoas não são totalmente transparentes quanto ao seu passado.** Muitas delas têm um "local secreto", um evento ou ato que tentam ocultar, ignorando parte de sua história passada de trabalho ou sendo muito superficiais diante de determinadas perguntas nas entrevistas iniciais de trabalho ou em conversas.

O grau de lacunas no tempo e nas informações em geral indica a importância do local secreto, e as pessoas com segredos significativos não são previsíveis a ponto de se tornarem confiáveis.

Se elas são francas em relação a isso, é diferente. A transparência resolve inúmeros problemas de previsibilidade.

2. As pessoas tratam melhor os poderosos do que aqueles sem influência. Existe apenas um lado "real" nesse tipo de pessoa: o rude. O mau comportamento quase sempre pode ser controlado, se a pessoa *quiser*. Então, bajular o chefe não conta.

Tenha cuidado com essas pessoas, pois representam perigo para todos com quem trabalham. Com frequência recorrem a esse tipo de comportamento para se tornarem o animal de estimação do chefe, e jogarão você aos lobos sem pensar duas vezes.

3. As pessoas apresentam currículos com lacunas ou com informações superdimensionadas. Parece um empecilho, mas às vezes não é.

A cultura empresarial, para o bem ou para o mal, muitas vezes tolera um grau modesto de exagero, de modo que alguns candidatos acham que pequenas distorções em seus currículos representam apenas seus esforços de se apresentar da melhor maneira.

Duas coisas controlam a lorota: o *grau* de desinformação e a *resposta* da pessoa ao ser questionada sobre sua distorção. Se elas se saírem bem em um ou em ambos, não seja muito rigoroso com elas. Mas fique de olho.

4. As pessoas encaram seus concorrentes como inimigos e os atacam sempre que possível. Empecilho. Esse padrão de comportamento agrada gestores ambiciosos e agressivos na busca de seus objetivos. Pode ser um traço sedutor, pois há um lado impiedoso do ambiente de negócios que deve ser encarado. Mas é um comportamento juvenil que já deveria ter sido superado. A competição não exige agressividade.

Esses mesmos indivíduos podem acabar descontando sua raiva em você, uma vez que, para pessoas inerentemente hostis, tudo se trata de controle.

Encontre pessoas que tenham amigos em todo os setores.

5. As pessoas têm um histórico de padrões irregulares de comportamento no campo pessoal. Isso pode incluir vários divórcios, disputas familiares, questões legais e éticas ou até mesmo amizades fracassadas. São questões que não se relacionam ao trabalho, portanto, não são reveladas aos empregadores, mas podem ser detectadas nas redes sociais.

Todos têm problemas, mas geralmente apenas os encrenqueiros têm muitos. Isso quase sempre indica imprevisibilidade total. Deixe quieto.

6. Você sente que não conhece determinada pessoa, mesmo após um contato próximo e prolongado. Essa situação talvez não reflita as principais qualidades pessoais de alguém, mas gera falta de informações. E é a informação, não a intuição ou o afeto, que fundamenta toda previsibilidade.

Faça perguntas específicas que não soem como intromissão ou acusação. Caso não consiga respostas diretas, nunca conhecerá realmente o que motiva essa pessoa.

Com certeza, uma situação perigosa, que pode trazer surpresas indesejadas.

7. As pessoas não mencionam os colegas anteriores. O que estão escondendo? Seja o que for, está impedindo que você as conheça, e isso é um empecilho.

Prever pessoas envolve *conhecê-las*.

Se não querem que você conheça os pensamentos dos outros sobre elas, você nunca saberá o que esperar.

Talvez não mencionem ex-colegas porque não confiam neles. Mas isso cabe a *você* decidir, não a elas.

8. As pessoas são críticas em relação à vida pessoal dos colegas. Embora seja irrelevante, é um comportamento esquisito. E se torna mais estranho ainda quando os criticados são colegas que já saíram da empresa.

Pergunte-se o que dirão sobre você algum dia.

Alinhe-se às pessoas que se atêm aos *fatos*, não aos sentimentos, não aos boatos, e que sabem o que importa e o que não importa.

Mesmo que estejam dizendo coisas interessantes, não as incentive. Qualquer um pode contar uma boa história, mas às vezes é só isso: uma *história*. Não se deixe levar por ela.

9. O comportamento de determinada pessoa geralmente é incoerente. Outro empecilho indesejado, pois a coerência cria previsibilidade, e a previsibilidade cria confiança e eficácia.

A inconsistência, e o drama que ela cria, às vezes tem um ar insolente, romântico, despreocupado, mas ambos se tornam os piores traços possíveis na hora dos conflitos. Nesses momentos, podem representar o beijo da morte.

10. É difícil determinada pessoa aceitar a responsabilidade por grandes erros. Uma situação muito comum e triste, porque quase *nunca* funciona. Quando foi a última vez que você viu alguém se dar bem ao tentar escapar de suas responsabilidades?

Esse é um tipo de comportamento baseado na insegurança, então, será resolvido e muitas vezes revertido caso se garanta a segurança das pessoas e se cultive uma cultura sem culpa em torno delas.

Porém, quando as pessoas se agarram a uma postura defensiva depois que você fez o possível para elas se sentirem seguras e apreciadas, tenha cuidado. Elas não confiam em você, então, não confie nelas.

Nova York, 2003
Alimente a fera

Quando Jack aprovou minha operação diplomática, comecei a vigiar o general russo, procurando padrões de comportamento que ampliassem nossa compreensão do seu caráter e do seu passado. Isso nos revelaria suas prioridades atuais, o ambiente ideal para abordá-lo e garantiria uma boa conversa inicial.

Eu esperava que ele percebesse que seu futuro e o de sua família se alinhavam com os Estados Unidos e com o Ocidente em geral, e não com Putin e seus oligarcas. Pensei que ele entenderia, mas, como sempre, esse pensamento vinha do *meu* contexto, e o do general era bem diferente. Não saberíamos dizer como ele se sentia até o início da operação, ou, como dizemos, até comprarmos nosso bilhete de loteria. Não se pode ganhar sem jogar.

Com toda a honestidade, a operação não tinha grandes chances de sucesso. A *maioria* de nossas operações não acertava na loteria. Nesse sentido, assemelhávamo-nos a muitos setores que giram em torno de ideias, pesquisas, ativos intelectuais e outros produtos e serviços intangíveis. Portanto, tínhamos que encarar como nosso êxito apenas o fato de conseguirmos organizar uma grande operação. Se pensássemos que deveríamos acertar na loteria todas as vezes, nunca faríamos nada.

A única opção na contraespionagem é comprar a passagem, subir a bordo, jogar os dados e ver o que acontece. Uma postura realista, mas apenas se tomarmos decisões racionais e lançarmo-nos em ações razoáveis.

Apesar disso, aquela provavelmente seria a última vez, em um futuro próximo, que eu teria a oportunidade de comprar meu bilhete de loteria.

Se eu falhasse em recrutar o general, mas ele silenciasse em relação à minha tentativa, quase com certeza eu sobreviveria à crise que seguiria. Entretanto, se o general levasse nossa insolência ao topo da lista de queixas da Rússia, minha reputação, e também a de Jack, sofreria um golpe terrível e possivelmente mortal. Na contraespionagem, a reputação é o principal ativo de alguém, assim como acontece na maioria das profissões.

Eu só esperava que o vínculo entre o general e o coronel americano compensasse as exigências da política. Porém, a Rússia tinha seus próprios demônios para alimentar – e, Deus sabe, eles adoravam.

Solicitei a ajuda de vários agentes muito bons e de uma fonte confiável que trabalhava comigo em assuntos relacionados à Rússia havia algum tempo. Com todos se sentindo à vontade com o meu ritmo agressivo, acabamos agindo rapidamente.

Quanto mais aprendíamos sobre o general, mais meu otimismo crescia. Ele definitivamente era um membro da inteligência militar russa, a GRU, mas não um membro típico, porque também era diplomata talentoso e oficial graduado.

Embora os filmes não mostrem o aspecto burocrático da espionagem internacional, o oficial padrão da GRU se parece muito com qualquer funcionário de grandes empresas. Tende a ser avesso ao risco, concentrando-se na mera sobrevivência até alcançar posições tão elevadas que se vê protegido por bodes expiatórios, dinheiro e regras institucionais. Então se torna ainda mais avesso ao risco, por não desejar perder as regalias que recebe.

Geralmente, também é microgerenciador; afinal, não confia que os companheiros de trabalho sejam tão cautelosos quanto ele.

Outra característica dos burocratas do tipo "eu primeiro", no governo e fora dele, é o fato de se interessarem mais em acabar logo o dia do que em alcançar realizações.

Os carreiristas também são perspicazes em bajular as pessoas de *status* superior em busca de proteção e progresso, mas são duros com aquelas em uma posição inferior à deles, assim podem oferecê-las como cordeiros ao sacrifício quando a ocasião exigir.

Também se gabam por conhecer pessoas importantes e são hábeis em assumir créditos e transferir a culpa.

São bons em fingir agir com confiança, em especial quando se sentem inseguros, o que ocorre na maioria das vezes; por isso, tendem a transformar as paredes de seus escritórios em verdadeiros Murais do Ego, pendurando nelas retratos de si próprios com pessoas importantes, diplomas e certificados de todo tipo.

Nas reuniões, os carreiristas quase sempre permanecem calados enquanto os demais expressam ideias controversas, mas, assim que o chefe sai, assumem uma postura entusiasta.

No geral, não são pessoas com as quais podemos estabelecer relacionamentos previsíveis e positivos. Escalam com regularidade doentia até o topo da pirâmide, de onde arruínam a vida daqueles em posição inferior devido a suas próprias inseguranças, falta de ação, segredos e conflitos internos.

Conforme se acumulavam nossas informações sobre o general, eu não estava vendo *nada* disso.

Tais características também não apareciam no caráter do nosso homem, o coronel.

Eu podia ver por que ambos se tornaram amigos.

O coronel americano era um patriota a toda prova e, de meus múltiplos contatos e de várias reuniões, tive a impressão de que ele sentia um pouco de saudade dos velhos tempos de conflito armado e ação heroica, e mal podia esperar para se dedicar a algo importante, mesmo se precisasse enfrentar o perigo que sempre acompanha as atividades de contraespionagem contra a Rússia.

O histórico militar do coronel mostrava que, embora fosse tão dedicado à sua missão quanto um fuzileiro naval, também era diplomaticamente educado, tendo passado seus últimos anos de serviço como diplomata militar em uma embaixada europeia. Estivera lá exatamente quando o general russo trabalhava na embaixada de *seu* país. Então eles se encontraram em vários eventos sociais internacionais e se tornaram rivais amistosos, cada um mais preocupado com a conquista de honra pessoal e com a estabilidade mundial do que com benefícios políticos.

Essa qualidade de caráter é relativamente comum na carreira militar. Oficiais de nações do mundo inteiro se reúnem em postos estrangeiros e enfrentam invasões, guerras comerciais, tratados, coalizões que se criam e depois se arruínam, e presidentes que vêm e vão. No entanto, durante todo o fluxo e refluxo da História, eles brindam os mesmos brindes, bebem as mesmas bebidas e conversam sobre os mesmos assuntos, formando alianças que muitas vezes não estão muito alinhadas às políticas dos seus países.

Se esse coronel americano em particular não conseguisse marcar uma reunião com o general russo, ninguém conseguiria.

Após cerca de um mês de vigilância, descobrimos que o general iria com a esposa a Las Vegas, em uma viagem paga com dinheiro público que envolveria mais diversão do que trabalho. Queria que Las Vegas fosse nosso ponto de partida para o encontro.

Nossa ideia era fazer com que o coronel estivesse em Las Vegas ao mesmo tempo que o general russo. Mundo pequeno! Mas não tão pequeno que o general não suspeitasse de algo. Mas tudo bem. Queríamos que ele pensasse em suas opções antes mesmo que soubesse que as tinha, e deixasse seu otimismo ponderá-las.

Ao final daquela rápida estadia mútua, o coronel marcaria alguns eventos, como bebidas no final da tarde e depois um jantar com as esposas. Após o jantar, o coronel diria que tinha um amigo nos serviços especiais com excelente acesso ao desfile do Dia de Ação de Graças de Nova York. O amigo — eu, como você provavelmente já adivinhou — convidara o coronel e disse-lhe que levasse alguns convidados.

A inteligência do general lhe permitiria adequar os detalhes.

Forneci todas as etapas da operação a Jack e à equipe. Estávamos funcionando perfeitamente, e todos se sentiam ótimos. Perguntas inteligentes, mas não muitas. Excitação. Ansiedade. Total transparência sobre o processo de aprovação de Jack.

A essa altura de sua carreira, as aprovações de Jack precisavam vir da sede nacional, do edifício J. Edgar Hoover em Washington, D.C. Isso dificultava as coisas, porque Washington tem a capacidade de virar o caráter das pessoas de cabeça para baixo e de torná-las ambiciosas demais, tal o poder e o glamour que emanam do lugar. Mas Jack nunca mencionou a pressão que sofria, e era indiferente ao glamour.

Quase diariamente, Jack me dava um indício de confiança, semelhante aos seguintes, e meu moral estava subindo. Ele percebia minha satisfação e se alimentava dela. O mesmo acontecia com nossa equipe. Eu ainda trabalhava em estreita colaboração com Jesse, em uma equipe de pessoas tão boas que a chamei de os Sete Magníficos.

Com Jack liderando a operação, parecia que eu enfim estava no local a que pertencia.

Os padrões de comportamento de todas as pessoas envolvidas formavam um mosaico finamente trabalhado.

Eu sentia o cheiro da minha primeira loteria.

DEZ INDÍCIOS POSITIVOS PARA PADRÕES DE AÇÕES

1. As pessoas permanecem leais a você quando outras são irracionalmente críticas. É fácil ser leal às pessoas no topo da cadeia alimentar, mas isso não significa realmente lealdade, apenas sobrevivência. Quando alguém escolhe *sofrer* ao seu lado, você sabe que o instinto vem de dentro, sendo provavelmente um elemento fundamental do caráter.

Uma das melhores coisas que elas podem fazer é uma avaliação objetiva do motivo pelo qual você está sendo criticado injustamente. Na verdade, quando alguém tem um problema com você, geralmente há uma boa razão. Difícil, mas, se você aceitar a realidade, ficará impressionado com a otimização de seus conflitos.

Existem pessoas simples e exclusivamente destrutivas, mas é bem provável que você não trabalhe com uma. Encontre a verdade na crítica e crescerá aos olhos de todos.

Essa situação não faz de você uma mosca morta; ao contrário, transforma-o em alguém que valoriza o pensamento racional: uma característica marcante de pessoas positivas e eficazes.

2. Quando você pede a alguém detalhes ou documentação sobre um problema, a pessoa os fornece imediatamente. Muitos indivíduos ficam sem saber o que fazer e tentam apresentar algo que os livre da responsabilidade. Eles filtram os registros em busca de documentos que os retratem de maneira positiva. Ou procuram desculpas. Se houver um atraso, você nunca saberá realmente.

E, quando você não sabe, não pode prever. Quando não pode prever, tem um problema ainda maior.

3. Quando alguém repete uma história sobre si ou sobre uma das próprias ações, os elementos nunca variam. Mas, quando alguém muda os principais componentes, provavelmente não é muito honesto. As autoridades policiais e de segurança nacional quase sempre se apegam a essa questão para determinar a verdade.

Coerência significa previsibilidade, e previsibilidade está no centro da confiança.

4. As pessoas optam por não participar de conversas que se transformam em fofocas. Alguém confiável e prestativo não se diverte com os problemas dos outros.

Pessoas inseguras, por outro lado, *precisam* dessa emoção lastimável, por conta de suas próprias dúvidas. Elas sentem um medo profundo de que não sejam suficientemente boas, ou de que não tenham o que é necessário, e gostam de conhecer os pontos fracos dos outros.

Bons aliados buscam relacionamentos saudáveis e felizes. Não são tão excitantes, mas trazem amigos e dinheiro.

5. As pessoas nunca criticam os membros da própria família, mesmo quando é justificável. Um comportamento comum, mas que nunca entendi: como é possível que um marido (ou esposa — vale para ambos) ache que pode se valorizar ao desvalorizar o cônjuge? Diante de tal situação, penso: *você* se casou com ela(e), então o que isso torna *você*?

Tecer críticas a respeito dos outros é uma das maneiras mais cruéis de julgá-los, e julgamentos a esmo sempre envenenam situações positivas. Quase todos se perguntam sobre o que estão sendo julgados, e sentem-se assustados.

Se você está disposto a julgar o próprio cônjuge, todos estarão sujeitos ao mesmo tratamento.

6. As pessoas evitam abordar assuntos controversos, como política ou religião, com quem não conhecem bem. Assim se manifesta um princípio tremendamente importante de comportamento positivo que mencionei: *busca de contexto*.

Todos nós vivemos no nosso próprio contexto complexo e multifacetado e, quando alguém entende isso, em geral também nos entende. Quando não, o entendimento desaparece, o julgamento começa e a lealdade desvanece.

Por essa razão, pessoas eficazes pisam em ovos quando abordam assuntos delicados na presença de alguém que pouco conhecem. Seu objetivo é constituir relacionamentos saudáveis, e isso começa por fazer os outros se sentirem aceitos e confortáveis.

7. As pessoas mostram personalidade coerente em sua vida profissional e pessoal. Como outras verdades óbvias, essa é tão explícita que muitas vezes passa despercebida. Em questões de valores fundamentais, não devem existir dicotomias. O eu é o eu.

Coerência = Previsibilidade = Confiança = Sucesso.

8. As pessoas às vezes citam obrigações morais ou filosóficas, incluindo honestidade e justiça, em situações profissionais. Em geral, podemos confiar em pessoas que não temem admitir que há coisas mais importantes do que ganhar dinheiro.

Essas pessoas são propensas ao sucesso, em parte pelo fato de outras confiarem nelas. Alguns acham essa situação irônica. Eu não.

9. As postagens em rede social refletem a mesma personalidade da vida profissional. Eis a versão eletrônica da coerência pessoal e profissional. E graças a Deus por ela: é acessível, durável e onipresente.

As redes sociais são o detector de mentiras do novo milênio.

10. A pessoa demonstra que realmente possui as competências alegadas durante o processo de contratação. Ou, depois de ela ser contratada, seus chefes fazem exatamente o que disseram que fariam.

O melhor indício de confiança são os padrões de comportamento honesto.

Nenhum chefe gosta de ouvir: "Acho que não sabia tanto sobre isso quanto pensei, *mas eu aprendo rápido!*".

Do mesmo modo, nenhum novo funcionário gosta de ouvir: "Precisamos reestruturar seus horários e responsabilidades".

Essas afirmações são frustrantes, sobretudo quando ocorrem logo depois da contratação, porque significam que alguém estava mentindo o tempo todo. Portanto, quase sempre é tarde demais para reverter a situação.

Nada é mais gratificante do que ver uma pessoa fazer exatamente o que afirmou que faria. Isso faz com que passemos a nutrir fé não só por ela, mas por nós mesmos, agora que a tornamos nossa aliada.

Agora se pergunte: Já reconheceu algum dos indícios de comportamento baseados em confiança nas pessoas para as quais você trabalha e nas pessoas que trabalham para você? Alguém se destaca nesse sentido?

Abril, 2009
O maldito botão de Hillary

Ao olhar para trás, percebo que a operação de Las Vegas era boa demais para ser verdade, mas somente porque hoje conhecemos o resultado. Quanto mais aprendo sobre o comportamento humano, mais vejo que os resultados podem ser avaliados não apenas pelo dinheiro ou pelo critério de se ter atingido um objetivo político, mas também pela união das pessoas certas. Reunir minha equipe acabou me trazendo ganhos muito mais tangíveis do que qualquer acerto na loteria. Mantive a maioria dos jogadores mais relevantes comigo e alcançamos alguns dos principais objetivos, assunto que abordarei depois. Parte dos participantes até me seguiu para o Programa de Análise Comportamental. Eu não trocaria isso por nenhum prêmio de loteria.

Aqui vai a versão curta de como aconteceu: o coronel falou sobre o desfile e o general disse prontamente que pensaria na situação. No dia seguinte, ele disse ao coronel que "já tinha visto muitas paradas na vida", uma resposta sem relação alguma com desfiles, mas que tinha tudo a ver com a lealdade dele à Rússia. Ambos apertaram as mãos e se separaram.

Esperei várias semanas pela chegada da tempestade.

No entanto, ela não veio. A lealdade do general ao seu país aparentemente foi amolecida por sua lealdade ao amigo, a quem ele não denunciou (indício positivo # 1). Então ganhei o prêmio de consolação: havíamos concluído uma operação coesa e dotada de mecanismos de salvaguarda caso falhasse, e o FBI a considerou uma missão bem-sucedida.

Trabalhei em muitas outras operações com Jack nos anos seguintes, por isso tive a oportunidade de me mudar para o escritório do FBI em Norfolk, onde a baía de Chesapeake se encontra com o Atlântico. Um destino dos sonhos. As horas que eu perdia para ir e voltar do escritório em Manhattan estavam acabando com o meu tempo em família, e eu tinha dois filhos pequenos que adoravam morar perto da praia, com papai em casa a maior parte do tempo. Sabia que Jack aprovaria minha mudança, porque também tinha filhos e dedicava-se a eles com o mesmo carinho com que tratava a todos no trabalho (indício positivo # 7).

Apesar de seus melhores esforços em casa, Jack sofria pressões semelhantes às minhas, e dois de seus filhos se mostravam frustrados. Um deles chegou a causar um problema sério, mas Jack se recusou a julgá-lo. Então o transferiram para a sede do FBI em Washington, D.C., o que lhe propiciou uma significativa melhora na vida familiar (indício positivo # 5).

Passados alguns anos, Jack encontrou uma vaga para mim em sua nova equipe. Não consegui resistir ao impulso de trabalhar no epicentro da polícia americana. Nós nos mudamos para D.C., e então meus problemas começaram.

Bolei uma operação audaciosa. Havia "loteria" escrito por toda parte. Um dos oligarcas mais ricos da Rússia, com acesso direto a Putin, estava com problemas de visto. E eu queria ajudá-lo a "resolvê-los".

Mas Jack não pareceu impressionar-se. Ele claramente havia mudado em D.C. Estava menos opinativo, mais conservador, menos flexível. Ainda me tratava bem, mas de modo distante. Almoçávamos juntos de vez em quando e era sempre muito agradável, mas não nos mantínhamos em contato como antes. Na verdade, havia muito menos contato. Ele estava se isolando socialmente, então pelo menos era coerente (indício positivo # 9).

Éramos como dia e noite: totalmente opostos. E eu não sabia o porquê.

Então, a secretária de Estado Hillary Clinton foi para a Rússia levando consigo o inusitado botão vermelho de "resetar", e isso simbolizava que o governo desejava inaugurar um novo e aprimorado relacionamento entre os dois países.

Naquele mesmo dia, Jack me enviou um memorando detalhado explicando por que minha operação contrariava a trégua simbolizada pelo botão vermelho, do qual ele tomara conhecimento havia semanas (indício positivo # 2).

Apreciei a informação. Mas não foram boas notícias para nossa equipe da Rússia.

Fui ao escritório de Jack no dia seguinte e ele reiterou a história toda, exatamente como havia descrito no memorando, aliviado por não ter mais que guardar segredo sobre o botão vermelho (indício positivo # 3). Ele ainda acrescentou que a pior parte de seu novo trabalho era manter as coisas em sigilo de praticamente todos com quem trabalhava, uma situação diferente de manter segredos *juntamente* com a própria equipe. Ele igualou tal necessidade à mentira (indício positivo # 8). Era a verdade, mas eu lhe assegurei que entendia o sigilo.

Ele me disse que, quanto a trabalhar na sede, a única coisa que lhe agradava era o fato de as pessoas tomarem muito cuidado para não ofender as outras – alguns dão a isso o nome de "correção política". Por fim, ao contrário do que vemos nos filmes, havia uma total escassez de fofocas no FBI, pelo menos no edifício Hoover (indícios positivos # 6 e # 4).

Respondi que me sentia feliz por sua honestidade e que o elemento enganador do subterfúgio profundo também me causava desconforto (indício positivo # 10). Essa conversa entre dois espiões de carreira talvez soe estranha, mas, em última instância, espionagem e contraespionagem no século XXI são apenas um negócio. (Também há agora quase tanta técnica de espionagem na indústria privada quanto no governo.)

Percebi que os valores fundamentais de Jack continuavam intactos; ele não havia mudado. Estava apenas lidando com um novo contexto, ou seja, um cenário muito mais amplo, composto não apenas do FBI, mas do Departamento de Estado e da Casa Branca.

Ao se proteger, ele estava protegendo as pessoas de *status* inferior. E também estava nos protegendo de *nós mesmos* e de nossos sonhos (às vezes perigosos) de glória.

Mais uma vez, aprendi as profundas limitações de se julgar o comportamento humano com qualificações binárias como "bom" e "mau".

Ficou claro, no entanto, que, depois de tantos anos trabalhando com a Rússia, minha carreira havia atingido uma lombada – de cerca de um metro e meio de altura. Jack mencionou que no Programa de Análise Comportamental uma vaga para uma posição importante fora aberta.

Era para o cargo de diretor.

— Está interessado? — ele perguntou.

RELATÓRIO

CAPÍTULO 6 – Determine os empecilhos

Sinal # 4: Ações

Citação-chave: "Para o bem ou para o mal, são as ações que definem as pessoas, com mais obviedade e precisão do que as palavras ou os sentimentos".

Mensagem-chave: Para que se preveja o que uma pessoa irá fazer, suas ações – presentes e passadas – devem ser analisadas objetiva, sistemática e racionalmente, porque as pessoas mudam com frequência e as situações sempre mudam.

AS LIÇÕES

1. Padrões: Os padrões passados de honestidade e justiça podem desmoronar quando as pessoas não são mais passíveis de responsabilização, em decorrência de seu poder, riqueza ou anonimato.

2. Caráter: As ações representam o indicador mais tangível, observável e mensurável do caráter. É principalmente por isso que a ação é um dos seis sinais para a previsão de comportamento.

3. Moral: Um código moral sólido aumenta a previsibilidade, embora possa mudar com o tempo.

Dez indícios positivos para padrões de ações

1. As pessoas permanecem leais enquanto outras são irracionalmente críticas.
2. Atendem às solicitações de documentação imediatamente.
3. Apresentam histórias cujas versões nunca se alteram.
4. Não participam de fofocas.
5. Não reclamam das famílias.
6. Evitam assuntos polêmicos.
7. Mantêm no trabalho a mesma personalidade que se revela no lar.
8. Às vezes citam obrigações morais em situações de negócios.
9. Agem nas redes sociais de modo coerente com sua vida profissional.
10. Cumprem o que disseram durante o processo de contratação.

Dez indícios negativos para padrões de ações

1. As pessoas não são totalmente transparentes sobre seu passado.
2. Tratam melhor os poderosos.
3. Deixam lacunas ou exageram as informações dos currículos.
4. Encaram os concorrentes como inimigos.
5. Têm um histórico de comportamento irregular na vida pessoal.

6. Você sente que não as conhece, mesmo após um contato próximo e prolongado.
7. Silenciam sobre colegas do passado.
8. São críticas sobre a vida pessoal dos colegas.
9. Apresentam comportamento frequentemente incoerente.
10. Têm dificuldade em aceitar responsabilidades.

7

ESCUTE PARA A REVELAÇÃO

Sinal # 5: Linguagem

A pessoa sabe se comunicar de maneira positiva? Ou ela o critica?

17 de Setembro de 2018, 16h
Espiões corporativos

Nosso avião voava baixo pela Baía de São Francisco, e já era tão tarde que apenas a ponta triangular do Transamerica Pyramid ainda brilhava como ouro ao sol. Muito apropriado: eu estava lá por dinheiro.

Mais especificamente, estava à procura de um novo emprego, pois logo me aposentaria do FBI. Queria encontrar maneiras de aplicar no setor privado minha experiência em inteligência e, algumas semanas antes, havia recebido um e-mail de um chefe de departamento de uma importante empresa de segurança corporativa com sede em S.F. Ele me convidara para uma consultoria de alguns dias, no que parecia um teste para um emprego em tempo integral.

O pagamento seria ótimo, mas não era isso que me empolgava. Era o e-mail do chefe de departamento, incrivelmente fundamentado nos princípios que nortearam meus anos de trabalho no Programa de Análise Comportamental e amadurecido em meu método de avaliar pessoas.

Em menos de 150 palavras, ele abordou alguns dos pilares mais básicos do comportamento positivo, saudável e digno de confiança.

Ele queria conhecer meus pensamentos e minhas opiniões. Esse era o objetivo do e-mail. Em poucas palavras, as pessoas tendem a começar a maioria das frases com "eu". Ele as iniciava com "você".

Ele legitimou meu contexto. Indicou que entendeu meu estilo de operar em um setor semelhante ao dele. O entendimento é uma qualidade poderosa, e não mera lisonja. A bajulação tende a ser abrangente e quase sempre visa manipular, mas a legitimação é muito mais específica, feita para se encontrar um terreno comum.

Ele falou em termos das minhas prioridades. Queria saber dos meus principais interesses e como eu poderia me beneficiar da empresa.

Ele me deu poder de escolha. Deixou o tempo, a agenda e o futuro do nosso relacionamento por minha conta. Excelente, porque a essência de uma ótima comunicação está em se focar na outra pessoa, e não em você.

Ele era racional e sensato. Tais qualidades deveriam sempre ser sinônimas, mas não são: alguém pode fazer uma sugestão racionalmente e ser irracional. Isso às vezes resulta na definição negativa de "racionalizar", ou seja, "manipular fatos para sustentar uma ideia". Ele só se baseava em fatos.

Além disso, a *apresentação desses conceitos* era perfeitamente coerente com o conteúdo. Essa combinação constrói aquilo que chamo de linguagem da confiança.

Sempre que a ouço, sinto um espírito familiar me chamando.

O sujeito parecia o chefe dos sonhos.

CONFIANDO NO CHEFE

Ter um chefe ao qual você pode confiar suas ideias, desejos e futuro financeiro pode tornar quase todo trabalho ótimo. Mas suportar um tirano em quem você não confia e a quem não respeita, e que tampouco confia em você ou o respeita, pode ser sinônimo de um lento suicídio profissional.

Na verdade, é difícil confiarmos firmemente em *quem* exerce poder direto sobre nós, porque há muita coisa em jogo para sermos complacentes com essa situação.

Todos sabemos que as preocupações dos supervisores extrapolam *nosso* bem-estar, pois eles estão muito mais interessados em sua própria autossatisfação. Além disso, é igualmente difícil para *eles* confiarem em *nós*, uma situação perfeita para suspeitas recíprocas.

Se você não confia em seus supervisores, sua desconfiança pode virar uma profecia autorrealizável, mesmo se tentar escondê-la. Muitos chefes consideram a falta de confiança um insulto e geralmente concluem que, se você se preocupa com eles, deve ter um bom motivo para isso. Então, aí está um problema real.

Todavia, quando você emprega um método racional para avaliar comportamentos, elimina o sentimentalismo que obscurece percepções e muitas vezes descobre que *realmente* confia nas pessoas.

Ao encontrar uma maneira de confiar nos gerentes, você se sente seguro para construir relacionamentos saudáveis e mutuamente benéficos com eles. Desse modo, talvez os transforme de supervisores em mentores e, finalmente, até em colegas.

À medida que você avança na carreira, com a bênção de seus superiores, começa a desenvolver a mesma perspectiva mais ampla e generalista que os chefes normalmente são obrigados a ter. Assim, não será sequestrado emocionalmente caso seu chefe necessite que faça um sacrifício em benefício da empresa.

Claro, no mundo real, existem muitos chefes ruins. Alguns tentam de propósito limitar o sucesso do funcionário, seja para ganhar respeito, seja para receber crédito por algo que o outro fez, seja para usá-lo como bode expiatório. A reação típica a essa situação quase impossível é se rebelar, tentar livrar-se dela ou simplesmente se esconder e não fazer nada. Assim ocorre a pura essência do luta-fuga-congelamento, mas apenas se você *permitir*.

Por outro lado, se você conseguir manter a racionalidade e reconhecer que, apesar das limitações, chefes também podem ser pessoas confiáveis e generosas, será capaz de prever esses tipos de problemas e não será pego de surpresa. Provavelmente será recompensado por não exagerar, e a reação madura pode transformar algo negativo em positivo.

17 de Setembro de 2018, 17h
Vale do Silício

Eu havia iniciado meu dia na Costa Leste com uma apresentação logo após o amanhecer, e agora ansiava pegar um Uber até o hotel de luxo que a empresa havia reservado para mim, deliciar-me com um caro jantar (não governamental) de serviço de quarto e encerrar a noite.

Mas, assim que atravessei o portão para ir embora, vi um sujeito segurando um cartaz com meu nome, e ele me disse que o chefe do departamento estava me esperando em um carro no meio-fio. Fiquei feliz. O cara se importava comigo a ponto de me levar ao hotel pessoalmente.

Ele saiu do carro para me cumprimentar, exibindo um sorriso brilhante e boa dentição, e me deu um aperto de mãos de ouro: firmeza e sincronismo perfeitos, com um leve toque da sua mão livre sobre as nossas que se apertavam. Sem dúvida, um gesto não verbal simples e agradável, porque indica que alguém está pelo menos tentando. E o carro era bom: um Mercedes AMG que exalava dinheiro e potência.

Estava bem barbeado e vestia um paletó esportivo de caxemira da Armani, com jeans que provavelmente custavam o mesmo. É um pressuposto do comportamento corporativo que as pessoas do meio vistam dinheiro e pilotem dinheiro, pois dinheiro atrai dinheiro, dentro e fora da empresa. Nas principais empresas de segurança privada, sempre vemos relógios e ternos chamativos, é tudo uma questão de aparência. No entanto, hoje em dia, também vemos indivíduos que não usam gravatas nem ternos, e sim tênis de milhares de dólares e camisetas de grife para fora da calça. A intenção é dizer: "Rico, mas jovem".

Quando me preparei para a viagem ao sul do Vale do Silício, ele me pediu que o chamasse não apenas pelo primeiro nome, mas pelo apelido.

Entretanto, por questão de proteção da privacidade, vamos chamá-lo de sr. X, um nome que nada revela, semelhante ao código padrão do FBI para manter sigiloso o nome de algum país, Ragul Muhnen, "nenhum lugar" escrito de trás para frente.

— Você não me contou que departamento gerencia — eu disse. Não tinha encontrado nada sobre ele on-line.

Depois de sorrir calorosamente, deliciado com a segurança do sigilo, ele respondeu:

— Supressões e execuções. — Referia-se a fusões e aquisições, e restringiu sua função à de chefe de segurança.

Por isso era tão enigmático. Uma fusão de grandes empresas internacionais estava se desenrolando e ele queria que eu soubesse que ele fazia parte disso, ou *não queria* que eu soubesse. As empresas em jogo, apesar de não tão famosas quanto, eram maiores que as duas envolvidas em uma megafusão recente: Amazon e Whole Foods.

Toda empresa da Fortune 500 – lista anual das maiores corporações dos EUA – tem a própria equipe de analistas de fusões, pessoas que se debruçam sobre planilhas e bancos de dados, mas é difícil confiar em números concretos no nível monolítico, devido à magia dos contadores corporativos. Portanto, as multinacionais contratam especialistas em segurança corporativa para fusões e aquisições, em busca da sujeira proverbial sob as unhas da empresa cuja aquisição se almeja.

O trabalho do departamento do meu novo amigo envolvia coletar dados brutos e fragmentos de fatos que revelassem pontos fracos ou fortes e ocultos que a outra empresa havia "ignorado". Mas, como os pontos delicados ficavam ocultos, dezenas de executivos eram contatados, em um processo chamado "elicitação": coleta e obtenção de informações sem que a outra pessoa perceba que as está fornecendo.

As informações envolviam desde propriedade intelectual até coisas menos óbvias, como salários, benefícios de saúde, financiamentos, vagas de estacionamento, qualquer coisa que contribuísse para a linha de fundo do valor e do endividamento ou que mostrasse discrepâncias na contabilidade de uma empresa. Pessoas muito importantes com frequência mentiam. E aí está outro exemplo do "paradoxo do poder" de comportamento antiético e desonesto entre pessoas com responsabilidade limitada. Às vezes, as empresas apenas executavam operações de sondagem. As chinesas, por exemplo, adoravam fingir interesse em empresas americanas para descobrir como poderiam prejudicá-las. Faziam ofertas baixas e coletavam o máximo de dados possível.

Quarenta dos maiores países do mundo têm um total combinado de divisões de segurança corporativa superior ao número de policiais de seu país. Nos Estados Unidos, há cerca de metade do número de agentes de segurança corporativa do que de policiais e xerifes.

Em todo o mundo, existem aproximadamente 20 milhões de agentes de segurança corporativa, todos mais submetidos às regras e culturas das empresas do que às próprias leis de seus países, com renda de mais ou menos 200 bilhões de dólares.

Portanto, é fácil entender de onde viera o belo carro. E também foi fácil para mim mesmo sonhar em comprar um.

Eu queria gostar do cara. *Ops!* Correção: queria *confiar* nele.

Aprendi o suficiente sobre a empresa do sr. x para saber que cabiam a seus gerentes de divisão todas as decisões de contratação de forma autônoma, para escolherem o melhor dos melhores, e que a força de trabalho deles tendia a permanecer, mesmo que se tornassem uma empresa ainda mais rica, como a Booz Allen Hamilton, com cerca de 20 mil funcionários, ou a Black Cube, uma empresa internacional com raízes na agência de inteligência de Israel, o Mossad.

De todos os ninhos onde eu poderia pousar, este era provavelmente o mais emplumado. Mas, como quase qualquer outro trabalho, tudo começou com a *confiança no chefe*, coisa que eu investigaria em seguida. Passar apenas três dias na cabeça de um oficial de inteligência corporativa pode parecer impossível, mas consigo fazê-lo agora, com meu método de avaliação de confiança.

Eu não precisava conhecer todos os segredos do sujeito. Bastava saber que o que *me dissera era verdade*, sobretudo se tivesse algo a ver comigo ou com meu possível emprego. Nem sequer sabia se o sr. x realmente se interessava por mim ou apenas tentava obter informações, mas, para fins de investigação, não fazia muita diferença. Ele tinha sua agenda e eu, a minha, e o objetivo era verificar se caminhávamos na mesma direção. Se sim, provavelmente seria de nosso interesse investir no sucesso um do outro. Se não, que assim fosse.

Acomodei-me no assento de couro macio e o passeio foi tão suave que eu parecia flutuar. Fui acometido da mesma sensação de torpor que sentira cerca de dezoito horas antes, quando acordei antes do amanhecer na Costa Leste.

Mergulhei em um luxuoso devaneio de esperança e paz. Por quase trinta anos, ofereci tudo o que tinha ao país e ao estudo da confiança, e estava na hora de dar algo a mim e à minha família. Não sabia o que estava por vir. Sabia apenas que, de um jeito ou de outro, aprenderia alguma coisa. E esperava que não da maneira mais difícil. Mas, naquele momento, a vida nunca fora tão fácil.

LIBERANDO O PODER DA LINGUAGEM

Como o objetivo fundamental da linguagem é *contar* algo a alguém, ela própria é uma *longa narrativa*, e, portanto, é o mais transparente e facilmente acessível dos seis sinais.

Até mesmo uma mensagem carregada de insinuações referentes a caprichos, jargões corporativos, agendas ocultas e correção política pode ser muito reveladora, caso se saiba ouvir sistematicamente, como quase todos os investigadores, incluindo os agentes do FBI. Meu método é tão bom quanto qualquer outro usado na comunidade da inteligência.

A maneira mais comum e mais fácil de separar a confiança dos truques ocorre por meio das palavras faladas e escritas, vocabulário, fraseado e nível de entrega, além de conteúdo.

A comunicação não verbal é particularmente importante na avaliação da linguagem, sobretudo por causa do óbvio: constitui outra forma de linguagem. Quando se interpreta o não verbal com precisão, ele pode se tornar um dos melhores indicadores para expor contradições, detectar falsas promessas e avaliar a sinceridade.

Nesse sentido, a precisão é com frequência mais difícil no trabalho do que em qualquer outro lugar. Quando se está em casa ou com amigos, vive-se em um clima descontraído, o que facilita a troca transparente e significativa.

Porém, no trabalho, é mais complicado, pelo fato de quase todos objetivarem direta ou indiretamente a mesma coisa: ganhar dinheiro. É ainda mais difícil se comunicar fora da própria empresa. Nessa arena de superaquecimento e progressos tão rápidos, uma das tarefas profissionais mais complicadas é ligar para as pessoas. Em uma era de multitarefas e megarredes, fazer chamadas desprovidas de calor humano, ou chamadas frias, não envolve apenas vendedores, mas praticamente todos que precisam entrar em contato com desconhecidos de outras empresas.

Portanto, a chamada impessoal é um ótimo teste da capacidade de alguém para identificar pessoas confiáveis e de inspirá-las a confiar em quem *a faz*. Essas duas ações em geral se desenrolam simultânea e sinergicamente, à medida que os relacionamentos são concretizados e aprofundados.

Muitas vezes, porém, a chamada impessoal dura cerca de um minuto e cria tão somente um medo ainda maior de rejeição.

Isso mata negócios e traz prejuízos a todos, não apenas perda de dinheiro, mas também de tempo e de sono.

Além disso, muitas pessoas não se comunicam simplesmente porque não se dedicaram à comunicação com a mesma intensidade que aplicaram às suas competências principais. Isso ocorre com menos frequência entre aqueles que trabalham em empregos centrados nas pessoas, desde assistente social a vendedor, mas é relativamente comum entre os que trabalham em ciência e tecnologia.

Portanto, à medida que avançamos rumo a uma economia cada vez mais dominada pela tecnologia, é importante lembrar que milhões de pessoas não foram treinadas em comunicação.

O CEO do LinkedIn, Jeff Weiner, afirmou recentemente na CBS que o maior déficit de qualificação de competências nos negócios americanos é a tarefa aparentemente simples de se comunicar. Isso ocorre em parte por existirem inúmeras pessoas que não se dão conta dos efeitos das próprias palavras, que não sabem ouvir, que adotam uma comunicação rebuscada e expressam-se como se o mundo girasse ao redor delas.

Essa percepção é quase sempre compreensível, tendo em vista que o mundo *delas* gira de fato em torno delas. Mas não do outro. E isso elas não entendem.

Pessoas assim, no entanto, não chegam a assustar ninguém, pois assumem um comportamento comunicativo tão ruim que facilmente é percebido. Nesse sentido, assustadores mesmo são os experts em manipulação, que se expressam bem e depois apunhalam o outro pelas costas.

17 de Setembro de 2018, 18h45
As ervas daninhas do Silício

— Robin! — exclamou o sr. x.

Quase dormindo por causa do longo dia de viagem e do conforto de flutuar silenciosamente pela estrada, fui pego de surpresa, mas tentei não demonstrar. Pressentia que o sr. x não era do tipo que admira a fadiga. Ele começou a enumerar uma série de teorias de negócios sobre as quais havia lido. Era difícil acompanhá-lo, mas fiquei impressionado. Nunca tinha conhecido alguém que dominasse livros e negócios como ele. Mas o sr. x ia rápido demais para que eu pudesse assimilar todas as informações, e pensei que poderia ser intencional. Nunca se sabe até que alguém comece a falar. A fala revela muito mais que os e-mails, porque estes são naturalmente truncados e também podem ser editados, por isso, são tão populares.

Também por essa razão, as mensagens de texto, ainda mais que os e-mails, podem ser tão perigosas. Ao contrário da cultura convencional, acho que algumas coisas são *muito* rápidas e convenientes.

— Você conhece Joe Navarro e Chris Voss, certo? — ele perguntou. Assenti. Trabalhei com os dois no FBI e ambos conquistaram sucesso como consultores e escritores.

— Eles vieram para cá — disse ele. Mas isso foi tudo. Supus que ele estava tentando me fazer sentir confortável ao fazer referência a amigos em comum. Ou *não*. Talvez citasse possíveis concorrentes para o trabalho que tinha em mente para mim, seja lá qual *fosse*. Eu sabia apenas que haviam me oferecido uma consultoria de dois dias, e até isso viera cercado de mistério.

Sempre tento manter a mente aberta sobre o que as pessoas dizem, e as ouço com atenção. Frequentemente, em questão de minutos já consigo dizer se posso confiar nelas ou não. Mas era meio complicada a avaliação do sr. x, algo comum entre gestores da Fortune 500, e praticamente uma epidemia no setor de *inteligência* F500.

Depois, ele mencionou outro conhecido e disse:

— Bom rapaz, mas demora para entender algumas coisas. — Eu concordava com essa opinião, mas respondi de maneira neutra. O sujeito havia enfrentado um problema e isso não era da minha conta. — Você não concorda? — ele insistiu. Não era de fato uma pergunta, então apenas sorri. Um sorriso resolve um número impressionante de problemas. — Entendi — disse ele, e sorri de novo.

Depois disso, o sr. x continuou:

— Faça-me um favor: dê uma olhada em como se comportaram nossas ações hoje. — Chequei por meio do meu telefone e disse que o valor das ações da empresa havia subido seis pontos. — Fantástico! — ele exclamou. — São dois meses de pagamento!

E encerrou o assunto. Ou ele queria me mostrar quanto dinheiro estava ganhando ou apenas se sentia feliz. Era outro daqueles caminhos de comunicação bifurcados que somente se resolvem quando as palavras e os dados se acumulam.

— Você sabe por que está aqui? — ele perguntou abruptamente. Apenas dei de ombros. — Para ensinar confiança ao meu pessoal. Esse é o seu dom.

Então retornou aos negócios, investigando minha formação e conhecimento sobre tudo, incluindo elicitação, construção de relacionamento, confiança e influência, as várias áreas em que eu trabalhara com mais frequência. O sr. x desejava conhecer minhas ideias e opiniões, como havia feito naquele primeiro e-mail, mas nessa ocasião tudo girou em torno do que *eu* poderia fazer por *ele*.

Enfim, uma situação comum, então nem sequer me incomodei. Estudos realizados cem anos atrás já evidenciavam que cerca de 40 a 50% de tudo o que dizemos é voltado a nós mesmos. Por alguma razão, eu achava que as pessoas deveriam ser menos autocentradas naqueles tempos mais simples, mas acho que é um traço endêmico do comportamento humano.

Em um dos estudos comportamentais mais recentes que li, os pesquisadores constataram que, quando as pessoas conversavam sobre si mesmas com alguém, os centros de prazer do cérebro se iluminavam, alimentados por hormônios da felicidade, como dopamina, serotonina e até oxitocina, o hormônio liberado após o orgasmo e quando estamos com as pessoas que amamos. A maioria das pessoas continuava a falar sobre si mesmas mesmo após os pesquisadores oferecerem dinheiro para elas falarem sobre a outra pessoa. E, quando enfim deixavam a outra pessoa falar sobre si, o cérebro dela igualmente ia para o mesmo "lugar feliz".

Também aprendi que os homens falam mais do que as mulheres, concentrando-se principalmente no autoenaltecimento. As mulheres falam mais sobre vínculos e redes de contato, mas em especial sobre si mesmas.

Sabemos que as pessoas de um grupo que se expressam com mais concisão tendem a ser consideradas as mais confiáveis e inteligentes. Isso ocorre por que elas aparentam não sentir a necessidade de *vender* suas ideias, o que *aumenta* a probabilidade de os ouvintes se interessarem.

O conceito de *evocar* um sentimento em alguém, em vez de apenas *mostrá-lo*, está presente na profissão de ator: "Deixe o público desempenhar o papel". Corolários incluem: "Deixe o comprador fazer a venda" e "Deixe o leitor redigir a obra".

Tive a sensação de que o sr. x nem sequer se sentia muito à vontade com o que *estava* dizendo, porque emitia muitos sinais não verbais incoerentes com o teor de sua fala. Notei especialmente um estranho tique nervoso que o fazia sacudir a cabeça, *contraditório* às palavras, pois deveria estar assentindo.

Ele continuou fazendo perguntas, o que normalmente indica que alguém se interessa pela opinião do outro. No entanto, quando eu lhe contava como me sentia sobre as coisas, ele com frequência me contradizia. Parecia um reflexo, como se ele fosse discordar de *qualquer coisa* que eu dissesse. Talvez fosse sua maneira de tentar controlar a situação.

Paramos em frente a um prédio de vinte andares perto de Palo Alto.

— Vamos ver os esquimós! — ele exclamou.

— Esquimós?

— Meus rapazes. Eu os chamo de esquimós porque trabalham com chamadas frias, impessoais, para descobrir coisas das empresas que estamos pesquisando. Seu trabalho é ensinar a eles o que fazer para, em quinze minutos, conquistarem a confiança dos outros.

— Por que quinze?

— Porque quando telefonamos para executivos importantes o suficiente para saber o que precisamos saber, quinze minutos é o máximo de tempo que eles nos *dão*. Em um *bom* dia.

Aparentemente, aquilo não era o hotel. Na verdade, estávamos no prédio da empresa dele, e parecia que meu dia de trabalho apenas começava. Eu havia cobrado o equivalente a dois dias de trabalho, pois é costume tirar de folga os dias de viagem, mas tinha a impressão de que ele queria um meio dia extra. *Droga*. Estava cansado. Mas pelo menos aprendi que o sr. x gostava de receber mais do que esperava. Muito bom saber. Senti vontade de bocejar, mas segurei.

DEZ INDÍCIOS POSITIVOS PARA A LINGUAGEM DA CONFIANÇA

1. As pessoas não chegam a conclusões precipitadas. Apenas vão direto aos *fatos*, fazendo questionamentos suficientes para entenderem o outro completamente antes de emitirem os próprios comentários. Chegar a conclusões precipitadas, uma característica terrivelmente comum, tende a causar mais conflitos do que as questões que supostamente são as *fontes* de conflito.

Essa característica se origina diretamente do medo e quase sempre gera ainda mais medo e menos contatos amigáveis. Também cria sequestro emocional.

Não à toa, um dos sinônimos mais comuns para briga, discussão ou discórdia é "mal-entendido".

2. Quando falam, as pessoas o levam a se sentir bem.
Porque conhecem o elemento mais potente para serem apreciadas: não é como você faz as pessoas se sentirem sobre você, é como você as faz se sentirem sobre *elas mesmas*.

Quando uma pessoa faz com que você se sinta inteligente, compreendido, importante ou poderoso, de modo sincero, como é possível não gostar dela?

Quando um indivíduo lhe diz que *ele* é inteligente, compreensivo, importante e poderoso, como você aguentaria mais um minuto na companhia dele?

Aí está uma das raras ideias que podem mudar uma vida, ou afetar no mínimo a maneira como você conversa com os outros.

3. As pessoas mencionam mais as semelhanças do que as diferenças. Elas entendem que a maioria das pessoas, no dia a dia, quase sempre concorda com as mesmas coisas. Como não concordaríamos? Todos temos as mesmas necessidades e os mesmos direitos básicos. Todos queremos ser percebidos como bons e nos comportar como bons. Todos sofremos, todos sentimos alegria, todos vencemos e todos perdemos.

Quando você estiver *procurando* diferenças, acabará encontrando. A maneira mais fácil é presumir que alguém discorda de você. Outra maneira é *perguntar* à pessoa se ela discorda de você. Por que se preocupar?

Toda vez que age desse modo, você corre um risco significativo de que suas suposições negativas se tornem reais.

Priorize os consensos e só se atenha às *divergências* se necessário. Unidade e consenso estão no âmago de todos os humanos.

A discórdia fica na margem, e toda vez que você se fixa nela marginaliza a si próprio.

4. As pessoas olham atentamente para você quando está falando. Não olham para o espaço, não olham para o celular, não espiam a TV e mantêm o olhar fixo em você.

Por quê? Estão tentando descobrir como você se *sente* sobre o que está dizendo. Por si só, suas palavras raramente contam toda a história e, mesmo que contem, as pessoas ainda se sentem ignoradas se você não olha para elas.

Aqueles com quem você gosta de conversar mantêm os olhos tão abertos quanto os ouvidos.

5. As pessoas não falam como apresentadores de TV. Nesta era de mídia fragmentada, os jornalistas de TV dizem aos telespectadores o que eles querem ouvir e — adivinhem? — o público acha que os profissionais são brilhantes.

Eles não apresentam fatos. Apenas entreveros. Não falam. Acusam e representam.

Considera-se a situação "dinâmica". Mas é mortal.

No entretenimento, a dramaticidade é uma arte. Na comunicação, um vício.

6. As pessoas quase nunca ganham discussões. (Você já parou de ler? Não se preocupe, há um final feliz.) No momento em que uma conversa se transforma em discussão e alcança o estágio de ganhar ou perder, todos perderam.

Você já venceu uma discussão tendo certeza de que o "perdedor" não estava ressentido, vingativo, ofendido ou alienado?

As pessoas nunca são vitoriosas até que decidam parar de lutar. Não é uma filosofia Zen. É assim que a vida segue.

De qualquer maneira, você tem mais a ganhar do que apenas conseguir o que objetiva em um dia específico.

Aqui está o final feliz: quando chegar o momento em que você já terá perdido tanto que não quer nunca mais entrar numa discussão, desejando apenas conversar, nada mais pode ocorrer *senão* vitórias. Isso acontece o tempo todo, e as pessoas se perguntam por que gastaram tanto tempo tentando fazer alguém perder.

7. É fácil entender as pessoas. Isso não significa que é fácil para elas. A clareza exige um trabalho árduo.

O difícil é ter boas ideias, porque a clareza expõe ideias. A complexidade as oculta, e a simplicidade as revela.

Seja profundo e simples, não superficial e complicado.

8. O conteúdo moral do discurso vai além do politicamente correto. As pessoas se preocupam mais com o moralmente correto.

Quando você tem um coração grande e uma consciência limpa, não se sente obrigado a se gabar de como é verdadeiramente generoso.

Com o declínio das religiões organizadas, o politicamente correto tomou o seu lugar. No entanto, a correção política é principalmente um código de boas maneiras, e não um sacrifício que se faz para ajudar os menos afortunados.

Embora eu adore boas maneiras, elas não constituem um código moral completo e robusto. O politicamente correto não é uma religião. Significa apenas ser educado.

9. As pessoas falam sobre você mais do que sobre si mesmas. É um pouco semelhante ao indício positivo # 2 (a importância de fazer as pessoas se sentirem bem consigo mesmas), mas com um objetivo diferente: inspirá-lo a investir no sucesso de outra pessoa e vice-versa.

Se um indivíduo o incentiva a ser o centro das atenções, quase sempre está tentando verificar se seus objetivos são semelhantes aos dele. Em caso afirmativo, a pessoa provavelmente desejará fazer coisas com você. Afinal, a maioria fala mais de si. Portanto, ainda que uma característica relativamente rara, é um dos melhores indícios de comportamento exemplar.

10. As pessoas falam da mesma maneira com ricos e pobres. Segundo elas, todos merecem o mesmo respeito. Ainda que a maioria acredite que é justa e gentil no trato social, isso em geral não passa de ilusão. É extremamente difícil tratar todos da mesma forma, e a maioria às vezes se desvia desse ideal.

Você não pode confiar em pessoas egoístas, condescendentes e discriminatórias, mesmo que não *o* tratem dessa maneira.

17 de Setembro de 2018, 19h
A vida entre os esquimós

Depois que o sr. x e eu chegamos à empresa, deixei pra lá o cansaço, peguei um café no saguão do prédio e o segui até o andar de seu departamento. Eu esperava uma multidão reunida ali, mas descobri que havia menos de dez pessoas. As equipes de segurança gostam de privacidade, mas, mesmo para os padrões desse setor, poucas pessoas disporem de um andar inteiro sugeria o valor impressionante dessa equipe para a empresa.

O sr. x levou todos para o centro do andar, que parecia tão grande quanto um estacionamento, pois algumas paredes internas tinham sido reduzidas a postes de rolamento de carga, o que criava um panorama de 360 graus bem diferente. De cada janela se vislumbrava a pequena cidade indiscutivelmente mais poderosa do mundo.

A maioria da equipe se agrupava perto do centro, em estações de trabalho individualizadas e multimodais. Sem dúvida, uma formação moderna, semelhante à usada pelo Google, que aparentemente pretendia refletir um espírito democrático. (Desde que todos saibam quem é o *chefe*; esse tipo de democracia.)

Com seu indisfarçável talento para a autopromoção, o sr. x apertou um botão que revelou um amontoado praticamente interminável de armários repletos de vastas fileiras de livretos encadernados, todos em um tom de sangue seco, ou seja, meio marrom-avermelhados. Mesmo morando no epicentro da maior burocracia do mundo, nunca tinha visto tanto... *papel*. Senti como se estivesse olhando para uma espécie em extinção.

— O que é *isso*? — perguntei, genuinamente chocado.

— Nossos *roteiros* — respondeu x orgulhosamente. Eu não entendi o que ele queria dizer. — Para as *ligações*! As chamadas frias!

Ele me entregou um, que li somente até:

BOM_____(DIA/TARDE),_____(SENHOR/SENHORA) _____! SOU_____ E AGRADEÇO SEU TEMPO. COMO ESTÁ HOJE?

— Hum, profissionais não seguem *roteiros* — falei, enquanto me vinha à mente a visão de alguém tentando me vender imóvel por telefone. — Digo, roteiros *amadores*. — Quase imediatamente me arrependi de minhas palavras pouco diplomáticas. Mas eram sinceras e verdadeiras.

Enquanto as pessoas mais próximas de mim olhavam para o chão, o sr. x disse:

— Diga isso à *Wired*!

— Tudo bem. — Dei de ombros. Não tinha a mínima ideia de a que ele se referia, mas eu já dissera o suficiente.

Alguns funcionários ergueram os olhos com cuidadosas expressões de apreço.

— Quantos desses existem? — perguntei.

— Três mil — respondeu x.

Depois, ordenou a um funcionário que pedisse o jantar em um restaurante sofisticado próximo dali. Ninguém pareceu surpreso, então pelo jeito não havia horas extras na empresa; apenas trabalho até o chefe ficar cansado.

Ele pegou uma pilha de livretos, me chamou para uma estação de trabalho e me entregou um lápis vermelho. Aliás, eu não via um lápis vermelho há anos.

— Faça o que for preciso! — ele exclamou. — E traga-os ao *seu* padrão.

Soou bem. Por mais manipuladores que fossem aqueles textos prontos, pensei que poderia corrigi-los. A função básica constava em reverter a perspectiva e centrá-la nas opiniões, ideias e objetivos da *pessoa que recebeu* a chamada, e não do interlocutor.

Você provavelmente já viu exemplos suficientes neste livro para fazer o trabalho sozinho.

Abastecido com cafeína da estação ultragourmet de café e lanches, consegui revisar dez daqueles textos antes da chegada do jantar; pois as mudanças seriam relativamente uniformes.

Para mim, o aspecto mais bonito da construção de relacionamentos baseados em confiança, mesmo durante uma ligação rápida, é não reinventar a comunicação; basta colocar a outra pessoa no banco do motorista.

Quando ouvem isso pela primeira vez, as pessoas geralmente acham que perderão o controle. Mas controle é mera ilusão. *Ninguém* quer ser controlado e, no momento em que se começa a tentar, o outro resiste, desconfortável diante da tentativa de influência.

Um poder genuíno e duradouro, que no fundo significa *liderança*, reside naqueles que se tornam ferramentas para o sucesso e a inspiração de outros. Se você consegue descobrir para onde alguém quer ir e apontar a ele a direção, exercerá uma influência não só profunda, mas também reconhecida. E o reconhecimento rapidamente se torna a principal fonte de poder.

Nesse sentido, no entanto, vou dizer algo sobre a operação do sr. x: o jantar foi incrível. Cinco estrelas. Em minha própria estação de trabalho, eu me senti como o presidente dos Estados Unidos apreciando o gênio criativo do chef da Casa Branca enquanto trabalhava à noite.

Todos agiram de modo muito cordial comigo, o que renovou minha confiança no sr. x, porque muitas vezes só se consegue avaliar a qualidade dos executivos pelo calibre das pessoas que colocam em torno deles.

Comecei a entregar às pessoas as edições prontas dos livretos, um processo que se acelerou quando descobri os elementos mais relevantes que precisavam ser corrigidos e elaborei um método para fazê-lo. Em muitos casos, bastava apenas mudar o "eu" para "você" e colocar um ponto de interrogação no final da frase. Realmente muito simples.

Como às vezes acontece no momento que a exaustão e a produção atingem o pico simultaneamente, cheguei a um estado de euforia motivada pela endorfina que me levou a pensar que poderia revolucionar o estilo de comunicação corporativo da América. Alguns minutos depois, recuperei a razão e caí na real. Arrastei minha bunda para a estação de trabalho do sr. x, que se assemelhava a um cockpit.

— Cara — eu disse —, estou esgotado.

Ele reagiu como se eu tivesse dito que sofrera um derrame. Em questão de minutos, providenciou um transporte rápido para minha suíte de hotel, garantindo-me que minha bagagem já estava lá, junto com uma bela sobremesa, uma bebida e, como cortesia, um serviço de despertador para a manhã seguinte já adaptado ao meu fuso horário. O sr. x também me chamou de "Rei das Chamadas Frias" (RCF) e a equipe adotou o apelido, enquanto se reunia para se despedir. Excelentes pessoas.

Uma situação lisonjeira. Eu gostava do sr. x, ele era um cara legal, e, àquela hora da noite, gostar dele bastava.

Ao sair, ele afirmou que as mudanças que eu já havia sugerido permitiriam a seu pessoal "ganhar confiança" nos quinze minutos necessários. Não mencionei, mas nunca uso a frase "ganhar confiança", porque confiar não é um jogo e "ganhar" confiança não faz mais sentido do que "ganhar" o amor. Ambos, confiança e amor, são dados de graça ou então não existem. Ao longo dos anos, tentando ganhar os dois, consegui apenas dor de cabeça.

DEZ INDÍCIOS NEGATIVOS PARA A LINGUAGEM DA CONFIANÇA

1. As pessoas acham que podem se gabar engenhosamente. Algumas esperam o momento certo em uma conversa para, de modo casual, lançar seu momento de autopromoção como se fora uma mera informação, ou um exemplo pertinente, ou uma lembrança divertida.

Se você parabeniza a pessoa, que é o que ela está procurando, ela se faz de modesta.

Às vezes, também garantem que você seria capaz de fazer algo ainda melhor do que elas — um encorajamento fingido —, embora o principal objetivo seja ajudá-lo a lembrar-se de como elas próprias são ótimas, ainda que você já se esforce para fazer isso.

Se buscam gabar-se de alguma amizade, mencionam o Grande Nome em meio a outros desconhecidos, como se nem estivessem cientes da busca por *status*.

2. As pessoas tentam agradar-lhe julgando outras que vocês conhecem. Assim, sugerem que você é melhor do que essas outras, ou elas não lhe confiariam sua desaprovação.

Oferecem-lhe a oportunidade de participar da desaprovação a essas pessoas, como se fosse um vínculo saudável.

Enquanto isso, você pensa: *O que dizem sobre mim quando não estou presente?*

3. As pessoas mantêm-se defensiva. Traço perigoso! E muito comum.

Muitas pessoas sentem que, se assumirem um estado de negação em relação a determinada coisa, ela deixa de existir.

Assim, transformam críticas dirigidas a si próprias em piadas ou em uma afirmação ofensiva e ilógica.

Fazem bico. Agem de modo passivo-agressivo.

Mudam de assunto. Distorcem a "acusação".

Ou simplesmente se retiram.

Dessa maneira, usam seus escudos. Escudos levantados, informação bloqueada. Escudos abaixados, informações permitidas.

4. Pessoas debatem. Já mencionei isso anteriormente, tendo em vista ser um grande problema. Não estou falando de troca de ideias racionais. Refiro-me aos embates irracionalmente acalorados que hoje ocorrem entre polos opostos nos mais variados ambientes, dos *Casos de família* aos debates políticos.

As táticas de debate são apenas uma série de artifícios que podem ser surpreendentemente eficazes no processo de manipulação.

Alguns dos piores incluem: atacar pessoas em vez de ideias, usar insinuações, estimular medos, assumir um comportamento sarcástico e desdenhoso, eleger bodes expiatórios, mudar de assunto, exagerar a realidade ou minimizá-la, colocar palavras na boca dos outros e rotular pessoas.

Antigamente, era impossível obter uma nota de aprovação em um curso de redação se você argumentasse dessa maneira. Hoje, você pode concorrer a altos cargos públicos.

5. As pessoas costumam usar termos absolutos, como "sempre" ou "nunca". Essa é outra forma de falta de comunicação responsável por muitos problemas diferentes. Os absolutos destinam-se a sustentar um ponto de vista, mas raramente são verdadeiros e podem com facilidade incitar negação e oposição.

Quando alguém diz: "Você nunca me elogia", está apenas lhe implorando que diga: "Isso é ridículo! Eu me lembro de ter elogiado você!".

Mesmo quando se sabe que uma pessoa está apenas exagerando, talvez seja difícil afirmar se *ela* sabe disso. Os absolutos não contestados têm uma tendência perversa de renascer como verdade.

Quando você estiver procurando alguém em quem confiar, ouça o uso de palavras que minimizem o absoluto, como "geralmente", "frequentemente", "provavelmente", "regularmente", "praticamente", "em geral", "às vezes" ou "quase sempre". Com certeza já percebeu que este livro está repleto desses termos, que incorporam uma capacidade quase mágica de evitar discussões insignificantes.

6. As pessoas pedem que você não as leve a mal antes de começar a criticá-lo. Por exemplo: "Não leve isso para o lado pessoal, mas você é ridículo". Ou: "Não quero ser crítico, *de maneira alguma*, mas, como eu disse antes, você é *ridículo*".

Eu poderia ir além, mas você sabe como é.

Na análise comportamental, denomina-se esse comportamento "negar a evidência", uma daquelas artimanhas desagradáveis de linguagem que, às vezes, parecem funcionar, suavizando um golpe. Com mais frequência, apenas o anunciam.

7. As pessoas falam muito, mas dizem pouco. Geralmente, estão tentando esconder algo ou simplesmente não têm nada a dizer. Então, tentam substituir a quantidade pela qualidade, sobretudo mediante o uso de chavões comerciais como "crescimento negativo", "líder de pensamento" ou um clichê hoje onipresente, "planejamento estratégico", como se um plano habitual se resumisse a uma lista de desejos.

Em contraste, Winston Churchill, talentoso orador, inspirador primeiro-ministro da guerra e ganhador do Nobel de Literatura, escreveu certa vez no *The Economist*: "As palavras breves são melhores; as antigas, se breves, são as melhores de todas". O especialista em comunicações de negócios L.J. Brockman, criador da fórmula C^2M^2, traduz um sentimento semelhante ao designar as quatro características principais de comunicações bem-sucedidas: clareza, concisão, memorabilidade e motivação.

Apesar da clareza proporcionada por falas diretas, concisas e educadas, muitos receiam que, se não dominarem a conversa ou se não subestimarem as ideias das outras pessoas, perderão o controle da situação.

8. O corpo trai. Na comunicação não verbal, acredito que o rosto é o elemento mais importante. Aqui estão alguns sinais de estresse que as pessoas demonstram quando não se sentem à vontade com uma situação. Quando você perceber esses sinais, é aconselhável, e geralmente gentil, dar às pessoas a chance de falar sobre o *motivo* que as deixou desconfortáveis.

O sorriso: ao contrário do que ocorre em um sorriso genuíno, os cantos da boca não se erguem, mas apenas se repuxam para trás. O sorriso não se espalha pelo rosto. As sobrancelhas costumam franzir.

O ângulo da cabeça: a cabeça fica inclinada levemente para trás, em vez de para um dos lados, e as pessoas literalmente olham para você com olhos baixos, direcionados ao próprio nariz.

Os olhos: ao contrário dos olhos bem abertos de alguém em quem se pode confiar, os olhos ficam meio cerrados e tendem a se fixar, quase sem movimentos, na outra pessoa.

Essas expressões se tornam ainda mais reveladoras se ocorrerem com relativa frequência, mas não o tempo todo. Quando não se concretizam, fornecem uma linha de base para avaliação. Então, quando você vê esses sinais, tente analisá-los em busca de outras informações reveladoras dos reais sentimentos dessas pessoas.

9. As pessoas não sabem se desculpar. Pedir desculpas é bem fácil. Você diz "me desculpe" e pronto. Mas isso não acontece com a frequência que deveria, não é mesmo?

Em geral, as pessoas dizem: "Sinto muito. *Mas...* ". Então vem a reviravolta, quase sempre alimentada por uma acusação. "*Mas* eu só fiz isso porque *você* fez, blá, blá, blá".

A razão está no medo, principalmente nos disfarces comuns de arrogância, perfeccionismo ou alguma outra forma de superioridade.

Tais pessoas assumem como premissa central e autônoma: "É tudo sobre mim, e se eu simplesmente me declarar inocente de todas as acusações, continuará assim".

Pare enquanto estiver em vantagem.

10. As pessoas se autodiagnosticam psicologicamente, como se assim justificassem seu comportamento problemático. As ocorrências mais comuns são depressão, ansiedade e síndrome de estresse pós-traumático, todas perfeitamente válidas para milhões de pessoas. Mas, ainda que expliquem um comportamento desagradável, não o justificam.

Se uma pessoa excessivamente autoconsciente ou infeliz não aceitar que muitas outras sofrem da mesma forma, sem infligirem sofrimento a alguém, será ainda mais difícil conseguir a ajuda que deseja.

20 de Setembro de 2018
O sr. x me desorienta

No meu último dia em Palo Alto – outro dia de viagem que se transformou num dia de trabalho completo – conversei com muitos esquimós, na tentativa de averiguar o seu nível interno de conforto e satisfação. Todos eram leais ao chefe, mas pensei que isso poderia refletir mais o alto nível de caráter e ética *daquelas pessoas* do que do chefe.

Um dos sujeitos mais francos que conheci não pertencia ao grupo dos esquimós. Era um homem que trabalhava na seção Espiões e Mentiras, um pequeno nicho que aparentemente tinha alguma relação com um imenso banco de dados e com a criação de "pretexto", a palavra usada pelos espiões para interpretar errado o objetivo real de uma ligação telefônica, ou alguma outra forma de penetrarem em uma organização.

Ele disse que ouvira falar que eu era o homem de quinze minutos, o cara capaz de criar confiança em uma ligação de quinze minutos, mas acrescentou que o sr. x poderia não estar sendo exato quanto ao que de fato queria de mim.

— Ele tende a impedir as pessoas de perceberem o contexto — disse o sujeito da Espiões e Mentiras. — Talvez se sinta mais confortável quando é o único plenamente ciente do que está acontecendo. Acho que fica mais seguro.

Mais seguro de quê, nunca descobri, embora suspeitasse que o sujeito quisesse dizer mais seguro de uma empresa multinacional indignada ou mais seguro de não ser substituído. De qualquer forma, o assunto não foi um ponto de partida para conversas. Mistérios raramente são. Não investiguei mais, pois estava tentando manter um perfil discreto naquele momento. Mas certamente fiz minhas anotações.

Eu começava a gostar daquela atmosfera exótica, e havia muitas características do sr. x que despertavam afeição e apreço, o que criava pelo menos a verossimilhança de confiança, conforto e admiração. Ele acabou abandonando as palavras-chave e a linguagem dos negócios (indício positivo # 7), tinha o cuidado de falar sobre nossas semelhanças (indício positivo # 3) e prestava muita atenção quando eu falava (indício positivo # 4). Desistiu de ser argumentativo (indícios positivos # 6 e # 1) e passou a falar mais sobre mim do que sobre si próprio (indício positivo # 9). Muito significativo. Em qualquer situação, seria mais do que suficiente.

Mas eu não gostava do uso de roteiros e não havia conseguido alterar o apreço do sr. x por eles. O homem tentou me bajular, dizendo que os esquimós não estavam no meu nível e, portanto, precisavam

ESCUTE PARA A REVELAÇÃO

dos roteiros, mas eu receava que estivesse se enganando. Ele era bom na criação de narrativas convincentes, mesmo que enganosas, e não afirmo isso como uma crítica, porque a contraespionagem tem a ver com narrativas e engodos.

De todo modo, o sr. x foi um dos melhores oradores que conheci, mas tinha a tendência de permitir que as belas palavras que enunciava determinassem seu pensamento, em vez de deixar que o seu pensamento determinasse suas palavras.

Essa não é uma característica incomum entre grandes vendedores, políticos, escritores, palestrantes e outros profissionais simplesmente mais fluentes do que brilhantes.

Da minha perspectiva, porém, o sr. x parecia querer roteirizar manipulação. Perguntei-lhe isso, educadamente, sem ser direto, mas ele se colocou em uma posição emocionalmente defensiva sobre a questão (indício negativo # 3).

Em vez de defender sua posição logicamente, usou outra de suas táticas de debate, como fizera quando mencionei que o roteiro era amador. Naquele momento, criou uma escolha falsa: se eu não concordasse com ele, estaria discordando dos editores da *Wired* (indício negativo # 4).

Enquanto ajeitava minhas coisas para ir ao aeroporto, lembrei-me de outros sinais inquietantes na comunicação do sr. x. Logo de cara, ele se gabou das ações da empresa de maneira muito indireta, equiparando-as à sua renda (indício negativo # 1). Também criticou um sujeito que nós dois conhecíamos, única e exclusivamente para insinuar que nós dois éramos melhores que o cara (indício negativo # 2). E ainda naquele primeiro dia, antes mesmo de sairmos do carro, eu o vi em uma contradição não verbal, balançando a cabeça quando deveria estar assentindo (indício negativo # 8). Foi estranho, porque parecia demonstrar um profundo conflito interno, um problema comportamental refletido nos sinais não verbais.

Além disso, também usou muitos absolutos (indício negativo # 5), que podem ser inofensivos, mas também indicar um apego aos extremos que talvez se transforme em comportamentos de oposição: discordar por discordar. Como tantas outras pessoas com poder argumentativo, eu achava que ele apreciava argumentar porque apreciava vencer, e não tinha a menor noção de que, em uma discussão, *ninguém* vence.

Também me preocupavam as situações em que o sr. x me contradizia. Não tenho problemas com opiniões diferentes, mas ele disse:

— Não estou sugerindo que você não saiba *nada* sobre vigilância, mas... (indícios negativos # 5 e # 6).

Ele fez a gentileza de me levar ao aeroporto e estava de bom humor.

— Fizemos bastante coisa — disse ele —, e quero que você venha *de novo*!

Então ele me perguntou se eu gostaria de receber um sinal como pagamento. Eu não sabia a quantia que o sr. x tinha em mente e nem queria saber. Isso tornaria mais complicado eu fazer o que já havia decidido.

— Só uma coisa — disse ele. — Vamos dar um passo adiante. *Simplificar*. Estou falando de... — Ele fez uma pausa dramática. — *Trinta segundos!*

Então lá estava a desorientação a que o cara da Espiões e Mentiras havia se referido.

O sr. x, olhando para frente, como se tivesse tanta certeza da minha reação que nem sequer precisava olhar para mim, disse:

— Serei honesto. Isso é o que eu sempre quis. Mas não sabia se você conseguiria entender.

E foi isso. Pra mim, tinha acabado. Muitas surpresas. Previsibilidade insuficiente.

Disse isso a ele e ele praticamente começou a chorar. Uma atitude muito estranha, que eu *nunca* teria previsto. Mas me fez ter certeza de que tomara a decisão certa.

O resto do caminho foi desconfortável. Para ele. Eu me sentia bem. Estava voltando para casa.

RELATÓRIO

CAPÍTULO 7 – Escute para a revelação

SINAL # 5: Linguagem

Citação-chave: "Como o objetivo fundamental da linguagem é *contar* algo a alguém, ela própria é uma *longa narrativa* e, portanto, é o mais transparente e facilmente acessível dos seis sinais".

Mensagem-chave: O conteúdo básico da linguagem da confiança consiste em declarações verbais e não verbais que refletem pensamentos sem julgamento e validação, destinados a capacitar os outros com a escolha. Reflete a disposição de ser uma ferramenta em prol de outros e a vontade de investir no sucesso.

AS LIÇÕES

1. Ouça com atenção: A linguagem da confiança concentra-se mais no receptor do que no emissor e reflete o esforço contínuo deste para entender os desejos das pessoas e de ser um instrumento para eles.

2. Preste atenção à comunicação não verbal: A comunicação não verbal é mais importante e reveladora para a linguagem da confiança do que para qualquer um dos outros sinais, simplesmente por ser outra forma de linguagem.

3. Evite mal-entendidos: A falta de entendimento causa tantos conflitos que um dos sinônimos mais usados é "mal-entendido". Conheça os fatos. Depois fale.

Dez indícios positivos para a linguagem da confiança

1. As pessoas não tiram conclusões precipitadas.
2. Fazem-no sentir-se bem quando falam.
3. Falam mais sobre as semelhanças do que sobre as diferenças entre vocês.
4. Olham para você quando está falando.
5. Não falam como gente na TV.
6. Quase nunca "vencem" discussões.
7. São fáceis de entender.
8. Recorrem a um conteúdo moral que supera o politicamente correto.
9. Falam mais sobre você do que sobre si mesmas.

10. Falam do mesmo jeito com ricos e pobres.

Dez indícios negativos para a linguagem da confiança

1. As pessoas usam formas sutis de autoenaltecimento.
2. Tentam agradá-lo julgando pessoas que vocês conhecem.
3. Mantêm-se na defensiva.
4. Debatem.
5. Costumam falar usando absolutos, por exemplo, "sempre" ou "nunca".
6. Pedem a você que não leve a mal antes de criticá-lo.
7. Falam muito e dizem muito pouco.
8. Usam palavras incoerentes com os sinais emitidos pelo corpo.
9. Não sabem se desculpar.
10. Usam rótulos psicológicos para evitar responsabilidade.

8

VEJA O INTERIOR DAS PESSOAS

Sinal # 6: Estabilidade

A pessoa demonstra maturidade emocional, autoconsciência e competências sociais?

Quantico, 2019
Construindo o próprio mundo

Todos nós vivemos em um mundo desproporcionalmente dominado pelos mais dominadores. Nossos atos são frequentemente motivados pelos mais compulsivos e controlados pelos mais controladores.

Pessoas mal-humoradas usurpam rotineiramente nosso humor diário e aquelas muito ansiosas geram nossas ansiedades.

Esses indivíduos intrusivos e instáveis do ponto de vista emocional com frequência conquistam grande poder não apenas em empresas, cidades ou grupos sociais, mas também em nações inteiras, degradando e destruindo a vida de milhões que nunca conheceram. Considere a insanidade criminosa de Adolf Hitler, Joseph Stalin, Osama bin Laden, Saddam Hussein, Pol Pot, Bashar al-Assad, pra ficarmos apenas em alguns vilões de primeiro escalão da história recente, embora existam milhões de monstros inseridos no segundo escalão, além de um número praticamente infinito de idiotas que nunca aprenderam a agir como seres humanos decentes.

A maioria de nós não gostaria que a vida fosse assim, mas é assim e sempre foi. A tirania dos perturbados é um triste fato da natureza humana, quase tão imutável quanto as leis da física.

Mesmo assim, o poder da falta de equilíbrio permanece razoavelmente suportável – a não ser que sejamos convocados para a guerra, presos ou prejudicados de forma similar – porque esse é o único preço real que nos obrigam a pagar para desfrutar *nosso luxo anônimo da estabilidade emocional*, enquanto os dementes doentios se afligem por problemas que criaram para si mesmos.

O preço que pagamos quase sempre vale a pena. Estar na mente de qualquer uma dessas pessoas seria como viver no inferno.

Muitas das pessoas mais transloucadas e desvairadas, até aquelas cujo poder é ínfimo e mundano, se veem como super-heróis, jogadores poderosos ou pobres coitados que merecem ser vitimizados. Mas os outros não os veem desse modo. Com algumas exceções, pessoas emocionalmente instáveis, não importa o lugar que ocupem na hierarquia humana, são vistas como vacilantes, dissimuladas e pelo menos um pouco perturbadas. Ainda que ricas e poderosas, parecem impostoras, e é impossível respeitá-las, prever o que farão ou se aliar a elas.

Você provavelmente percebeu há muito tempo, depois de conhecer centenas de vilões sem valor, que eles agiram de uma determinada maneira porque, em algum momento, se sentiram tão infelizes que trocaram seu próprio senso de si por uma recompensa que talvez já tivessem até perdido, ou ainda para escaparem de um castigo que talvez merecessem. Mas, se ganharam ou perderam os prêmios tangíveis da vida, quase certamente perderam o controle das *próprias* vidas, uma perda à qual apenas poucas almas conseguem sobreviver.

Inúmeras pessoas problemáticas, mas corajosas — graças a Deus — têm escalado o caminho de volta do abismo da instabilidade emocional, mas algumas simplesmente não conseguem. Elas perdem o controle dos próprios comportamentos e dos ambientes onde vivem e se tornam arquitetas da própria desgraça. Conforme seu desespero pelo exercício do controle se aprofunda, seu senso de valor se desintegra, e começam uma busca eterna fora de si mesmas pela paz de espírito disponível apenas no interior delas.

Mas você não precisa viver no mundo que criaram.

Com trabalho, sorte, ajuda – e um país livre –, conseguirá criar um mundo próprio. Nem todos escolherão viver nele, é claro. Seria demais esperar (e trabalhoso demais!) que isso acontecesse. Mas você pode *excluir* praticamente qualquer pessoa do mundo que criou se estiver disposto a avançar sem ela. E, a partir daí, ninguém mais lhe dirá o que fazer sem que consinta.

Pode parecer arriscado ou excessivamente ambicioso, mas é o negócio que está na mesa agora. Esteve na maior parte da sua vida e nunca desaparecerá, mesmo que não tire proveito da situação.

Vale a pena! Fiz isso anos atrás. E agora acordo todas as manhãs no meu próprio mundo, adaptado aos desejos, às competências, às obrigações e aos objetivos que me norteiam. Não é um mundo perfeito. (Como *poderia* ser? *Eu estou* nele.) Mas torna a vida extraordinariamente mais rica de uma maneira fundamental: permite-me ser *eu mesmo*.

Isso é muito gratificante, porque, se você *não* é você, isso significa que você basicamente inexiste. Tenho certeza de que conheceu muitas pessoas que perderam o senso de si, e então viu o olhar vazio em suas faces e ouviu o som oco de suas vozes.

A vida pode ser um desafio bem complicado para qualquer pessoa, e é fácil perdermos o sentido de nós mesmos. E acontece, pelo menos em um grau moderado e por um período finito de tempo, com a maioria das pessoas. Aconteceu comigo.

Quando jovem, eu era o típico panaca americano tipo A, nem de perto tão confiante quanto eu fingia ser, então decidi reinventar-me como *O Grande Gatsby*, ainda que estivesse mais para "o Gatsby que dava pro gasto".

Tive mais sorte que a maioria: fracassei ainda novo. Vivi a infelicidade de conhecer o sucesso como estudante e atleta no ensino médio, e esse êxito e as recompensas que ele deixou revelaram meu vazio. Eu era tido como legal, mas apenas pelas pessoas que *não* eram eu.

Como ocorre com frequência, eu era meu melhor inimigo, porque sempre soube o que mais me incomoda, quais dos meus medos exacerbar e como irritar as pessoas se me menosprezassem. E quanto mais me autocriticava, mais me rebelava contra a situação e mais me escondia por trás do meu orgulho. Em razão de minha insegurança, eu me inclinei mais para a arrogância do que para a humildade, acreditando que a única razão pela qual a maioria das pessoas se revelava humilde era terem muito por que se humilhar. Mas, mesmo assim, eu conhecia a fragilidade escondida atrás da minha fachada.

Como um antídoto e por uma questão de patriotismo, alistei-me no Corpo de Fuzileiros Navais dos EUA, com o objetivo de livrar-me dos sentimentos imaturos de vulnerabilidade, anseio e fracasso, os quais geralmente chamamos de inocência. Da mesma forma que muitos jovens, sempre me preocupava com minhas falhas e com o que talvez significassem no futuro. Esses sentimentos surgiram principalmente como decepção em mim mesmo e como vergonha, ou apenas como a culpa que brota em nosso jardim.

Por mais que tentasse, continuava sentindo-me culpado pelo que já havia feito de errado, mesmo sem identificar o que *era*. Isso se chama juventude, certo?

Mas, enquanto me dedicava ao estudo do comportamento humano, descobri que a definição mais precisa e relevadora de culpa é: *medo de não ser amado*. Tememos que, quando as pessoas — ou divindades — descobrirem as coisas ruins que fizemos, o amor deles por nós desaparecerá. Essa ameaça simples, mas profunda, quase sempre está na base do sentimento vazio e doentio que acompanha a culpa.

Todavia, tornamo-nos menos propensos a sentir remorso ou vergonha quando achamos que vamos conseguir nos livrar de algo sem que ninguém saiba. Esse fenômeno é uma variante do paradoxo do poder já mencionado: pessoas poderosas são mais propensas a violar regras, trair confianças e não se preocupar muito com isso.

Porém, mesmo que você seja uma dessas pessoas ricas, famosas e impunes, não encontrará uma maneira fácil de sair desse dilema; afinal, se esconder suas transgressões, sempre saberá que as pessoas que o amam não amam seu eu *verdadeiro*.

Assim, inocência e culpa, geralmente vistas como opostas, compartilham parte do mesmo terreno instável na eterna busca pelo amor. E ambas podem doer.

A dor se origina quando enfrentamos o desejo ardente do amor e também as mudanças que o amor exige, sem perdermos o nosso sagrado senso interior. É um ato de equilíbrio e, quando nós o tentamos, em algum momento acabamos esmorecendo.

Todos esmoreceremos.

Todos sabemos que o conceito de mundo perfeito, mesmo aquele que você cria em torno de si, é mera ilusão. Mas é difícil resistir a ela e impossível deixá-la para trás sem algum arrependimento.

Queremos afastar as ilusões da vida, mas, como aprendi no 11 de Setembro, quem quer viver desiludido? Naquele dia aterrador, perdi parte de minhas próprias ilusões e pude perceber com clareza meu vasto número de limitações para me tornar humilde. E isso fez eu me sentir melhor! Talvez soe paradoxal, mas não é. A maioria das pessoas que não percebe suas limitações também desconhece os próprios poderes, considerando-se que a natureza do discernimento é ver tudo... ou nada. Você não pode escolher autoconsciência da mesma forma que escolhe uvas.

Pessoas que não conseguem lidar com o desafio de ver o próprio interior tendem a se preocupar muito com a aparência, a ostentar, dominar e manipular, nunca cientes de que esses atos tristes as afastam cada vez mais do seu desejo primordial: a autoaceitação, fundamento da estabilidade emocional.

Algumas pessoas desprovidas de estabilidade emocional tentam compensar sua instabilidade sendo perfeitas, mas o perfeccionismo em geral não passa de mais uma face do medo. Os perfeccionistas sempre querem mais, mais, mais, enquanto os humildes com frequência acreditam que não precisam provar nada. Eles acham que já garantiram o direito de viver no próprio mundo, sem sacrificar sua individualidade, suas forças e seus desejos.

Portanto, a humildade possibilita um enorme avanço no caminho da estabilidade emocional. Entretanto, a humildade é uma daquelas coisas engraçadas que todos queremos, mas da qual nem sempre gostamos. Quando você a vivencia pela primeira vez, sente-se decepcionado, como se fosse igual a todos no mundo. Você esquece que *era isto que queria o tempo todo*: o sentimento de pertencer, com o calor da família, amigos e aliados profissionais, mesmo que cada um deles apresente falhas.

Mas, com sorte, encontrará outra pessoa humilde, a quem aceitará e respeitará, ainda que não por julgá-la superior a você. Na verdade, você a verá apenas como mais um membro da tribo.

Então você a vê fazer algo fantástico, e a melhor e a mais difícil lição de estabilidade emocional começa a ter sentido: *você não precisa ser melhor do que as outras pessoas para ser incrível.*

Aqui está um fato da vida: Não importa o quanto você tente, nunca será majestosa e excessivamente superior ao que sempre foi, o que é bom. Nem todos o amarão, mas você será amado por aqueles capazes de amar de verdade. Eles são os únicos cujo amor realmente importa, porque o amarão por ser você, e não precisarão de você para realizar as fantasias tão importantes dos que são incapazes de amar de verdade.

Encontrei pela primeira vez esse nível elevado de amor e aceitação na minha esposa e nos meus filhos. Na família, a maioria das pessoas encontra estabilidade. Em seguida, em alguns amigos íntimos. E, com frequência, termina por aí, infelizmente. No trabalho, esses bons sentimentos desaparecem, pois as pessoas acreditam em — e, portanto, ajudam a criar — um mundo profissional dominado por relações de indiferença e competitividade, no qual todos devem pisar em todos para obterem sucesso, sem levar desaforo pra casa, mergulhando de cabeça na carreira e confiando em ninguém. A verdade é que *nada disso é necessário* em um mundo emocionalmente estável, que se cria por si só. Descobri que até o ambiente severo dos Fuzileiros Navais era regido mais por camaradagem e missão compartilhada do que por agressão e ambição egoísta.

Depois que a Marinha deu algum sentido à minha vida, fui atraído naturalmente para o FBI, assim como muitas pessoas das forças armadas em busca de outro papel que exija grande disciplina, uma maneira de levar o patriotismo para casa e a chance de servir a deuses mais poderosos que dinheiro e poder.

Naquela época, eu era um cara bastante humilde e estável (pelos padrões dos jovens americanos), e acreditava que seria um ótimo agente do FBI durante o dia... E um ser humano à noite! (Minha esposa insistiu um pouco em relação a isso.)

Então, enquanto jovem agente, eu ainda era meio inexperiente. Esse sou eu.

Mas estava funcionando bem!

Até 11 de Setembro de 2001. O inferno veio à tona, mesmo *no meu mundo,* e a paz na América nunca retornou de fato.

Naquela época, como mencionei, eu trabalhava em Nova York tratando de assuntos referentes à Rússia. Passava os dias andando por Manhattan como um cão de caça maluco, farejando espiões e encontrando meus próprios espiões. Porém, quando o 11 de Setembro tomou para si todas as atenções do FBI — bem as de todas as outras agências de três letras nos EUA —, os russos viram uma janela aberta de oportunidades para recuperar um pouco de seu império. Assim, invadiram a Chechênia e mataram cerca de 50 mil pessoas, a maioria delas civis, desencadeando uma terrível campanha de terror, sequestros, tomadas de reféns, torturas de famílias inteiras, decapitações, degradações e estupros, com foco especial em crimes sexuais, o que horrorizou a cultura conservadora da Chechênia.

Os EUA, no entanto, estavam compreensivelmente obcecados pelo Oriente Médio e vulneráveis às campanhas de propaganda da Rússia, cujo mote era: "A Chechênia está infestada de terroristas muçulmanos e estamos fazendo o trabalho sujo *por vocês, então, de nada!*".

A percepção dos americanos a esta narrativa tendia à aceitação. Uma percepção maluca que permitiu o renascimento da Rússia como uma nação instável, pronta a disparar seus canhões.

A mudança de atitude foi alarmante. Já havia aprendido que o comportamento mais monstruoso se inicia por uma percepção equivocada, e não por algum ato de insanidade ou maldade incondicional, e os EUA estavam *escolhendo* encarar a Rússia como benigna.

Fiquei perplexo diante dessa realidade, até ingressar no Programa de Análise Comportamental, que havia se especializado em investigar *por que* as coisas estavam acontecendo, e não as questões de quem, o quê, quando ou onde. Quando o programa me ensinou a não analisar os eventos estritamente a partir do *meu* contexto, percebi que os cidadãos americanos toleravam a crueldade e a ganância da Rússia simplesmente porque, naquele momento, não poderiam tolerar outro inimigo. No contexto público americano, mergulhado em guerras permanentes no Afeganistão e no Iraque, *qualquer* guerra parecia destinada ao desastre.

No Programa de Análise Comportamental, minha compreensão da natureza humana cresceu exponencialmente, em parte por ser obrigado a analisar minhas *próprias* percepções quase todos os dias, a fim de entender as dos outros. Isso abriu meus olhos e revelou-me um mundo mais racional e caloroso. Quando parei de encarar minha vida como um melodrama interminável, *ela deixou de sê-lo*. Quando comecei a procurar pessoas em quem confiar, acabei encontrando-as. Quando parei de me aliar a pessoas emocionalmente instáveis, meu mundo ficou mais saudável.

No decorrer de vários anos, com a ajuda do meu Mestre Jedi Jesse e da minha família, *eu me mantive são* e — adivinhem? — parecia que o mundo também se tornava são! Essa perspectiva, que vinha apenas de minha própria percepção, tornou o ambiente imediato *em meu mundo* mais saudável, e fiz o possível para ajudar a disseminar essa condição.

No programa, frequentei um curso intensivo da mecânica de previsibilidade de causa e efeito da natureza humana, e minha vida melhorou imensamente, mesmo entre minha família e amigos. A mudança dependia de um princípio poderoso: se você faz A com alguém, geralmente recebe B, quer queira ou não, quer trabalhe duro ou não, quer aplique recursos ou não. Pessoas são pessoas e, portanto, previsíveis.

Segui esse princípio até o topo do programa e nunca olhei para trás. Em 2011, fui designado chefe do Programa de Análise Comportamental. Como seu quarto líder na história, levei o trabalho muito a sério, sentindo-me obrigado a aproveitar o poder mais pujante que já tive para a América estar segura novamente.

Adorei meu novo trabalho. O tempo voou, pois eu adquirira a paz de espírito que experimentamos naturalmente ao aceitar que, *da perspectiva delas*, quase tudo que as pessoas fazem faz sentido! (Suas ações podem ser *péssimas*, mas fazem sentido.)

E, se fazem sentido, *você consegue prevê-las*.

E, se você consegue prevê-las, *deve agir de acordo*.

E então, com mais frequência do que nunca, as ações dos outros nem sempre são ruins, especialmente no *mundo que você cria*, pois consegue vê-las se aproximando e pode lidar com elas adequadamente.

Quando as pessoas dominam esse conjunto simples de regras, o qual *você* provavelmente já assimilou agora, elas podem facilmente se transformar em uma ferramenta para o sucesso alheio, o que incrementa o sucesso delas próprias, à medida que formam cada vez mais alianças.

Nesse momento, praticamente todas as coisas boas estão ao seu alcance.

Dezembro de 2011
A sala de diversões de Saddam Hussein

— Pode me fazer um favor? — perguntou Jesse ao telefone, logo depois que me tornei chefe do Programa de Análise Comportamental.

— Diga.

Jesse explicou que estava ligando em nome de uma jovem agente de Nova York que parecia estar com um problemão. Ela o procurara porque ele era uma lenda quando se tratava de simplificar desafios complexos.

Apesar de aposentado, Jesse ainda ajudava a agência como especialista em contratos, e fora incorporado à equipe com a jovem. Ela trabalhava na Rússia, que de novo estava criando problemas de todo tipo.

Dessa vez, a dúvida era: a Rússia se tornaria uma democracia genuína ou regrediria ao tipo de ditadura criminal que assombrara a nação por trezentos anos? (Alerta de *spoiler*: não nutra muitas esperanças.)

Vladimir Putin havia acabado de vencer uma eleição fraudulenta, que provocou protestos nas ruas e encarceramentos em massa. Havia até aquele momento cerca de mil presos políticos.

O próprio conceito de prisioneiros políticos russos gerava imagens terríveis em minha mente, e eu queria muito ajudar.

A Rússia nunca havia abandonado o uso da tortura e do terror, e não restavam dúvidas de que mais uma vez recorrera a eles. Algumas pessoas viveram para contar a verdade, outras não. Os perturbadores detalhes não serão relatados aqui.

A espiral interminável de capturas, interrogatórios, prisões, abusos e intimidações impiedosas das vítimas e de suas famílias *ainda está acontecendo*.

A agente sobre a qual Jesse falara era uma jovem nova-iorquina chamada Linda, que recentemente obtivera seu PhD em Psicologia. Ela havia sido informada por outra agência de três letras em Nova York da existência de um alvo suspeito responsável por esconder da mídia a brutalidade sádica da Rússia. Supostamente, tratava-se de alguém que trabalhara no consulado russo e nas Nações Unidas, mas tinha vivência na mídia e parecia conhecer os pontos fracos da psique americana. O procedimento a que a Rússia recorria naquele momento se assemelhava muito à mesma estratégia empregada durante a Guerra da Chechênia: culpar os terroristas do Oriente Médio.

Contudo, para chegar ao alvo, Linda precisava seguir um caminho tortuoso, que incluía um desertor iraquiano que supostamente trabalhara diretamente com Saddam Hussein no seu palácio em Bagdá. O cara não era uma fonte confiável, mas tínhamos motivos para acreditar que poderia nos ajudar. Ele estava participando de uma série de palestras sobre história da Rússia na Universidade Fordham, e o alvo também.

Jesse contou que Linda estava apavorada, em razão dos elementos de vida ou morte do caso, mesmo que as mortes ocorressem a milhares de quilômetros de distância. A missão distanciava-se bastante dos casos de depressão e ansiedade que ela tratara enquanto psicóloga clínica, antes de se juntar ao FBI a fim de, como confessou mais tarde, "fazer a diferença".

— Disse-lhe que eu poderia ensiná-la pelo exemplo — comentou Jesse —, mas que *você* lhe mostraria um método que ela usaria para sempre. A moça precisa de algo assim. — Então ele continuou suavemente: — Ela não está... — ele hesitou — ... funcionando da melhor maneira possível. — Isso foi o mais perto que ele chegou de criticar uma pessoa, pois geralmente expressava negatividade pelo que *não* dizia, o que impactava mais do que os ataques explícitos da maioria de nós.

Jesse disse que Linda tinha potencial para ser uma grande agente, mas era muito sensível, talvez dominada pelas emoções. Os sentimentos se sobrepunham à racionalidade, gerando insegurança na jovem.

— Diga-lhe que ficarei feliz em ajudar — afirmei.

Meu plano consistia em uma consulta de análise comportamental padrão: convidá-la, e também à sua equipe, para vir a Quantico e ajudá-la a criar uma estratégia baseada na análise comportamental. Tentaríamos identificar o comportamento previsível das pessoas envolvidas e ofereceríamos sugestões e alguns pontos a considerar. A execução do plano, como sempre, caberia ao agente responsável: ela.

Para começar, preocupava-me o iraquiano que Linda precisava entrevistar. O sujeito parecia perigoso e tinha um passado nebuloso.

Houve uma vaga menção de que ele era o único homem no Iraque que Saddam temia, embora Saddam tivesse uma câmara de tortura própria no porão do palácio onde morava com esposa e filhos. Saddam instalara a câmara no palácio porque gostava da ideia de ter sua própria sala de diversões, assim como os filhos *desfrutavam* as próprias salas de estupro. Havia uma também em Manhattan, em frente à casa de Michael Bloomberg – mais especificamente no porão da Missão do Iraque. Mediante autorização de Saddam, iraquianos residentes nos EUA eram sequestrados e levados para lá, onde eram torturados e usados para chantagear familiares que ainda permaneciam no Oriente Médio. A câmara de tortura sobreviveu até os investigadores federais invadirem o prédio depois da queda de Saddam em 2003.

Havia salas semelhantes nas embaixadas do Iraque em todo o mundo.

Eu entendia porque esse nível de horror perturbava Linda. A Rússia estava executando com sucesso a mudança mais repulsiva em direção à tirania na história recente e, quando se está perto da depravação, a paranoia pode congelar o sangue e tornar todo medo possível terrivelmente real.

Linda teve uma reação comum nesse contexto. Muitas pessoas tornam-se emocionalmente instáveis em ambientes insuspeitos e hostis. E a maioria delas age irracionalmente quando desesperada. Nunca se *conhece alguém de verdade* até vê-lo tentando agir sob fogo cerrado.

No entanto, eventos ameaçadores não são a causa mais comum de comportamento imprevisível e errático. Mesmo pessoas em ambientes típicos e inusitados podem ser levadas à irracionalidade por múltiplos fatores: abuso infantil (que geralmente conduz a outros abusos em resposta), estresse pós-traumático, desequilíbrios bioquímicos graves, abuso de substâncias, ferimentos na cabeça e doenças neurológicas.

Ainda mais pessoas situam-se em uma área indefinida de instabilidade emocional que não é óbvia, constante ou mesmo severa. Espera-se que elas exerçam bem suas funções, como pessoas de saúde mental normal, mas simplesmente não conseguem.

Felizmente, porém, outros fatores poderosos ajudam pessoas que "enlouquecem" a "se tornarem sãs" novamente. Essas forças incluem medicamentos, estilos de vida mais saudáveis, aconselhamentos, ajuda de amigos e familiares, meditação, grupos de apoio, realização espiritual e tratamento para uso abusivo de substâncias.

Essas forças de redenção pessoal e apoio generoso estão entre as funções mais evoluídas da humanidade. Elas nos permitem não só continuar estáveis em um mundo instável, mas também ajudar os outros a *recuperar* a própria estabilidade.

Mesmo assim, a instabilidade emocional, mesmo temporária, é um balde de água fria quando se trata de buscar um comportamento previsível e louvável.

A falta de estabilidade emocional é, sem dúvida, o déficit mais importante de todos os seis sinais, porque dificulta prever o comportamento de instabilidade. As pessoas instáveis agem de acordo com o que *pensam ser do melhor interesse delas,* mesmo que não seja, e tal situação pode desencadear um ciclo de comportamento imprudente ou irracional impossível de ser previsto.

Ainda mais problemático, qualquer pessoa com significativa instabilidade emocional geralmente destrói a própria capacidade de se envolver efetivamente em qualquer um dos outros sinais de previsão de pessoas.

Portanto, sem o fundamento da estabilidade emocional, às vezes é muito difícil para as pessoas exercitarem de modo adequado os outros cinco sinais, e elas se tornam praticamente incognoscíveis.

A melhor maneira de navegar nesse oceano desconhecido é aprendermos a detectar a instabilidade emocional e ficarmos o mais longe possível dela, a menos que nos sintamos moralmente obrigados a ajudar.

Se eu detectasse uma instabilidade significativa em Linda, provavelmente teria que ajudá-la a exercer alguma tarefa que fosse mais adequada a ela. Não diria nada do tipo: "Você está demitida", mas quase certamente ela entenderia desse modo.

Janeiro de 2012
Segundas impressões

No início de janeiro, Linda entrou hesitante no meu escritório, exibindo uma atitude de: *Eu não pertenço a este lugar.*

Meu primeiro pensamento foi: *"Caramba! Essa mulher parece tão velha quanto Dora, a Aventureira! Quem a levará a sério? Espiões russos?".*

No entanto, aprendi que as segundas impressões são quase sempre mais precisas do que a tão superestimada primeira impressão, porque para chegar a elas tivemos tempo para *pensar*. Seguir nossos instintos é o comum, mas garanto-lhe que o cérebro é mais eficaz que o instinto.

— Linda! Que bom ver você!

Apertei a mão fria dela. Explicação não verbal: medo. Sabemos que a expressão "frio na espinha" se refere ao medo, figurativa e literalmente, considerando-se que este contrai os vasos sanguíneos e compromete a circulação, especialmente nas extremidades. Mas muitas pessoas desconhecem que *mãos* frias também indicam medo, e é muito mais difícil para alguém disfarçar as mãos frias em uma situação social. (Portanto, se você estiver participando de uma reunião aterrorizante, coloque as mãos em água quente, o que ocultará seu nervosismo diante de qualquer pessoa cuja mão você precise apertar, como uma expressão *literal* da reação de lutar ou fugir. Isso envia ao cérebro uma mensagem de feedback confirmatório tranquilizadora, da mesma maneira que respirar fundo.)

— Obrigada por me receber — agradeceu Linda, em voz de menininha adequada à sua aparência, quase certamente uma desvantagem na carreira.

Ela respirava com dificuldade e comentou algo sobre o trânsito. Sorri, acenei e disse:

— Respire!

E fiz o mesmo, porque estava, de certa forma, absorvendo um pouco do medo dela e criando coisas próprias com as quais me preocupar. Um instinto natural. O medo é o mais contagioso de todos os sentimentos, muito mais que o amor, porque fica armazenado não apenas na parte racional, anterior do cérebro, dominada pelos pensamentos, mas nas regiões ainda mais profundas do cérebro primitivo, do cérebro mamífero e até mesmo no cérebro reptiliano.

Mas, como eu estava ali por Linda, organizei meus pensamentos e fitei-a novamente. A melhor maneira de conquistar estabilidade emocional em um relacionamento, e também de reconhecer a estabilidade nos outros, é *ver as pessoas como elas são*, sem preconceitos emocionais. Um traço trivial – por exemplo, um rosto jovem ou uma voz alta – tornam alguém diferente de mim, mas não passa de um desafio a ser superado. Infelizmente, porém, a diferença é o gatilho subjacente da *maioria das fobias,* responsável pelo medo multifacetado e de amplo espectro conhecido como xenofobia. Portanto, nem sempre é fácil nos sentirmos confortáveis com pessoas claramente diferentes de nós.

Mesmo assim, a maioria não precisa ser vítima de *nenhuma* fobia, se simplesmente permitir que o racionalismo lhe mostre o caminho.

Além disso, não queria que minhas preocupações levassem Linda a se sentir ainda pior. O modo como nos sentimos, mesmo quando achamos que não é óbvio, tem um efeito poderoso sobre como os outros se sentem, especialmente sobre pessoas que já são instáveis. Seu ponto de inflexão é alcançado muito mais facilmente.

Então, respirei fundo e fitei-a novamente, tentando discernir quem ela era, sem a imposição de meus próprios preconceitos.

Linda parecia melhor! Mais velha! Mais sábia! (As crianças crescem tão rápido!)

Perguntei-lhe como poderia ajudá-la, porque investir no sucesso de alguém é uma maneira fenomenalmente rápida e eficaz de obter um aliado e levar as pessoas a se abrirem.

No entanto, ela não respondeu. Talvez apenas se sentisse impotente e precisasse que eu insistisse um pouco mais. O melhor com a maioria das pessoas é sempre continuar tentando.

— Jesse acha que você tem um enorme potencial — eu disse. Ela pareceu lisonjeada e aliviada. Não recorro à bajulação falsa – as pessoas a detectam a mais de um quilômetro de distância –, mas raramente encontro alguém que pensa não merecer um elogio sincero, mesmo que exagerado (raramente parece exagero para *ele*).

Eu lhe disse que havia trabalhado em assuntos da Rússia cerca de vinte anos atrás, conhecia a cultura do país e ela podia contar com a minha ajuda pelo tempo que quisesse. Como sempre, procurei conhecer os pensamentos e as opiniões da moça, legitimei seu contexto, falei em termos de suas prioridades e a empoderei com a escolha.

Confio que você já conheça o poder dessa abordagem agora.

Ela se empolgou, apesar de permanecer assustada. Teria de ir ao encontro do contato iraquiano no dia seguinte.

— Vou acompanhá-la amanhã — afirmei.

Os sinais não verbais emitidos me disseram que grande parte de todo aquele medo havia acabado de evaporar.

— Direi ao meu supervisor que se trata de uma solicitação urgente para uma consulta informal. Sabe por quê? — Ela negou com a cabeça. — Menos papéis para preencher.

Pela primeira vez, a jovem sorriu.

Long Island, Nova York
O único homem que Saddam Hussein temia

No dia seguinte, quando viajamos para Long Island para ver o iraquiano, Linda se revelou tensa de novo. Eu sabia que o estresse, do ponto de vista médico, estava comprometendo suas funções cognitivas, incluindo memória e racionalidade. Esse é sem dúvida o melhor motivo para controlar as emoções.

A casa do homem era agradável – tijolos vermelhos com persianas verdes e crianças brincando na rua –, o que me acalmou um pouco. Sua esposa atendeu à porta.

— Sim? — ela perguntou. Lembrei-me de como o neto de Leo costumava atender ao telefone quando o identificador de chamadas confirmava que era eu, pelo menos nos primeiros dias.

Eu lhe disse quem éramos e que tínhamos um encontro marcado com o seu marido.

— Vamos ver — retrucou a mulher, e fechou a porta.

Nós ouvimos quando ela começou a falar alto com o homem. Depois de algum tempo, ele saiu e veio nos avaliar. Estampei no rosto uma feição amistosa, Linda caprichou no charme e conseguimos entrar. Sentia-me, como de costume, um vendedor, basicamente o que eu era. De uma forma ou de outra, atuamos todos na área de vendas e, como todos os vendedores, precisamos vender primeiro a nós mesmos.

Eu trouxe à conversa as palestras a que ele vinha comparecendo na Fordham University, porque esse era o elo com o nosso alvo. À mesa da sala de jantar, comecei a entendê-lo melhor, para planejar um diálogo. Mas sua esposa de repente apareceu e gritou:

— Oh, meu Deus, vocês estão invadindo nossa privacidade!

Linda parecia atordoada, e dirigi a ela um olhar que dizia: "Não se deixe levar pelo drama".

— Sinto muito, senhora — desculpei-me —, mas seu marido nos convidou. Partiremos se quiser.

— Vocês não têm o direito! — Ela citou uma lei e disse que trabalhava com a União Americana pelas Liberdades Civis. Dei-me conta de que provavelmente fora uma grande evolução para ela ir do palácio de Saddam para a ACLU, então me limitei a dar de ombros.

O homem levantou-se, pegou-a pelo braço e pediu-lhe que deixasse que Linda e eu terminássemos, enquanto a conduzia com gentileza em direção à porta.

Ela invadiu o ambiente mais duas vezes, irritada e nervosa, e depois da segunda, falamos rapidamente sobre o homem reunir algumas informações referentes ao suposto espião russo. Conseguíamos ouvi-la do outro lado da porta.

— Lamento não poder ajudá-lo — disse ele.

A expressão de Linda mudou. Balancei minha cabeça quase imperceptivelmente, dizendo a mim mesmo: *não deixe que ele o sequestre emocionalmente*. Então lhe disse:

— Por quê? Está preocupado que seja perigoso?

— Sim — respondeu, apontando com o polegar em direção à porta da cozinha. — Mas pegue isto. — Ele anotou um número de telefone e o nome "Susan", e me entregou. Parecia que esse fora seu plano o tempo todo. — Ela também participa das aulas. É muito inteligente. Talvez ela considere que esse trabalho... seja mais fácil de agendar.

Dei o número a Linda, para enfatizar seu poder diante do iraquiano (e diante de si mesma). Descobri que, caso se delegue o poder com frequência, a pessoa a quem se o entrega começará a se sentir e agir de maneira empoderada, e não necessariamente porque modificou-se o grau de poder, mas porque foi reconhecido. Somos todos muito poderosos, a menos que alguém esteja tentando nos controlar, e, mesmo assim, a maioria de nós se sobressai na ocasião e se faz ouvir.

Escutamos o som de uma panela cair no chão, provavelmente para nos lembrar de que a esposa continuava na casa.

Naquele momento, sem nada a perder, eu disse:

— Ouvi algo sobre você ser o único homem no mundo que Saddam Hussein temia. — Estava curioso. Pensei que talvez ele fosse algum tipo de matador do serviço secreto, ou algum outro desses bandidos que emergem durante um golpe e depois desaparecem para sempre.

O homem sorriu.

— Sim. Ele me temia. Estou surpreso que saiba disso.

— Por quê?

Preparei-me para uma resposta potencialmente assustadora. Pelo canto do olho, vi Linda fazer o mesmo.

— Eu era seu dentista — respondeu ele.

Ouvimos alguém falar "Merda!" na cozinha. E o som de outra panela.

— Eu também temo apenas uma pessoa — continuou ele, e usou o polegar novamente para concluir a frase.

A MENTE SILENCIOSA *VERSUS* A MENTE RUIDOSA

Subscrevo a teoria psicológica que diz que existem apenas duas emoções básicas ligadas ao cérebro, as quais constituem as principais impulsionadoras do pensamento e do comportamento humano: as forças opostas do amor e do medo.

Todas as outras emoções, no fim das contas, derivam delas.

Até a emoção profundamente enraizada da raiva, por exemplo, vem do medo. Com toda a sua ferocidade e com todas as suas condições semelhantemente mórbidas, como ódio ou pânico, a ira geralmente recua e até mesmo desaparece quando *não há mais nada a temer do que quer que a tenha causado*. Da mesma forma, a tristeza, quase sempre consequência da perda, é, no fim das contas, o medo de viver para sempre sem o que se perdeu e que nunca mais voltará. O mesmo princípio básico de sensação de alívio quando uma ameaça desaparece também se aplica a outras formas de medo, como repulsa, cinismo, angústia, desprezo ou insegurança.

O amor, a outra emoção primária com a qual nascemos, surge em formas próprias de expressão, incluindo romance, segurança, proteção, reconhecimento, lealdade, encantamento, devoção, adoração e fidelidade. Às vezes, o amor garante a sobrevivência, e o medo, a prosperidade. Ambos são de fato intensos e únicos; não existe outra emoção assim.

A coisa mais bonita sobre o amor, proposta pela primeira vez pelo proeminente psicólogo da Universidade de Duke, Dan Baker, PhD, é seu caráter mental; emocionalmente, inexiste a possibilidade de um estado simultâneo de medo e de amor. Portanto, o amor é o único antídoto para o medo, pelas características de confiabilidade, eternidade e universalidade.

O amor, no sentido mais amplo da palavra, também é fundamental na confiança. Como já delineei várias vezes, há uma enorme diferença entre gostar ou mesmo *amar* alguém e confiar nele. Confiar e gostar não são totalmente sinônimos. Mas ambos surgem simultaneamente, porque é impossível confiar sem um certo sentimento de lealdade ou identificação que surge de objetivos correspondentes. Também é difícil que alguém se engaje no primeiro sinal de confiança — investindo no sucesso — sem sentir pelo menos um pouco de gratidão, cujo significado essencialmente é o mesmo que reconhecimento, a forma mais sublime de amor.

Em virtude disso, as emoções conflitantes de amor e medo estão na base de quase todos os relatos de estabilidade e instabilidade emocionais.

Penso nessas duas condições polarizadas — amor e estabilidade emocional *versus* medo e instabilidade emocional — como a "mente silenciosa" *versus* a "mente ruidosa". A silenciosa fala com uma voz única e consolidada, assentada na razão, enquanto a ruidosa é quase sempre uma cacofonia de sentimentos contraditórios, não governados pela racionalidade e comprometidos pela emoção.

O amor é a essência pura da mente silenciosa, e o medo, o constante grito frio da mente ruidosa.

Muitas pessoas não alcançam uma mente silenciosa em razão de um fato inevitável: todos descendemos de ancestrais que aprenderam a sobreviver. Toda pessoa viva hoje descende de uma linhagem genética cujos ancestrais de tempos imemoriais não apenas sobreviveram como deram origem a uma nova forma de vida: humanos que se tornaram mais fortes e inteligentes geração após geração, até chegarem a você.

Como? Com competências de sobrevivência profundamente enraizadas na parte mais primitiva do cérebro. Fomos *criados* para isto: conexão com os tempos difíceis. Somos dotados de códigos genéticos que nos levam a priorizar nossas próprias necessidades, a buscar o poder a cada momento e a lembrar insultos e ameaças. Essa é a função da mente ruidosa.

Mas, ao longo dos milênios, aprendemos a substituir esse código genético e a organizar nossas ações em torno das necessidades dos *outros*, um ato que, paradoxalmente, nos fornece proteção máxima. Esse senso de responsabilidade social é uma função da mente silenciosa, localizada na área mais avançada do cérebro – o prosencéfalo, perto da testa – a qual rege todo pensamento racional.

A mente ruidosa mais primitiva é dominada pela parte posterior do cérebro, atrás do prosencéfalo e do cérebro de mamíferos, na área conhecida como cérebro de mamíferos. Ela fica logo acima da coluna vertebral e, na maioria das vezes, lida com ação e medo automáticos. É responsável por muito pouco de nossos pensamentos, mas por muitas tarefas domésticas neurais, como respiração e batimentos cardíacos. E esses também são úteis.

A mente silenciosa praticamente norteia todo elemento de confiança, que é um processo, *ou deveria ser*, ponderado. As pessoas que se sentem seguras a ponto de confiar racionalmente, e, portanto, de modo efetivo, mostram-se capazes de ver os outros do jeito que são, e não do jeito que *querem* que sejam. Quando você vê as pessoas como de fato são, é possível *se* ver do jeito que *elas o* veem. Nesse contexto, a avaliação do comportamento se torna perfeita — perfeitamente previsível — e, juntos, vocês alcançarão grandes conquistas.

A perspectiva oposta, impulsionada pelo medo da mente ruidosa e alimentada por instinto e impulso, é responsável por ganância, compulsão, inveja e insegurança.

As pessoas do tipo A têm dificuldades de evitar a mentalidade baseada na sobrevivência, e tendem a se tornar imunes ao caos que criam e ao dano que causam a si mesmas em nome do progresso. Às vezes, ainda que dominando sociedades inteiras, conseguem prejudicá-las.

Ironicamente, uma manifestação da mente ruidosa — certo sentimento de egoísmo descontrolado baseado no medo e as escolhas feitas por causa dele — resulta diretamente do sucesso. E pode ser difícil evitar essa característica subversiva. Com frequência, as pessoas são cegas à própria arrogância. Assim, o primeiro sinal que percebem geralmente ocorre quando os outros se afastam. Mas, a essa altura, muitas vezes é tarde demais para salvar os relacionamentos.

Também é difícil evitar outro produto infeliz da mente ruidosa: o hábito destrutivo de atribuir rótulos negativos à pessoa que se está tentando avaliar. Para prever o outro com precisão, não se pode nem *pensar* em ele ser mentiroso, manipulador, trapaceiro ou traidor. A maioria das pessoas tem uma estranha capacidade de saber quando está sendo julgada, mesmo no caso de nenhum julgamento ser proferido. Os julgamentos, além de alienarem as pessoas, podem de fato estimulá-las a *adotar* os comportamentos negativos que se suspeita que tenham. Quando se atribuem categorias depreciativas às pessoas, nem sempre é possível prever o que farão, mas é quase 100% certo que haverá uma reação negativa.

Outra falha da mente ruidosa é confiar muito ou pouco, e ambos resultam da força destrutiva mais comum nos negócios e na vida: o medo. As pessoas confiam demais por temerem enfrentar os desafios sozinhas e são cautelosas demais em confiar por se preocuparem com a possibilidade de serem passadas para trás pelos outros.

A maioria das escolhas equivocadas na previsão da confiança se deve ao *medo* — de não termos o suficiente ou não sermos bons o suficiente — ou ainda aos disfarces mais frequentes do medo, como ganância, vaidade, inveja, autoritarismo, raiva, insegurança e perfeccionismo. A ansiedade de uma pessoa quanto à possibilidade de ser rejeitada por colegas de trabalho, supervisores, familiares e amigos (por sua "tribo", em suma) é uma das maneiras mais comuns pelas quais o medo se instala.

Apesar do poder da mente ruidosa, quase sempre ela pode ser substituída pela mente silenciosa, que incorpora uma infinidade de fatores de combate ao medo. Afirmando o óbvio, a mente silenciosa é mais inteligente do que a ruidosa.

A mente silenciosa se caracteriza pela calma, confiança e capacidade realista de discernimento, além da disciplina para evitar o engodo e suas muitas armadilhas, incluindo o otimismo irrealista.

Quanto mais silencioso o cérebro se torna, mais facilmente se identificarão oportunidades para avançar nos objetivos de maneira fácil e direta.

Atingir essa mentalidade constitui um dos grandes desafios da previsão de comportamento, exigindo das pessoas que levem a si mesmas até isso. Por essa razão, uso outra palavra para descrever as ações da mente silenciosa: "autoliderança".

Como outros aspectos primários da personalidade, a mente silenciosa é individualizada e autorreguladora, e não deve ser criada por outras pessoas, a menos que o indivíduo consinta e participe ativamente.

Quando avaliamos os comportamentos mais profundos das pessoas, é muito importante procurar aquelas cuja mente seja silenciosa.

Mas, como ninguém é perfeito, as pessoas não devem se sentir indignas de confiança ou afeição apenas por serem naturalmente pessimistas, inseguras ou deprimidas, especialmente se fizerem um esforço honesto para não demonstrarem seus sentimentos problemáticos para *você*. Falhas emocionais moderadas — como *muitos* de nós temos — não impedem que confiemos nas pessoas, desde que estabeleçamos uma linha de base do comportamento delas e fiquemos atento a desvios dessa norma. Por exemplo, se você propõe uma ideia a alguém tipicamente pessimista, não chega a ser um problema se a pessoa reagir de modo pessimista à ideia. É o jeito dela, e é bem possível que tenha algumas coisas interessantes a dizer, mesmo que limitada por problemas que só ela vê.

A estabilidade emocional existe em um *continuum*, e a maioria das pessoas é adequadamente estável, enquanto em outras há uma estabilidade emocional abundante, caracterizada por autocontrole, coerência, competências de comunicação, empatia e a qualidade dourada e autossustentável da empatia combinada com a aceitação estoica, que denomino estempatia.

Paradoxalmente, no entanto, muitas pessoas em nossa atual cultura mecanizada e compartimentada, sobretudo nos setores tecnológicos, acabam inclinando-se à *dependência excessiva* da racionalidade e do controle emocional, apresentando dificuldade em atuar fora de sua estreita largura de banda emocional.

Mas quem sabe qual delas se tornará a próxima bilionária da tecnologia on-line? Quem quer que seja, provavelmente achará que as pessoas estão dispostas a conversar com ela sobre o que quiserem.

DEZ INDÍCIOS NEGATIVOS PARA ESTABILIDADE EMOCIONAL

1. As pessoas aprendem a ser desamparadas. Todos nascemos indefesos, mas algumas pessoas parecem *melhorar* à medida que envelhecem. No início, não é por quererem, mas por ficarem aprisionadas a situações insolúveis, sobre as quais aparentemente não têm controle. A maioria continua tentando, mas há exceções.

Algumas pessoas reagem a essa situação como se fosse uma lição de vida válida: você está desamparado, em *todas* as situações!

Essa conclusão talvez soe ridícula, mas é muito comum e resulta em uma característica chamada "desamparo aprendido".

O desejo das pessoas atingidas pelo desamparo aprendido de desistir em situações difíceis é uma característica que pode se enraizar. É um comportamento tão instintivo que ocorre até em animais.

2. As pessoas renunciam ao direito de ter percepções positivas. Alguns nascem com uma química do humor tão distorcida que ensombra suas percepções.

O trauma também pode criar distúrbios de humor, incluindo depressão e ansiedade.

Entretanto, em muitos casos, entre as pessoas consistentemente negativas, não se detecta uma causa orgânica de distúrbio de humor nem evidência de trauma significativo.

Assim, parece simplesmente uma escolha.

Uma péssima escolha — e também preguiçosa –, que, caso se torne persistente (o que chamamos de "dissociação"), pode se tornar tão inamovível quanto um iceberg.

É difícil prever o comportamento de pessoas que percebem a vida como inerentemente negativa, porque em geral perdem o contato com os próprios objetivos. São como o *Titanic* (uma metáfora à qual continuo voltando): grandes embarcações com pequenos lemes, particularmente perigosas nas áreas de iceberg.

Quando elas não sabem o que querem, você também não sabe, e, portanto, fica muito difícil confiar, investir ou envolver-se em um relacionamento longo com elas.

3. As pessoas são catastróficas. Algumas têm uma tolerância extremamente baixa a problemas e dificuldade em separar os mais sérios dos menos. Para elas, quase todo problema parece uma catástrofe terrível.

Seus temores praticamente alimentam a si mesmos, principalmente quando outras pessoas estão envolvidas, pois o medo é uma das emoções mais contagiantes. Torna-se muito difícil confiar em quem vê desastres em tudo. Pessoas assim não têm controle, são totalmente imprevisíveis.

De qualquer modo, você pode assumir que a atitude negativa de tais pessoas é seu comportamento fundamental e, então, interpretar suas reações de acordo. Quando você aceita a realidade incontornável de que a maioria das coisas simplesmente *é*, sem julgá-las boas ou más, muitas vezes conseguirá lidar bem com pessoas que se encaixam nesse perfil.

4. As pessoas mostram sinais da personalidade "3-P". Ou seja, três características tóxicas: permanência, presença e personalização.

Permanência implica pensar que o problema de hoje persistirá para sempre. Essas pessoas merecem compaixão, mas esta não precisa se traduzir em confiança e parceria. Portanto, seja gentil, mas tome cuidado.

Presença é pensar que um problema em um aspecto da vida certamente contagia os demais. Mas isso é incomum; portanto, se você não conseguir convencer uma pessoa a mudar de pensamento, não confie a ela algo importante, ou poderá se tornar o *próximo* problema.

Personalização é se considerar culpado por qualquer problema, até os meteorológicos: "Eu deveria saber que choveria. Quando vou aprender?". Não seja sugado para esse vórtice de autoabsorção negativa. Tente se afastar de indivíduos de personalidade 3-p.

No entanto, você pode ajudá-los, como mencionei, no caminho para a sanidade, alcançado por meio de gentileza, paciência, ajuda prática, conselhos e por aquilo que chamo de "estempatia": a soma de empatia com estoicismo. Mas lembre-se: se alguém incorpora várias instabilidades autodestrutivas, a atitude mais inteligente será limitar a interação com elas em assuntos sérios.

5. As pessoas se veem como vítimas. Não sou daqueles que negam a existência de vítimas. Estão ao nosso redor.

Mesmo assim, inúmeras pessoas com frequência sentem pena de si mesmas, apesar de vivenciarem apenas um *leve* sofrimento. Esse comportamento também se origina do medo e pode limitar a vida não apenas das vítimas, mas também dos que tentam ajudá-las.

Isso não significa insensibilidade. É racional, e a melhor maneira de reunir energia para ajudar as pessoas que de fato precisam.

6. As pessoas têm senso de legitimidade. Mantenha os olhos abertos, especialmente no trabalho, para pessoas que parecem *muito* despreocupadas, têm tempo a perder e não fazem muito. Elas se sentem no direito de legitimar tal comportamento.

Elas podem ser divertidas e charmosas, porque essas qualidades aparecem facilmente em quem não tem preocupações, mas, à medida que você se fortalece, elas se enfraquecem.

Cooperação, respeito e confiança pertencem àqueles que têm algo a oferecer; não é uma situação em que todos saem ganhando e, se não for assim, não vai durar.

7. As pessoas esperam ser resgatadas. Esse é outro comportamento tóxico da era moderna. A autoconfiança está fora de moda.

A dependência excessiva dos outros contraria a natureza *humana* e as leis da própria natureza.

Todas as criaturas recebem quase todos os instrumentos de que precisam, mas os recursos que a natureza lhes oferece devem ser colhidos, desenvolvidos, separados e armazenados. Não há outro jeito.

A demanda por resgate emocional é ainda mais comum que a por resgate físico, e igualmente insidiosa.

Mas a real tragédia aqui é o socorrista ser quase sempre excessivamente idealizado, e espera-se que esteja à altura dessa idealização. Caso contrário, você será o novo vilão!

8. As pessoas pensam que a culpa é construtiva, porque expõe os elos fracos e as mantêm alertas. Mas aí está outro aspecto perigoso do resgate: encontrar outra pessoa para assumir a responsabilidade pelo que acontece com você.

Comece entendendo que quem estragou tudo sabe disso e se sente péssimo.

A maioria das pessoas percebe que buscar um bode expiatório é errado, mas não percebe que encontrar a pessoa "certa" para punir é um processo bastante semelhante. Uma prática eficiente depende apenas da *realização do trabalho*, e não de se apontar o dedo para a pessoa que falhou. Isso só é bom para você desabafar, sentir-se superior, criar ressentimentos, gerar medo e incentivar as mentiras.

Não se alie a alguém que julga a culpa um mecanismo eficiente para otimizar o trabalho. Você poderá ser o próximo.

9. As pessoas são voláteis. Mas não estúpidas, então, às vezes, ampliam sua volatilidade raivosa com algo positivo, ainda que igualmente inadequado. Elas celebrarão uma vitória moderada como se estivessem mudando o mundo ou promoverão alguém em um ataque de generosidade grandiosa. Da perspectiva delas, são exuberantes, ultratransparentes e espontâneas.

Na verdade, são emocionalmente instáveis e começam a infligir mudanças de humor e desequilíbrio psicológico naqueles com quem elas convivem.

Desse modo, sua posição narcisista se torna o centro das atenções. Mas, se você gosta de pisar em ovos, tudo bem.

10. As pessoas são manipuladoras. Se forem boas manipuladoras, você nem notará, até que seja tarde demais. Elas o tratam muito bem, depois se apossam de algo que você merece, excluem-no de uma parceria ou apenas o fazem parecer ruim.

Se elas forem realmente boas no exercício da manipulação, você nem sequer terá a oportunidade de corrigir o dano que lhe causaram.

Manipulação é a antítese do comportamento produtivo e positivo. Em um ambiente de diretoria, é a essência pura do paradoxo do poder.

O objetivo final talvez seja provocá-lo, mas há um componente incontrolável: sua reação.

Você até aprende sobre o lado sombrio do comportamento humano com pessoas manipuladoras, mas fique o mais distante possível.

Agosto de 2012
Linda, uma parceira que merece confiança

— Só mais duas semanas e estou fora! — disse Linda. — Talvez sejam más notícias — para você. *Eu* me sinto bem com isso!

Linda, além de engraçada, era uma ótima agente do FBI. Mas eu ia perdê-la, porque ela fora contratada para lecionar em uma prestigiada universidade da Califórnia. Isso me entristeceu. Linda estava fornecendo boas informações sobre seu alvo russo, e nós dois aprendemos um com o outro.

Com ela, pude aprofundar mais do que com qualquer outra pessoa meus conhecimentos sobre psicologia comportamental, o que me deu base teórica para as técnicas que aplico no mundo real. Eu a ensinei a desconfiar de mensagens vindas de mentes ruidosas, o que até então ela considerava um elemento-chave do pensamento crítico.

Por cerca de um ano, nós nos reunimos ou conversamos por telefone a cada duas semanas, e ela me transmitiu tudo o que coletara sobre um pequeno círculo de russos, por meio de sua fonte confiável chamada Susan, que conhecia o dentista iraquiano. Susan via a maioria dessas pessoas praticamente todas as semanas, quase sempre nas palestras em Fordham.

Como eu suspeitava, o alvo original de Linda andava espalhando desinformação sobre os protestos na Rússia e as vítimas do estado policial de Putin. Eu já havia notado o surgimento de muitos artigos, conferências de imprensa, relatórios de empresas especializadas, fragmentos de notícias e anúncios impressos sobre a campanha russa contra "terroristas domésticos".

O nome do diplomata — vamos chamá-lo de Adrik Petrov — nunca aparecera anexado a nenhum comunicado sobre a Checheênia, mas tudo se originava no consulado russo em Nova York, onde ele trabalhava.

Concluímos que Adrik havia preenchido o espaço de um diplomata que trabalhava clandestinamente em inteligência, e Linda descobriu que ele também substituíra um espião em Londres vários anos antes. Adrik não contou a ela que o cara era um espião, mas mencionou o nome e confirmamos o papel do sujeito, e eu queria reunir o máximo possível de informações.

Mas Linda estava indo embora.

— Vou sentir sua falta — eu disse.

— Eu também. E te devo uma. Estava seriamente deprimida quando nos conhecemos. Tantas pressões para agir de determinada maneira e dizer as coisas certas. Isso me perseguiu toda a vida. Mas você me mostrou que eu poderia agir como eu e, se alguém tinha um problema, era problema *dele*.

— Obrigado — agradeci. — Mas só vi o que já estava lá. É *você*. Foi *você* quem fez todo o resto.

— Ainda te devo uma. E aqui está. Tive uma ideia — disse Linda. — Vou pedir à Susan que a lance. Ela também está deixando a cidade de vez. Ela dirá a Adrik que conheceu alguém, um cara que trabalha para bancos de investimentos na Europa Oriental, que esse indivíduo está garimpando a verdade fundamental sobre o mercado financeiro e que ela vem fornecendo relatórios informativos para ele. Esse "investidor" será um dos meus funcionários, ou *você*, se preferir.

— Não diga "verdade fundamental" — sugeri. — É papo de espião.

— Certo, "informações privilegiadas". Susan dirá a Adrik que está deixando a cidade e precisa da proteção de alguém durante os próximos meses. Perguntará a Adrik se ele faria isso, como um favor para ela. Ambos são bem próximos. Susan gosta do sujeito. Não confia nele, mas o estima. Ela lhe dirá que é um trabalho muito bom, com muito dinheiro envolvido. Ele verá a situação toda como uma chance de obter mais informações. Susan me contou que ele provavelmente fará isso, pois é um cara legal.

Linda disse outras coisas elogiosas sobre ele, e isso me preocupou um pouco, porque as características não se enquadravam ao perfil de um espião. Por um lado, os russos gostam que seus espiões sejam do tipo que se arriscam sem pensar duas vezes, por desejarem que *corram riscos extremos*. O FBI se posiciona de modo oposto: não gostam de pessoas que gostam de se arriscar, pois são as mais propensas a passar do ponto. Adrik estava mais para um cara do FBI. Linda pensava que ele não passava de alguém que evitava conflitos.

Ela também contou que a única coisa que não lhe agradava na diplomacia era a "importância" do trabalho, interpretada por Linda como "poder". Ela disse ainda que Adrik se preocupava em não oferecer a seus assessores e funcionários do escritório tudo do que precisavam, e que uma vez precisou demitir um cara e quase desistiu.

Pensei na ideia de Linda por um minuto.

— Você é esperta — eu lhe disse.

— Eu sei. — Ela disse isso porque era isso mesmo, e não para se gabar.

Três semanas depois, eu estava em uma churrascaria caríssima no East Side, não muito longe das Nações Unidas, com Adrik Petrov.

Adrik tinha mais ou menos a minha idade, era magro, estava em forma e parecia muito observador, uma vez que esquadrinhava o restaurante de maneira aparentemente distraída, mas percebi que se concentrava bastante, como um agente do Serviço Secreto ou um guarda-costas. Adrik usava um terno preto e camisa branca, uma simplicidade que me impressionou. Estávamos em um bairro estiloso, muitas vezes estiloso *demais*. Eu me vestira melhor do que o habitual, porque deveria parecer um dos caras ricos que queriam informações privilegiadas.

Depois que fizemos os pedidos, tentei direcionar a conversa para a nova onda de protestos na Rússia, mas Adrik se sentiu claramente desconfortável.

— Vi muitos conflitos. Nas ruas — ele disse. — Quando eu era jovem, vivi dias ruins, depois que cheguei em casa voltando da Guerra do Afeganistão e a União Soviética estava se dissolvendo. A vida deveria ter sido boa. — Ele mergulhou em pensamentos e de repente pareceu mais interessado no filé à sua frente. Paramos de conversar, e Adrik se tranquilizou com o silêncio.

Ele não era como eu imaginava, e compreendi por que Susan havia se ligado a ele. Às vezes, não conseguimos saber como alguém é de verdade até que esteja sentado diante de nós e, assim, possamos avaliá-lo como um mapa. Um conselho: não viva no mundo eletrônico 24 horas por dia. Fique cara a cara sempre que possível.

— Susan me disse que você tem interesses comerciais na Europa Oriental — comentou Adrik.

— Isso mesmo. Preciso ser cuidadoso ao revelar informações que eles não desejam que se tornem públicas, mas são pessoas importantes e com muitos interesses.

Em vez de dar continuidade à conversa, Adrik voltou ao assunto de Susan. Uma decisão interessante. A maioria das pessoas, quando tem a chance de falar sobre dinheiro ou sobre um conhecido em comum, fala sobre dinheiro.

Percebi que ele não tinha interesse em fazer negócios; estava apenas fazendo um favor para Susan.

Perguntei a Adrik sobre sua família e ele se alegrou. Contou que os dois filhos estavam vindo para Nova York e ficariam na cidade até o fim de sua missão por aqui. Nada mencionou sobre a esposa.

Comecei a falar sobre meus filhos e Adrik pareceu genuinamente interessado; no entanto, eu queria mudar o foco para ele.

Falhei. Acontece o tempo todo.

Nós nos encontramos mais algumas vezes, e ele me entregou algumas informações por escrito que eu lhe havia solicitado. Eram muito precisas, e logo chegaram aos mais altos escalões do FBI.

Isso fez com que eu fosse notado e colocou o BAP sob uma luz favorável.

Nem todo relacionamento leva à glória, mas, no fim das contas, aqueles que o fazem e aqueles que não o fazem são difíceis de distinguir.

DEZ INDÍCIOS POSITIVOS PARA ESTABILIDADE EMOCIONAL

1. As pessoas mostram reconhecimento em abundância. Se as duas emoções mais primitivas são amor e medo, com o amor liderando o caminho para a estabilidade emocional, o reconhecimento é o puro elixir da estabilidade emocional, a melhor forma de amor, o seu aspecto externo que se autoperpetua, que dá tudo e não pede nada.

Como tal, representa a força mais potente contra o medo, e este é o pior inimigo da estabilidade emocional.

Quando alguém está em um estado de reconhecimento, literalmente se torna incapaz de sentir medo. Ambos os estados mutuamente se excluem.

O reconhecimento torna o doador e também o destinatário muito mais capazes de atingirem a coragem, sentimento que cria visões ousadas e relacionamentos que mudam a vida.

2. As pessoas são destemidas. O destemor é o companheiro mais natural do reconhecimento, indispensável para as pessoas que estão tentando inspirar confiança.

Além disso, o destemor supera a qualidade muito semelhante da coragem, pois esta significa a capacidade de *dominar* o medo, e o *destemor* indica ausência de medo.

A condição de destemor nunca será constante; afinal, o medo não é apenas endêmico na raça humana, mas também indispensável.

Mas um pouco de medo percorre um longo caminho.

Pessoas destemidas, além de com frequência divertidas e eficazes, podem ser genuinamente inspiradoras.

Em uma época de crises e turbulências, os destemidos se sobrepõem aos conflitos e são praticamente imunes a um dos grandes sabotadores da confiança: o desespero.

3. As pessoas são impecavelmente racionais. A racionalidade é um traço escandalosamente escasso em nossa era dominada pela emoção. Hoje, nossa sociedade se vê quase desprovida do sistema de pesos e contrapesos outrora proporcionado por uma mídia que buscava imparcialidade e pela civilidade das manifestações de agentes públicos, e isso tem sido muito prejudicial à racionalidade.

Aqueles que a valorizam, no entanto, são confiáveis, pois é fácil prever como agirão em quase qualquer cenário racional. *Regras* regem a racionalidade, as quais, ainda que muito antigas, mantêm hoje a mesma aplicação básica que predominava em eras remotas.

A racionalidade, como o amor, também constitui uma das nossas forças mais intensas contra o medo, uma vez que este é uma emoção que surge da parte mais primitiva do cérebro.

A "fiação" mais incrível do cérebro humano determina que 95% de todas as informações recebidas vão diretamente para a parte mais avançada do cérebro (a anterior), e só então seguem para a parte do cérebro movida pelo medo.

Muitas pessoas não desfrutam esse belo trabalho de fiação. E então se perguntam por que são vistas como um fio desencapado, com poucos aliados.

4. As pessoas aderem ao código de confiança. Mesmo que nunca tenham ouvido falar dele, acabam incorporando intuitivamente seus cinco princípios como o aspecto prático e ético do seu próprio código pessoal de comportamento. Quando se encontra alguém que age dessa maneira, ele está pronto: pertence ao grupo das pessoas mais fáceis do mundo nas quais confiar.

Pessoas com essa característica não sucumbem ao próprio ego. Valorizam as pessoas ao dedicarem um tempo para entendê-las, até que se encontre um terreno comum. Não emitem julgamentos, então ouvem quase tudo. São razoáveis e racionais, o que as torna previsíveis nas piores crises. E também são generosas o suficiente para sempre tentar um desfecho em que todos saem ganhando.

Use esse método de decodificação e nunca deixará de conhecer as pessoas certas.

5. As pessoas oferecem opções. O que há para não se confiar? A escolha é pessoal, por isso, muito difícil que dê errado.

Ter escolhas significa liberdade. É bom e funciona ainda melhor.

Ter escolhas limitadas é como estar na prisão, e pode se originar de algo tão comum quanto ser microgerenciado.

Autonomia é o caminho para a autoestima.

Quando as pessoas lhe oferecem isso, você sente que vive em *seu* mundo, o que sempre quis, e está no comando, na companhia daquelas que o ajudaram nesse caminho.

6. As pessoas são felizes consigo mesmas. Isso lhes permite que sejam felizes com você. Nada é pior do que se envolver em um relacionamento com quem não gosta de si mesmo. Mais cedo ou mais tarde, decidirá que também não gosta de você.

Não é tão fácil ser feliz consigo mesmo. Há muitas pessoas que gostam de criticá-lo. E também inúmeras pessoas nos negócios, no governo e na cultura que querem que você se sinta inadequado e necessite do que elas lhe fornecem.

É difícil agradar a pessoas insatisfeitas consigo mesmas. Elas prejudicam os esforços alheios, mesmo à custa dos seus próprios. Tal situação desencadeia casos clássicos de pessoas que não trabalham em nome dos próprios interesses. Desse modo, é impossível prevê-las e, portanto, impossível confiar nelas como aliadas.

As pessoas que não se sentem felizes consigo mesmas tendem a ser passivas, negativas e críticas, chegando inclusive a dirigir muitas de suas atitudes negativas para si mesmas.

Pessoas que gostam de si mesmas tendem a ser agradáveis, receptivas, engraçadas e saudáveis. Você sabe do que gostam e para onde estão indo, por isso, é fácil confiar nelas e construir excelentes alianças.

7. As pessoas têm poder, mas não o amam. É fácil para pessoas confiáveis e centradas alcançarem posições de poder, porque são ímãs para outras pessoas positivas e trabalham com diligência e autorresponsabilidade.

Mas elas sentem pouco prazer, se é que o sentem, no poder que têm sobre os outros. Em virtude do cancelamento do ego, elas não se autocongratulam pela capacidade de dizerem aos outros o que fazer. Para pessoas verdadeiramente sãs, o poder nada mais significa do que muito trabalho.

Por quê? Porque se preocupam com os outros, tentam ser justas e gostam de servir como um instrumento para o sucesso alheio.

Elas podem até ocupar a melhor sala do escritório, mas muitas falam nostalgicamente da época em que tinham menos responsabilidades de gerenciamento e mais trabalho direto.

Essas pessoas são extraordinariamente valiosas como uma força contra o paradoxo do poder. Para elas, apenas *tentar* alcançar o poder talvez condene seus sonhos, porque temos uma tendência natural de desconfiar de alguém que ama o poder.

Os verdadeiramente dignos de poder não o perseguem. O próprio poder os persegue.

8. As pessoas são flexíveis. A vida muda e, se não mudamos, ficamos para trás. Pagaremos nossa inflexibilidade com ansiedade, dissociação, depressão e várias consequências práticas, como perda de renda ou competências desatualizadas. Essa situação pode rapidamente desencadear desespero.

Como a maioria das pessoas desesperadas fará quase tudo para escapar dos perigos, é difícil prever como agirão.

As pessoas flexíveis sentem como se a vida lhes propiciasse inúmeras oportunidades; portanto, anseiam aceitar novas pessoas, ideias e lugares. São francas e razoáveis com aqueles que as procuram, e encaram a mudança como uma oportunidade, nunca como uma ameaça.

9. As pessoas são calmas. Essa característica reflete justiça, compaixão, otimismo e generosidade. Como regra, são bem-sucedidas, porque se revelam ótimas em uma crise e ainda melhores em não criar crises.

Um velho clichê é: "Quanto maiores, mais agradáveis". E os estudos comportamentais mostram que essa variação também é verdadeira: "Quanto mais agradáveis, maiores são".

Uma pesquisa mostrou que "doadores" são mais propensos a ter sucesso do que "tomadores".

Pessoas calmas funcionam mais efetivamente do que as hiperativas, e é muito mais fácil trabalhar com elas.

Parte dessa atitude tranquila vem de não terem inimigos, afinal, são agradáveis e atraem confiança.

É bom nos motivarmos para confiar em pessoas agradáveis. Isso faz a vida parecer muito mais sensata.

10. As pessoas não procuram problemas. Não precisam; não se alimentam da dramaticidade de que os manipuladores gostam ou não se envolvem em jogos de poder. Como pessoas emocionalmente estáveis, buscam o melhor nos outros, quase sempre são as primeiras a encontrá-lo.

Um empresário que conheço, cujo trabalho depende de pesquisas na internet, sempre as inicia vasculhando sites que lhe dizem o que ele quer ouvir. A pesquisa não termina aí, é claro, mas, ao iniciar a busca com boas notícias, ele permanece otimista, pois encontra informações que lhe dão alento. Só depois procura problemas. Ele diz que, se começasse com o negativo, provavelmente desistiria antes de chegar ao âmago da situação.

Um estudo interessante sobre otimismo no local de trabalho mostrou que pessoas otimistas processam informações com mais eficácia do que as negativas ou neutras, teoricamente porque uma mente perturbada gera mais dispersão do que uma positiva.

BEM-VINDO AO FBI!

Ok, sei que você detectou a anedota neste capítulo.

Já sabe em quem eu confiava, em quem não confiava e por quê. Aprendeu a pensar como um agente:

- Ignorou as abstrações causadas pela emoção.
- Foi brutalmente honesto.
- Não confiou nas pessoas apenas porque gostava delas.
- Resistiu à manipulação.
- Esqueceu as próprias tendências políticas.
- Leu nas entrelinhas.

Mas vamos honrar o processo e ir por partes.

Adrik: que sujeito legal! Ele acabou se mostrando um diplomata exemplar, com nada em seu registro senão honra. Você confiava nele, Susan *quase* confiava nele e Linda mantinha uma mente aberta, com certeza uma de suas melhores qualidades.

Finalmente, também confiei. Todos chegamos a essa conclusão, *apesar de* ele ser um cara legal.

Tínhamos que ser durões, certo? Que tipo de pessoas seríamos se confiássemos em alguém apenas porque ele era legal e permitíssemos que continuasse cúmplice de uma campanha de propaganda que tentava legitimar prisões injustificadas, torturas e assassinatos ocasionais? O caso circunstancial contra Adrik, ou seja, que ele substituiu espiões em duas embaixadas diferentes e foi associado a um programa de propaganda, tornou-o uma pessoa de interesse, mas nada mais. Era um diplomata convencional, com nada no registro além de honrarias.

Vamos ver os números de Adrik. Era obviamente um cara difícil de amedrontar (indício positivo # 2), porque lutara nas planícies do Afeganistão e servira a um governo que muitas vezes se voltava contra os próprios cidadãos.

Também já vira tantas guerras que era *racional* sobre o assunto, da maneira que somente aqueles que serviram conseguem entender (indício positivo # 3), ao passo que milhões de outros que nunca estiveram próximos de uma guerra a veem quase como um espetáculo ou até um esporte.

Mesmo antes de conhecer Adrik, aprendi com Linda que ele encarava o poder como um fardo (indício positivo # 7), que evitava conflitos (indício positivo # 10) e que fora generoso no trabalho com ela, até ela se mudar para a Califórnia (indício positivo # 4).

Logo que o conheci, detectei a personalidade muito calma e não instável (indício positivo # 9). Também notei que, em nossas conversas, ele não se sentia incomodado com aqueles silêncios que muitas pessoas consideram constrangedores. Aqueles que são desse modo se sentem muito confortáveis consigo mesmos, e os que se apreciam *do jeito que são* tendem a permanecer assim, facilitando prever como agirão (indício positivo # 6).

Nas várias outras vezes que o vi, nunca percebi sequer *um* dos indícios negativos de confiança.

E você confiou em Susan, não é? Isso aí! Não fornecemos muitos detalhes a seu respeito, mas você viu nela uma verdadeira patriota que atuava com eficiência, sem ganhar nada para si mesma.

Linda: com certeza, uma personalidade um pouco mais complexa. A princípio, quando parecia estar passando por uma crise emocional, vimos sinais de desamparo aprendido (indício negativo # 1), desejo de ser resgatada (indício negativo # 7) e propensão a exageros (indício negativo # 3). Não confiei nela no início. Se isso tivesse ocorrido, não teria me envolvido tanto. Mas, quando lhe ofereci ajuda, estempatia e paciência, ela se tornou uma pessoa diferente. *Às vezes é tudo de que se precisa!* Lembre-se disso ao encontrar pessoas em quem não confia inicialmente. Com o tempo, como previ, ela se acalmou (indício positivo # 9), ficou feliz consigo mesma (indício positivo # 6) e agiu de modo racional (indício positivo # 3).

Você provavelmente confiou no dentista também, apesar do vínculo com Saddam Hussein, porque não tinha informações que indicassem que ele era cúmplice do regime criminoso. Sabia apenas que o sujeito escapara daquela situação na primeira oportunidade. Portanto, esse ato, por si só – um reflexo do sinal # 4: Ações –, foi redentor o suficiente para desencadear um nível experimental de confiança, sobretudo por ser reforçado por uma comunicação positiva e transparente (sinal # 5: Linguagem).

Confiou na esposa do dentista? Não muito. Você, sem dúvida, observou aquele estado quase constante de desespero, a "criptonita" da confiança, que não condizia com *nenhum* dos elementos causadores de estresse do momento. Ela parecia o tipo de pessoa que encontraria uma maneira de ferrar alguém. Mas havia muitos dados indicando que a mulher tinha passado por uma provação e talvez ainda estivesse se recuperando. Então você provavelmente considerou compreensível e previsível o estresse pós-traumático dela. Com certeza ficaria mais assustadora se ela tivesse agido como a sra. Perfeita.

Agora, você se imagina tentando avaliar essas pessoas sem o meu método de avaliação de comportamento?

Eu não. Muitas vezes, me pergunto como já avaliei alguém recorrendo apenas às ferramentas da tomada de decisão convencional: intuição, pesquisa de código aberto, trabalho manual, bibliotecas e as opiniões de várias pessoas, e mais outras informações superficiais, algumas das quais frequentemente falsificadas, como ocorre hoje em dia.

Na época em que conheci essas pessoas, estava aplicando meu método quase diariamente, o que facilitou muito avaliá-las e prever o que fariam.

À medida que mais agentes foram neutralizados, os americanos pararam gradualmente de ouvir, e de acreditar, que a barbárie da Rússia era uma batalha heroica contra terroristas.

Portanto, esperançosamente, o método ajudou a salvar indiretamente algumas vidas, ou a interromper algumas atrocidades. Nunca saberemos. Tudo bem por mim. Importa apenas que elas cessaram.

Nos seis anos seguintes, eu me envolvi cada vez mais com a ciência e a aplicabilidade de entender as pessoas e prever com precisão o que fariam.

Isso deu sentido à minha vida no FBI e à nova vida que iniciei depois de aposentado de lá, em 2018.

Se o público americano se interessar por esse método racional de avaliar pessoas, acho que o país mudará. Ou certos segmentos. Quem sabe?

Se isso acontecer, talvez você faça parte do processo.

No milênio que se inicia, revigorado e abastecido por uma nova leva de pessoas que se sentem à vontade nesta era da História, você procurará os aliados de que precisa, protegido por esse método, e oferecerá prosperidade e poder a todos que se aliarem a você.

Essa busca lhe permitirá que *construa a própria vida*, livre de devastação, se por acaso falhar, e depois a *construa novamente,* à medida que as pessoas positivas que o circundam se tornarem mais sábias, mais felizes, mais prósperas e mais próximas, em uma jornada da humanidade que, com sorte, nunca acabará.

RELATÓRIO

Capítulo 8 – Veja o interior das pessoas

Sinal # 6: Estabilidade

Citação-chave: "A maioria das escolhas equivocadas na previsão da confiança se deve ao *medo* — de não termos o suficiente ou não sermos bons o suficiente — ou ainda aos disfarces mais frequentes do medo, como ganância, vaidade, inveja, autoritarismo, raiva, insegurança e perfeccionismo".

Mensagem-chave: A falta de estabilidade emocional é indiscutivelmente o déficit mais devastador em todos os seis sinais; a autodestruição emocional pode levar a pessoa a *abandonar seus interesses*, tornando-a um fio desencapado muito mais difícil de prever.

AS LIÇÕES

1. Problemas incontroláveis: Partes de nossa vida quase sempre são temporariamente dominadas por pessoas com problemas que não conseguem resolver. Então, reproduzem seus conflitos na arena pública, tornando assim a vida mais desafiadora para todos. Mas são muito minoritários, e suas ações perturbadoras, quase sempre transparentes.

2. Instabilidade emocional: Desequilíbrios bioquímicos e traumas anteriores constituem as fontes mais comuns de instabilidade emocional. Ambos podem ser superados, em geral com a ajuda de outras pessoas. Assim, o que antes era dor se transforma em um novo nível de amor, tanto para a pessoa ajudada quanto para a ajudante.

3. Aceitando imperfeições: Quando as pessoas percebem que são boas, percebem também que são ainda melhores do que precisariam ser. Uma última observação irônica para os perfeccionistas: não se preocupem com a perfeição. Preocupem-se com a bondade. Isso não significa estar bem, mas sim alcançar um alto nível de conduta e discernimento. E ainda há uma boa chance de você já ter feito isso.

Dez indícios positivos para a estabilidade emocional

1. As pessoas são muito agradecidas. O reconhecimento é a forma mais pura de amor, pois dá tudo e não pede nada.
2. São difíceis de amedrontar. Quase não apresentam aquela ansiedade aleatória que precisa ser relacionada a algum evento; portanto, estão em equilíbrio, mesmo quando as coisas complicam.
3. São impecavelmente racionais. A racionalidade é, sem dúvida, a mais subestimada de todas as virtudes.
4. Seguem o código de confiança. São humildes, racionais, compreensivas, generosas e não emitem julgamentos, características que, com frequência, se tornam mais acentuadas à medida que envelhecem.

5. Apresentam opções. Ninguém gosta de receber ordens, e pessoas que sabem disso recebem muito *mais* ajuda e *mais* gentileza das outras do que aquelas que insistem em criar a ilusão de controle.
6. São felizes consigo mesmas. Então, estão felizes com você. Nesse contexto, você pode ser autêntico. Quando se sente feliz consigo, está feliz com elas, e o círculo de satisfação recomeça.
7. Não morrem de amores pelo poder. É um fardo para elas, porque querem usá-lo de maneira justa e sábia. Por essa razão, os outros *querem* que pessoas assim tenham poder.
8. São flexíveis. A vida é um longo processo de desapego. Algumas pessoas encaram esse desapego como perda, enquanto para outras é uma fonte constante de renascimento e recriação.
9. São calmas. Garantem que a mente silenciosa prevaleça sobre a ruidosa.
10. Não *procuram* problemas nem os repassam para outras pessoas.

Dez indícios negativos para a estabilidade emocional

1. As pessoas aprendem a ser desamparadas e usam isso para manipular.
2. Renunciam a seu direito a percepções positivas sem que tenham sofrido precursores significativos, como desequilíbrios bioquímicos ou traumas.

VEJA O INTERIOR DAS PESSOAS

3. Exageram a proporção dos problemas, sendo pegas na condição dissociativa da reação de luta-fuga-congelamento.
4. Têm uma personalidade 3-P e acreditam que: 1) todo problema durará para sempre (permanência); 2) problemas específicos contagiarão outros aspectos da vida (presença); e 3) são pessoalmente culpadas por todos os seus problemas (personalização).
5. Padecem da vitimização, rotulando-se automaticamente como vítimas da maioria das coisas desagradáveis que as atingem, por mais insignificantes que sejam.
6. Têm senso de direito. Acham-se superiores às outras pessoas e pensam que têm o direito de usufruir uma parcela desproporcional de recursos.
7. Esperam ser resgatadas. É fácil e faz com que se sintam bem. Se você se oferecer como príncipe encantado, acostume-se a esse papel.
8. Culpam os outros. Assim, as pessoas inseguras se sentem melhor, então dizem a si mesmas que é para o bem de todos, incluindo aqueles a quem culpam.
9. São inconstantes. Em um minuto, sentem muita raiva e, no outro, assumem uma postura ridiculamente positiva. De qualquer forma, estão no centro das atenções.
10. São manipuladoras. Em vez de recorrerem à sinceridade quanto ao que querem, criam jogos mentais e tentam permanecer ocultas até que todas as artimanhas que colocaram em andamento cessem.

POSFÁCIO

OS MOMENTOS DE OURO

Escolha e mudança

A vida raramente segue uma em linha reta e ininterrupta. Via de regra, os momentos mais importantes nem se desdobram em voltas e reviravoltas graduais, mas em ângulos retos abruptos, criados pelas escolhas que fazemos: confiar ou duvidar, aceitar ou rejeitar, ir ou ficar, amar ou temer. Esses são os momentos que nos definem.

Cada escolha binária ocorre em uma interseção de 90 graus, ou pelo menos em uma bifurcação, e cada uma cria não apenas o "você" único, mas também o mundo igualmente singular em que você vive.

Fazer uma escolha racional e saudável desencadeia um momento de ouro na vida, e uma longa série deles, todos interconectados, pode recompensá-lo com uma existência verdadeira onírica, repleta de felicidade, prosperidade, amor, saúde e gratidão.

Mesmo assim, essa incansável sucessão de escolhas pode ser estressante, arrebatadora e até paralisante para a maioria das pessoas.

Mas para *você*, neste instante crucial de exploração de ideias, provavelmente não é. Afinal, você aprendeu a *prever o resultado* de suas escolhas, racional e desapaixonadamente, por meio de um método simples de seis pontos que lhe permite classificar as pessoas e incluí-las no futuro particular que você escolheu para si.

Quando o futuro é previsível, as escolhas se tornam mais simples. Você sabe o que está fazendo e vê para onde está indo. Sua vida continua graciosamente, com um mínimo de melodrama e menos ainda de arrependimentos, preocupações e perdas de tempo e dinheiro.

Por que você conquistou essa vantagem especial? *Porque aprendeu a pensar como um analista comportamental do FBI:* sabe em quem confiar e por que, em um processo similar a enxergar o interior das pessoas.

Neste ponto, você está na rara companhia daqueles que compõem a maior e, na minha opinião, melhor agência de investigação doméstica da América. Com lógica, disciplina e informação, conseguirá identificar fracotes e falsários, desafiar as forças de manipulação, chegar ao âmago de questões complexas e encontrar aliados que enriquecerão sua vida.

Foi um método difícil de criar, mas, como você notou, é fácil operá-lo, sobretudo se lembrarmos das seis palavras principais:

O MÉTODO PARA ANALISAR PESSOAS

1. Investimento
2. Longevidade
3. Confiabilidade
4. Ações
5. Linguagem
6. Estabilidade

Esse método de análise comportamental, norteado a cada momento pelo raciocínio dedutivo, é capaz de liberá-lo das forças entorpecedoras que entram em jogo quando somos submetidos a emoções, distrações, artimanhas, coações, falsos medos, falsas esperanças e desespero.

Isso lhe permite ver claramente o mundo. A partir deste momento, você está na posição perfeita para construir não apenas sua vida, mas também *seu mundo*, habitado por aqueles que o apoiam e personalizado para atender às suas competências e aos seus desejos especiais.

Você nem sempre pode mudar o mundo, mas com frequência pode mudar o *seu* mundo.

As pessoas que compartilham a mesma visão de mundo com você terão prazer em ajudá-lo a ter sucesso, pois é do interesse delas. Elas permanecerão a seu lado por muito tempo e o ajudarão a fazer o trabalho necessário para manter a solidez dessa parceria. Serão competentes e diligentes, e quase sempre saberão o que dizer e o que *não* dizer. E ainda terão estabilidade emocional para lhe permitir dormir bem à noite e despertar para manhãs promissoras e prazerosas.

Como você descobriu, a maioria dos seus aliados não se destaca nos seis pilares comportamentais, nem sequer precisam. Ninguém é perfeito, mas qualquer pessoa que seja proficiente em pelo menos um ou dois desses dons psicossociais pode aprender os demais, uma vez que, além de intimamente ligados, são sinérgicos.

Quando alguns de seus aliados não forem instrumentos para tudo aquilo de que você precisa, outras pessoas os substituirão. O sucesso nem sempre demanda uma "seleção", mas pressupõe a existência de um "time".

Você precisa de um time sobretudo em virtude de a *mudança* ser uma *definição* virtual de vida (assim como se define a morte pela imobilidade), e o proverbial exército de um homem só não atingirá um alvo em movimento.

Infelizmente, porém, as pessoas aprisionadas na própria imobilidade *viva* em geral percebem a mudança como nada além de *perda*, quase como se fosse uma forma de morte. O fantasma da morte é o medo mais forte e mais antigo da maioria das pessoas, e é fácil para elas pegar carona nos próprios medos vivos.

Romper esse vínculo vicioso é complicado, tendo em vista mudança e morte compartilharem um aspecto formidável: o medo do desconhecido.

Tragicamente, quando as pessoas fazem a transição do medo para o silêncio da sepultura, é como se nunca tivessem vivido nesta terra.

Existe uma razão *melhor* para entender a previsibilidade e aceitar as mudanças?

Sim, mas apenas uma: navegar ao longo da vida em ondas de ouro em constante ascensão.

Mas alcançar esse nível e permanecer nele não é fácil, porque, reitero, ninguém é perfeito. Inclusive eu, é claro.

7 de janeiro de 2019
Quantico, Virgínia
Finalmente livre

Eu não me sentia como eu. Algo estava errado, e tinha uma boa ideia do que era.

Depois de trinta anos consecutivos de serviço aos Estados Unidos, no Corpo de Fuzileiros Navais e no FBI, estava livre. Esse era o problema. Ou assim pensava.

Este dia — uma segunda-feira sem trabalho e destituída até da nostalgia agridoce decorrente do término do fim de semana — deveria ter sido um dos melhores de todos os tempos.

Entretanto, eu estava sentado em um restaurante me sentindo triste e esperando minha vida começar.

Algumas pessoas na mesma situação, recém-aposentadas e prestes a iniciar outra carreira, se referem ao futuro como uma "nova" vida, mas para mim tudo era tão estranho que parecia mais a minha *próxima* vida: a antiga pairava em outro universo, muito tempo atrás.

Então, sentia-me meio desconfortável, centrado em uma única certeza: tudo seria diferente. Mas, como você sabe agora, não mais receio mudar.

Nem sequer a morte ou as mudanças inevitáveis que a precedem me atemorizam. Para mim, tudo é apenas um desafio. Uma aventura!

Mas viveria uma mudança ainda maior. E não ser mais um agente da Marinha ou do FBI pressupunha consequências difíceis de prever. Em certa medida, esperava-me uma viagem exploratória ao vazio.

Algumas pessoas acreditam em uma vida após a morte de bem-aventurança, algo celestial, e outras pensam que se unirão ao universo como uma luz branca ou como uma criatura diferente. Algumas acreditam no nada. No entanto, todos concordam que será *muito diferente*.

Mesmo assim, enquanto ainda estamos vivos, todos experimentamos versões de nossa existência; para todos os efeitos práticos, encarnações completamente novas.

A interpretação mais marcante disso é a passagem do nascimento para a infância, quando nossas primeiras lembranças são essencialmente relegadas ao esquecimento, evento que os neurologistas denominam amnésia infantil. Para algumas pessoas, desaparece tudo que viveram antes dos dez anos.

À medida que a vida avança, essa perda continua, muitas vezes de maneira bastante consciente, como quando abandonamos alguma coisa para criar uma versão melhor do que será. Com essa perda – e a liberdade que muitas vezes acompanha grandes mudanças –, antigas opiniões, estratégias e alianças desvanecem, tão certamente quanto as lembranças.

Portanto, todos nós já morremos, e não apenas metaforicamente. A cada dia, parte de nós se vai, enquanto o resto, e espero que o melhor, segue em frente.

Passei anos desenvolvendo essa filosofia de escolha e mudança, e pensei que assim trilharia um caminho tranquilo quando me aposentasse.

Ok, tudo bem... Então, *por que* me sentia tão desconfortável?

Seria simplesmente a perda da antiga renda? Afinal, o dinheiro é a base de toda liberdade.

Se isso soa questionável, ou mesmo cínico, pergunte a qualquer aposentado que consiga viver das economias que juntou ao longo da vida — mas pergunte também a quem *não as tem*. Pergunte a quem trabalha em dois empregos apenas para sobreviver. Nem se preocupe em perguntar ao 1% mais rico da população.

O dinheiro não traz felicidade ou amor, mas pode nos garantir o tempo. E a disponibilidade de tempo, controlada por nós mesmos, oferece uma variedade tal de escolhas que, no fim das contas, é o que constitui de fato a liberdade.

Não para mim. Sou motivado muito mais por paixão e patriotismo do que por dinheiro.

Talvez tivesse perdido a emoção do trabalho, às vezes arriscado e perturbador, mas nunca monótono.

Talvez tivesse perdido um propósito palpável e imediato. Eu não era mais um cargo, mas apenas um homem olhando, sem realmente ver, para o vazio.

Senti-me cansado, não fisicamente, mas invadido pela exaustão psíquica profunda decorrente do esforço interminável de impedir que outros países destroçassem os Estados Unidos sem que soubéssemos disso, enquanto nos culpávamos por coisas desagradáveis que nem sequer haviam acontecido.

Mesmo assim, ali estava eu, livre das obrigações que limitaram minha vida desde que me lembro, sentindo-me estranhamente sufocado e irrequieto, e sentindo também falta de algo que não conseguia identificar. *Por quê?*

— Robin! — Era Jesse Thorne.

— Obi-Wan!

Depois que Jesse se aposentou de seu cargo em Nova York, ele se mudou para cá, perto de Quantico, Virgínia, e ficou fascinado pelo meu método de avaliar as pessoas. Ele mesmo inspirou pelo menos metade do que criei, mas sempre como um agente intuitivo, que não precisava de um método. Existem pessoas assim, mas só conheço algumas.

Prometi explicar-lhe tudo quando tivéssemos tempo, e *agora* era a hora.

O garçom trouxe duas cervejas, Goodwood Bourbon Barrel Stout, envelhecidas em barris de uísque.

— Então... — disse Jesse. — Avaliando as pessoas: qual é o ingrediente secreto?

— Você vai achar simples demais — comentei. — São apenas seis coisas, e você conhece todas.

— Vá falando.

— Certo. Seis sinais. — Dei o primeiro gole na cerveja, com uma sensação de novidade e culpa por beber antes do anoitecer. — Se qualquer sinal obviamente se aplica a alguém, quase sempre a pessoa é confiável. Quanto mais sinais apresentar, melhor. Para identificá-los, basta olhar para as pessoas objetiva e racionalmente, como os agentes fazem, à procura de indícios.

— Indícios não verbais? Intenções? Ações? Histórico?

— Sim. Os elementos investigativos básicos. O mais importante ocorre quando alguém investe os próprios interesses no sucesso alheio. Aprendi isso com Leo.

— Grande sujeito! Com certeza está na lista de alvos de Putin!

— Leo vivia e morria pelos relacionamentos que estabeleceu — eu disse. — Eram, para ele, como o dinheiro que tinha no banco. Também me ensinou que somos todos vendedores de nós mesmos. Se alguém quiser comprá-lo, acabará comprando o que você tem. Foi Leo quem me apresentou a Sergei — falei. — Lembra-se do sujeito?

— Sim, diplomata russo. Por que confiou em Sergei?

— Não verbais sólidos, muita inteligência emocional, bom ouvinte, ávido por expandir o relacionamento, sincero, transparente. Questionava minhas prioridades. Ele não me prometeu nada, mas, quando se confia em alguém, as promessas são desnecessárias. Apenas deixe que as pessoas sejam elas mesmas...

Jesse terminou minha frase:

— ... e elas deixarão que você seja quem é.

Velhos mentores nunca morrem; apenas ficam um passo à frente.

— E Leo me apresentou a Annan — acrescentei.

— Annan! Você serviu com ele na Terceira Guerra Mundial! Certo? E eram apenas vocês dois.

— Esse é o meu tipo de guerra.

— A melhor coisa na contrainteligência é o que *não* acontece.

— Annan me ensinou o segundo sinal de confiança: pensar que um relacionamento terá longevidade — eu expliquei. — Logo de cara, o sujeito percebeu que ele e eu poderíamos nos ajudar em muitas coisas ao longo dos anos. Então foi fácil confiar nele.

Jesse tomou um grande gole da Bourbon Barrel Stout e disse:

— Qual é o terceiro sinal?

— Confiabilidade, baseada em competência e diligência. Aprendi isso vendo o que *não* fazer quando me envolvi com uma equipe de drones e nosso primeiro trabalho foi organizar uma conferência. — Contei-lhe a aventura com George. — Ele é um cara legal — completei.

— É mesmo. — Jesse o conhecia de Quantico.

— Mas aquele trabalho foi errado para ele. O cara é bom com tecnologia, não com pessoas.

Senti uma saudade estranha de George e anotei mentalmente que deveria ligar para ele. Eu ainda tinha meu drone. Adorei a ideia. Poderíamos nos divertir.

— Estranho! — começou Jesse. — O mais importante que você fez com Annan, ou seja, neutralizar aquele impasse nuclear, foi exatamente a *primeira* coisa.

— Em um aspecto, é superestranho — eu disse. — Mas não parecia um novo relacionamento. Annan valorizava os relacionamentos e levava as pessoas a sentirem que ele estivera esperando a vida inteira para conhecê-las.

— Ele ainda está no exterior?

— Sim. Ele me disse que voltaria com frequência, mas nunca mais voltou. — Lembrar disso me comoveu.

— Você e Annan devem essa a Jack Johnson — disse Jesse. — Cowboy Jack! Nunca cumpriu uma missão que não amasse.

— Precisamos de mais caras como ele agora — comentei.

— Sim, mas talvez devamos seguir com mais *calma*? Você colocou *sua liderança* naquilo!

— Tudo bem, mas fiz isso na frente de Jack. Você me disse que ele tinha um padrão claro desse tipo de coisa. Esse é o quarto sinal: ações ou padrões de comportamento positivo.

— Ficou sabendo que Jack está doente?

Eu não sabia. Jesse me contou sobre a doença, e era ruim.

— Vou visitá-lo — eu disse. Entendi que Jesse me dera a notícia esperando isso mesmo. — Sinal # 5: linguagem da confiança, porque deriva do código de confiança, que você me ajudou a criar em Nova York. Alguém está ouvindo como o outro fala e procurando afirmações válidas e desprovidas de julgamento que o capacitem com opções. Se uma pessoa faz isso naturalmente, pode contar com ela.

— Adoro o código — disse Jesse. — Aprendi muito com ele.

— *Você* aprendeu *comigo*?

— Acontece. É como o Teorema do Macaco Infinito: dê um milhão de macacos a um milhão de máquinas de escrever por um milhão de anos e eles escreverão um livro.

— Ou, no meu caso, três, Obi-Wan.

Eu disse a Jesse que o quinto sinal era a linguagem da confiança, mas não mencionei que reconhecia a importância do que o sr. x, o executivo do Vale do Silício, *não* disse. Não por animosidade. Como o sr. x se revelou cada vez mais por meio da linguagem, acabou não causando uma boa impressão em mim. Pessoas em quem não confiamos saem de nossa vida sem deixar vestígios. Muito bom.

— Último sinal — falei. — E a saideira. — Sinalizei ao garçom para mais uma rodada. — O sinal seis é estabilidade emocional. Aprendi com Susan, que me ajudou em uma operação referente à Guerra da Chechênia. Eu ainda tentava salvar o mundo inteiro de uma só vez, e ela me mostrou o valor de uma mente silenciosa. Está na Ásia agora, trabalhando com inteligência. Acabou de ter um bebê. — Pareceu-me importante mencionar. Eu estava ansioso para ver as fotos.

Jesse fitava o teto, perdido em pensamentos. Então olhou para mim e disse:

— Esse eu posso prever. Sua ideia de estabilidade emocional envolve alguém que odeia dramaticidade, não gosta de poder, ouve bem, é humilde e permanece racional quando todo mundo está enlouquecendo. Cheguei perto?

— Você esqueceu a regra número um — eu disse.

— Claro! Eu a ensinei a você. Regra número um: não se ferre!

— Exatamente! Você disse: deixe isso para outras pessoas! Elas não são tão boas quanto você, porque todo mundo é seu próprio inimigo!

Brindamos pela última vez. Em seguida, Jesse partiu. Observei-o caminhar até o carro. Quando estava sozinho, esperava que o sentimento doentio e triste retornasse. Mas não aconteceu. Havia imaginado que o sentimento viera da aposentadoria. Mas não. Não se referia a trabalho. Ou a dinheiro. Ou a emoção. Ou a noção de objetivo.

Meu medo era perder as pessoas: Leo, Annan, Jesse, Sergei, Jack, George, Susan e tantas outras, as vivas e as que haviam partido.

Entender o porquê de me sentir vazio bastou para o sentimento desaparecer. Aí está o poder da *realidade*, quase sempre muito mais gentil do que a imaginação. A vida real, mesmo em dias sombrios, nunca se torna tão insuportável quanto em nossos pesadelos e devaneios.

A realidade sempre pode ser alterada. A grande maioria dos problemas, sem o pavor dos piores cenários, cede ao trabalho em equipe, ao tempo e à lógica. E as lembranças são capazes de evocar o que se foi.

Você talvez se lembre de uma passagem do Capítulo 2, quando contei que, nos dias sombrios após o 11 de Setembro, uma garota chamada Emily me entregou um Gatorade e um bilhete que dizia: "Obrigada por salvar a América". Naquele momento, senti apenas vergonha, porque sabia que não estava à altura daquele sentimento. Mas prometi a mim mesmo que salvaria uma pessoa: Leo. Não foi o *suficiente* para mim naquela época. Ao olhar para trás, surpreendo-me com tudo o que desconhecia.

Quando deixamos um emprego, todos perdemos as pessoas com as quais convivemos, seja para o tempo, para a distância ou, por fim, para a morte. Mas considero minha perda ainda mais profunda do que o normal, porque tinha a missão de aprender o que havia no âmago das pessoas. Quando olhamos tão profundamente o interior de uma pessoa, a ponto de decidirmos confiar nela, em seus sonhos, e aceitá-los como nossos, nasce um momento de ouro que sobrevive a ambos.

A confiança vive dentro desse momento. Quando nos propomos a compartilhar nosso destino com alguém por meio do vínculo da confiança, às vezes ainda mais difícil de oferecer do que o amor, nossa vida se enriquecerá enquanto ele durar, mesmo depois de a pessoa partir.

Nessa situação, a pessoa não envelhece, não muda, não nos abandona, e nunca seremos os mesmos, porque parte dela se incorpora a nós. E, com toda a certeza, parte de nós igualmente se incorpora à pessoa, e poderá algum dia permear a vida de seus filhos e de muitos outros, dispersas no tempo e no espaço, mas infinita, à medida que fragmentos de nossas vidas renasçam outra vez.

Ainda era a mesma segunda-feira morosa, mas eu não sentia mais aquele vazio. Imensas mudanças me aguardavam, e eu não mais temia a *perda*.

O passado, o presente, o sucesso, o fracasso, a emoção, o trabalho, os objetivos, tudo isso desaparece como fotos antigas. Elas escurecem, são acometidas de rachaduras e, por fim, se vão.

Tudo desaparece, exceto as pessoas e os relacionamentos adornados por laços dourados. E a vida continua.

AGRADECIMENTOS

Muito mais do que a maioria dos livros, este exigiu um esforço de equipe, e somos gratos por toda a ajuda que recebemos.

Niki Papadopoulos, nossa editora, esteve envolvida no processo, do início ao final, e elaborou cuidadosamente o livro para comunicar a um amplo público os elementos mais importantes da vida. Niki entende profundamente os leitores e é brilhante em saber o que eles querem e por quê.

Adrian Zackheim, fundador e editor da Portfolio, apoiou o livro nos momentos mais necessários, e isso foi apenas uma pequena parte de sua brilhante carreira.

Nat Jacks, nosso agente magistral da Inkwell Management, foi a luz que norteou o projeto antes mesmo de Niki, então esta obra é dele tanto quanto de qualquer pessoa.

O maestro do mercado editorial Richard Pine, fundador e sócio da Inkwell, ofereceu, como sempre, todos os elementos necessários para transformar um projeto em um livro.

Rebecca Shoenthal, que trabalha com Niki, garantiu que essa empreitada ambiciosa funcionasse agradável e harmoniosamente e, quando ascendeu no mercado editorial, Chase Karpus a substituiu magistralmente.

Chassagne Shaffer e Kathie Baker trabalharam muitas semanas e muitos fins de semana em uma variedade de tarefas que, às vezes, pareciam intermináveis.

Nossas famílias nos deram o amor e a ajuda que transformaram dois anos de trabalho pesado em momentos de felicidade.

A todos, nossa gratidão eterna por ajudarem a criar uma obra que poderá viver além de nossa vida.

Robin Dreeke e Cameron Stauth